Emmanuela Kohlhaas
Thomas Frings

UNGEHORSAM

Emmanuela Kohlhaas
Thomas Frings

UNGEHORSAM

Eine Zerreißprobe

HERDER

FREIBURG · BASEL · WIEN

MIX
Papier aus verantwor-
tungsvollen Quellen
FSC
www.fsc.org **FSC® C083411**

© Verlag Herder GmbH, Freiburg im Breisgau 2021
Alle Rechte vorbehalten
www.herder.de

Die Bibelverse wurden, soweit nicht anders angegeben,
folgender Ausgabe entnommen:

Einheitsübersetzung der Heiligen Schrift,
vollständig durchgesehene und überarbeitete Ausgabe
© 2016 Katholische Bibelanstalt GmbH, Stuttgart
Alle Rechte vorbehalten

Satz: ZeroSoft, Timisoara
Herstellung: CPI books GmbH, Leck

Printed in Germany

ISBN Print 978-3-451-38798-2
ISBN E-Book Epub 978-3-451-82237-7
ISBN E-Book PDF 978-3-451-82327-5

INHALT

DIE OPFERUNG ISAAKS

Nach diesen Ereignissen stellte Gott Abraham auf die Probe und sagte zu ihm: Abraham, Abraham! Er antwortete: Hier bin ich! Da sprach er: Nimm deinen Sohn, deinen einzigen, den du lieb hast, den Isaak, und gehe in das Land Morija und bringe ihn dort auf einem der Berge, den ich dir bezeichnen werde, als Brandopfer dar! Abraham stand früh am Morgen auf, sattelte seinen Esel, nahm zwei Knechte mit sich und seinen Sohn Isaak. Nachdem er Holz für das Brandopfer gespalten hatte, brach er auf und begab sich zu dem Ort, den ihm Gott genannt hatte. Am dritten Tag erhob Abraham seine Augen und sah den Ort von ferne. Da sagte Abraham zu den Knechten: Bleibt mit dem Esel hier! Ich und der Junge wollen dorthin gehen, um anzubeten, dann kehren wir zu euch zurück. Darauf nahm Abraham das Holz für das Brandopfer und lud es seinem Sohn Isaak auf; er aber nahm das Feuer und das Messer in seine Hand. So gingen sie beide miteinander. Da sprach Isaak zu Abraham, seinem Vater: Mein Vater! Er antwortete: Ja, mein Sohn! Isaak sagte: Siehe, da ist das Feuer und das Holz, wo ist aber das Lamm zum Brandopfer? Abraham erwiderte: Gott wird sich das Lamm zum Brandopfer schon aussuchen, mein Sohn. So schritten sie beide zusammen weiter. Als sie an den Ort kamen, den Gott ihnen genannt hatte, baute Abraham den Altar, schichtete das Holz auf, band seinen Sohn und legte ihn auf den Altar, oben auf das Holz. Dann streckte Abraham seine Hand aus, nahm das Messer, um seinen Sohn zu schlachten. Da rief ihm der Engel des Herrn vom Himmel her zu und sprach: Abraham, Abraham! Er antwortete: Hier bin ich! Da sprach er: Streck deine Hand nicht nach dem Jungen aus und tu ihm nichts zuleide. Denn nun weiß ich, dass du Gott fürchtest und mir deinen einzigen Sohn nicht vorenthalten hast. Als Abraham seine Augen erhob, sah er Einen Widder, der sich mit seinen Hörnern im Dickicht verfangen hatte. Abraham ging hin, nahm den Widder und brachte ihn anstelle seines Sohnes zum Brandopfer dar. Abraham nannte diesen Ort Jahwe-Jire (Der Herr sieht), sodass man noch heute sagt: Auf dem Berg, wo der Herr sieht. Darauf rief der Engel des Herrn Abraham zum zweiten Male vom Himmel her zu und sprach: Ich schwöre bei mir selbst – Spruch des Herrn –, weil du dies getan und mir deinen einzigen Sohn nicht vorenthalten hast, will ich dich reichlich segnen. Ich werde deine Nachkommenschaft zahlreich machen wie die Sterne des Himmels und wie den Sand am Meeresstrand; deine Nachkommen sollen das Tor ihrer Feinde besetzen. Durch deine Nachkommen sollen alle Völker der Erde gesegnet werden, weil du auf meine Stimme gehört hast. Abraham kehrte zu seinen Knechten zurück. Sie brachen auf und gingen zusammen nach Beerscheba. Und Abraham blieb in Beerscheba.

ISAAK:
SPIRITUELLE RESILIENZ

Editorische Notiz: Die drei Texte jeweils am
Anfang der Hauptkapitel sind fiktive Monologe der jeweiligen Personen: Sara von Emmanuela Kohlhaas, Isaak und Abraham von
Thomas Frings.
Die nicht-fiktiven Kapitel in gefetteter Schrift
stammen von Thomas Frings, die in normaler Schrift von Emmanuela Kohlhaas.

„Gott wird sich das Lamm für das Brandopfer ausersehen!"

Vater! Jetzt verstehe ich, was du damit gemeint hast. Erst jetzt! Zu spät! Drei Tage lässt du mich neben dir gehen. Wir wandern, wir reden, wir essen und wir ruhen. Zuletzt darf ich sogar das Holz auch noch selber tragen, auf dem ich geopfert werden soll. Ich fasse es nicht! Ich kann es nicht glauben! Du fesselst mich und setzt mir das Messer an die Kehle und sagst, es sei Gottes Wille. Das soll der Wille Gottes sein? Was für einem Gott willst du mich denn opfern?

Hierher, ins Land Morija, führst du mich. In ein Land, dessen Name bedeutet ‚Jahwe sieht'. Hierhin führst du mich und du bist dir sicher, dass Gott sich so etwas ansehen will? Du führst mich weg von den Blicken meiner Mutter und die Jungknechte lässt du ebenfalls zurück. Niemand soll sehen, was dein Vorhaben ist. Oh ja, wer will sich so etwas denn auch ansehen? Es ist widerlich, es ist grausam, es ist unglaublich!

Die Hände und den Leib hast du mir gebunden. Ich habe es zugelassen, weil du mein Vater bist und ich im Traum nicht daran gedacht habe, dass du mich töten willst! Nein, sagen wir es ehrlich, dass du mich, deinen Sohn, dein einziges Kind, jetzt schlachten willst! Ich habe dir vertraut und wie böse wird mir dieses Vertrauen vergolten!

Die Hände und den Leib hast du mir gebunden, aber nicht meine Augen und so sieht dich hier, neben Jahwe auch noch mein Blick. Ich sehe dich an und du kannst nicht ausweichen. Sieh auch du mich an, wenn ich mit dir spreche! Ja, auch meinen Mund hast du nicht zugebunden. Also höre mir gefälligst zu und sieh mich an. Verschließe nicht deine Augen und Ohren vor dem, was du hier angerichtet hast, vor dem, was du vorhast, und vor dem, was ich dir sagen werde.

Sieh mich an, wenn ich mit dir spreche, und weiche nicht aus! Schau nicht weg! Sag mir, warum handelst du so? Ich verstehe es nicht nur nicht, nein, ich bin fassungslos! Fassungslos, aber nicht ohnmächtig. Noch bin ich nicht tot und solange ich nicht tot bin, wirst du dir anhören, was ich noch zu sagen habe. So viel Zeit wirst du mir doch wohl noch zubilligen, oder hast du es eilig, dein ruchloses Tun schnell hinter dich zu bringen?

Was macht dich so sicher, dass das hier wirklich der Wille Gottes sein soll?

Sicher, er hat zu dir gesprochen, sogar mehrmals. Auf sein Wort hin bist du aus Haran gezogen in das Land Kanaan, das er dir verheißen hat. Du hast dein Vaterhaus, deine Verwandtschaft, deine Heimat aufgegeben und seiner Verheißung geglaubt, als er dir sagte: „Ich werde dich zu einem großen Volk machen, dich segnen und deinen Namen groß machen. Ein Segen sollst du sein."[2] Und nachdem du im Gelobten Land angekommen warst, da hat er wieder zu dir gesprochen und gesagt: „Deinen Nachkommen gebe ich dieses Land"[3]. Du hast ihm daraufhin einen Altar errichtet, so wie du es immer wieder getan hast. Jahwe hat dir Wohlstand, Land, Zukunft verheißen und alles hat sich erfüllt. Warum lautet seine Verheißung diesmal Tod?

Du hast mir immer wieder gesagt, dass Jahwe nicht all unsere Wünsche erfüllt, wohl aber seine Verheißungen, und hast dich selber als das Paradebeispiel dafür ins Feld geführt. Sag mir, was soll jetzt aus seiner Verheißung werden? Was wird aus all deinen Hoffnungen, aus deiner Zukunft, wenn du dein Vorhaben zu Ende führst? Sicher, du wirst jetzt sagen, dass es sein Wille ist. Doch ich sage dir, versteck dich nicht hinter solchen Floskeln! Wie oft schon wurde und wird noch gesagt werden, es sei der Wille Gottes? Aber es ist doch nur der Wille von Menschen und Gott muss seinen Kopf für das hinhalten, was Menschen seinen Willen nennen, wovon sie sicher glaubten, es sei nicht ihr Wille, sondern seiner. Diesmal soll ich auch meinen Kopf dafür hinhalten. Ich weiß wirklich nicht, was in deinem Kopf vorgeht, dass du zu so etwas fähig sein solltest. Noch weigere ich mich zu glauben, dass du zu Ende führen wirst, was du begonnen hast. Nein, noch habe ich einen Funken Hoffnung, bevor ein anderer Funke diesen Scheiterhaufen entzünden wird, auf den du mich gefesselt gelegt hast. Halt ein und bedenke, ob dies dein Wille oder der Wille deines Gottes ist.

Wie oft hast du seit deinem Auszug aus Ur in Chaldäa an dem gezweifelt, was du als seinen Willen erkannt hast? Was war denn, als nach deiner Umsiedlung nach Kanaan dort die Hungersnot kam? Wer hat da nicht mehr auf seinen Gott vertraut, sondern ist gleich nach Ägypten weitergezogen? Und dann hast du dem Ganzen auch noch die Krone aufgesetzt. In Ägypten angekommen hattest du, an den doch Gottes Verheißung persönlich ergangen ist, auf einmal Angst um dein Leben. Du dachtest, die Ägypter könnten dich wegen deiner schönen Frau, meiner Mutter Sara, töten, und batest sie, sie möge sich doch als deine Schwester ausgeben. Sag mir, wo ist denn da dein ganzer großer Glaube an die Verheißung Jahwes geblieben? Wer hatte da plötzlich Angst um sein Leben? Du warst doch unsterblich, solange du noch keine Nachkommen hattest, die die Verheißung, ein großes Volk zu werden, umsetzen konnten. Nichts, rein gar nichts hätte dir passieren können, wenn du an die Verheißung geglaubt hättest, wirklich geglaubt hättest! Damals hattest du Zweifel, Zweifel an Gottes Wort. Und heute, wenn es mir an den Kragen gehen soll, da zweifelst du nicht? Allein der Verdacht, man könnte dir das Messer an den Hals setzen, ließ dich jede Verheißung vergessen! Damals hätten die fremden Ägypter dir möglicherweise ans Leben gewollt. Diese Möglichkeit war ja noch verständlicher, als dass gerade der eigene Vater einem das Messer an die Kehle setzt. Damals gab dir Pharao Geschenke, weil ihm Mutter so gut gefiel und er sie als Frau begehrte. Sie ist deine Halbschwester, doch in erster Linie ist sie deine Frau. Es war eine spitzfindige Formulierung, sie nur als Schwester und nicht als Ehefrau auszugeben. Als eure List aufflog, da schickte Pharao euch außer Landes, damit Gottes Zorn nicht weiter auf ihm und seinem Volk lastete. Dabei war es doch deine Schuld, die ihn schuldig werden ließ vor Jahwe. Mutter sieht so gut aus, dass es ein Leichtes war, sich in sie zu verlieben. Dein Zweifel an Gottes Wort, und wie anders kann man diese List bezeichnen, wurde zur großen Gefahr für andere Menschen. Und heute? Heute zweifelst du keinen Moment daran, dass es Gott ist, der von dir verlangt mich zu töten? Kein bisschen Zweifel? Nein, heute ist es kein Risiko mehr für dich. Heute muss ich ja die ganze Zeche bezahlen! Es geht um mein Leben und da fällt es dir anscheinend leichter, keinen Zweifel an dem zu haben, was du als Gottes Stimme meinst gehört zu haben.

Zurück aus Ägypten bist du wieder nach Kanaan gezogen. Reich bist geworden. Du hast dir einen ansehnlichen Besitz an Vieh, Silber und Gold erworben, Zeichen, dass Jahwe mit dir ist. Nachdem du dich in Frieden von deinem Neffen Lot getrennt hattest, da sprach Gott wieder zu dir: „Erheb deine Augen und schau von der Stelle, an der du stehst, nach Norden und Süden, nach Osten und Westen. Das ganze Land nämlich, will ich dir und deinen Nachkommen für immer geben. Ich mache deine Nachkommen zahlreich wie den Staub auf der Erde. Nur wer den Staub auf der Erde zählen kann, wird auch deine Nachkommen zählen können. Mach dich auf, durchzieh das Land in seiner Länge und Breite; denn dir werde ich es geben."[4] Daraufhin hast du wieder Gott einen Altar gebaut. Ich kann es verstehen, denn er hat dir Gutes verheißen und deswegen hast du ihm immer wieder Altäre errichtet. Aber jetzt? Jetzt hast du eine Opferstätte aufgeschichtet, um deinem Gott ein Opfer darzubringen – darzubringen wofür? Wofür bist du ihm jetzt, in diesem Moment, dankbar? Welcher Verheißung opferst du mich heute? Was hat er dir dafür versprochen, dass du mich töten sollst? Mehr Land? Mehr Vieh? Mehr Gold? Oder ist das hier vielleicht ein reiner Akt väterlicher Willkür? Ist das der Anfang des Wahnsinns, wenn Väter ihre Kinder schlachten, ihnen die Kehle durchschneiden und den Leichnam verbrennen? Wenn so etwas anfängt, wo soll das dann noch hinführen?

Als Lot, dein Neffe, im Krieg gegen Sodom von den fremden Königen gefangen genommen wurde, da hast du sofort gehandelt, als man dir die Nachricht brachte. Dreihundertachtzehn Mann hast du aus deinem Haus unter Waffen gesetzt und bist in derselben Stunde noch aufgebrochen. Bis nach Damaskus hast du die Spur verfolgt und dann konntest du Lot, seine Frauen, seine Leute und sein Habe befreien. Was hast du für ihn nicht alles riskiert, für einen Menschen, der zwar Teil deiner Familie ist, auf dem aber nicht die Verheißung Gottes ruht? Ohne Bedenken bist du in den Krieg gezogen, um zu befreien und zu retten. Doch jetzt lässt du selbst die Jungknechte zurück, damit sie nicht Zeugen werden von dem, was du vorhast. Und du tust recht so! Das sollte besser niemand sehen, so ungeheuerlich, so unglaublich, so schändlich ist das, dass man es vor den Augen der Welt verbergen muss! Welche Rettung, welche Befreiung, was überhaupt versprichst du dir von diesem Tun?

Als nach dem Sieg über Kedor-Laomer König Melchisedek dich segnete und dir einen Lohn für deinen Einsatz geben wollte, da hast du großzügig verzichtet und Gott hat dir dies vergolten. In einer Vision ist dir Gott wieder erschienen und du hast ihn an seine Verheißung hinsichtlich der Nachkommenschaft erinnert. Du hattest schon geplant, dass dein Haussklave dich beerben werde. Aber nein, Gott hat dir gesagt: „Nicht er wird dich beerben, sondern dein leiblicher Sohn wird dein Erbe sein."[5] Wie oft hast du mir und uns allen abends am Feuer von dieser Vision berichtet. Gott habe dich aus dem Zelt geführt und zum Himmel aufblicken lassen. So viele Nachkommen wie es Sterne am Himmel gibt sollst du haben, zahllos sollen sie sein. Wie oft habe ich diese Geschichte von dir zu hören bekommen und jedes Mal war ich begeistert, wenn ich sie hörte. Ich meinte förmlich, ich könnte Gott sehen und hören, wenn ich dich gesehen und gehört habe. Dein Gesicht hat gestrahlt, wenn du von dieser Nacht erzählt hast, und dein Strahlen ging auf mich über, denn auch mir galt dieses Wort deines Gottes, unseres Gottes. Ich bin der Zweite, der nach dir diese Verheißung weitertragen und weitergeben soll. Du hast sie gehört, aber wenn ich dich hörte, dann war es, als würde ich Gott selber hören.

Was für ein Irrtum! Ich habe dir geglaubt! Was meinst du, warum ich mich habe von dir binden und fesseln lassen? Du bist für mich derjenige, der mir das Leben gegeben hat. Nie ein böses Wort. Immer ausgerichtet auf Gott und seine Verheißung. Ich war arglos und hatte nicht den geringsten Zweifel an dir. Du hast Gott nach seiner Zusage leiblicher Vaterschaft und zahlreicher Nachkommen wie die Sterne am Himmel gefragt: „Herr und Gott, woran soll ich erkennen, das ich es zu eigen bekomme?"[6] Da hast du dem Herrn und Gott auf sein Geheiß hin ein Opfer gebracht, ein dreijähriges Rind, eine dreijährige Ziege, einen dreijährigen Widder, eine Turteltaube und eine junge Taube, und dein Herr und Gott gab dir eine Vision über dein Leben: glückliches Alter und Frieden wird dein Anteil sein. Doch er ließ dich auch sehen, dass deine zahlreichen Nachkommen als Fremde in einem fremden Land wohnen sollen. Vierhundert Jahre wird man sie dort unterdrücken und wie Sklaven halten. Glück und Frieden sind dein Anteil, aber es liegt auch ein düsterer Schatten über der Zukunft. Oder willst du mich heute etwa deswegen umbringen, damit deine möglichen Nachkommen nicht eines Tages in die lange und fürchterliche Sklaverei müssen? Sollte dies hier gar ein Akt der Barmherzigkeit sein? Aber das kann nicht sein! Nein, niemals ist das möglich, denn du hast mit Jahwe an diesem Tag einen Bund geschlossen. Ich erinnere mich an jedes Wort dieses Bundes. Oft genug hast du ihn mir wiederholt und aufgesagt. Immer und immer wieder, Satz für Satz, Wort für Wort. Jetzt ist es an mir, ihn dir zu wiederholen, damit du weißt, was auf dem Spiel steht. Es ist nicht nur mein Leben, das in deiner Hand liegt, nein, es ist auch dein Leben und die Verheißung, die an dich ergangen ist, die du jetzt aufs Spiel setzt. Ein Schnitt durch meine Kehle und es fließt nicht nur Blut zu Boden, sondern es löst sich die Verheißung auf Besitz und Boden auf, Tropfen für Tropfen wird sie verrinnen und die Erde wird mein Blut aufnehmen, nicht aber deine Nachkommen tragen. Dann ist es vorbei mit: „Deinen Nachkommen gebe ich dieses Land vom Strom Ägyptens bis zum großen Strom, dem Eufrat-Strom, die Keniter, die Kenasiter, die Kadmoniter, die Hetiter, die

Perisiter, die Rafaiter, die Amoriter, die Kanaaniter, die Girgaschiter und die Jebusiter."[7]

Dann ist es nicht nur aus damit, dann wird es auch ein hämisches, ein tosendes, ein befreiendes Gelächter geben bei all diesen Völkern! Es hat sich doch längst bei ihnen herumgesprochen, was du voller Stolz erzählt hast. Nicht nur Melchisedek hast du von deinem Gott erzählt. Er hat dich gesegnet mit den Worten: „Gesegnet sei Abram vom höchsten Gott, dem Schöpfer des Himmels und der Erde, und gepriesen sei der Höchste Gott, der deine Feinde an dich ausgeliefert hat."[8] Du hast dir einen Namen erobert mit dem Schwert in der Hand. Auch wenn die Völker deinen Erzählungen über Visionen und Gottesbegegnungen wahrscheinlich nicht viel Glauben schenken, sie haben eigene Götter und Visionen, dass du kämpfen und siegen kannst, das haben sie gesehen. Doch sie werden auch erfahren, was du hier mit mir getan hast. Der Mann, der von sich sagte, er werde Nachkommen haben wie die Sterne am Himmel, der hat seinem eigenen Sohn die Kehle durchgeschnitten! Nicht im Streit, nicht im Wahn! Nein, er hat ihm die Kehle durchgeschnitten in aller Ruhe, besonnen, nach Plan und mit Absicht. Erst haben die beiden noch eine lange Wanderung gemacht. Drei Tage sind sie gelaufen, haben erzählt, gegessen, gescherzt und gelacht. Selbst da hat er noch von seinen Gottesbegegnungen erzählt und den Verheißungen. Und dann? Dann? Kurzen Prozess hat er mit seinem Sohn gemacht, das werden die anderen Völker sagen und sie werden keine Träne um mich weinen. Sie werden sich vielmehr unter Gebrüll und Gelächter auf die Schenkel schlagen und auf die Schultern klopfen. Sie werden Feste feiern, weil du wie der letzte Mensch deiner einzigen Hoffnung die Kehle durchgeschnitten hast. Sie werden dieses unglaubliche Schauspiel nachspielen und jedes Mal neu jaulen und heulen vor Freude! Kannst du sie hören, Vater? Kannst du ihr Lachen hören? Ich kann es! Ich kann es sehr gut hören, bis hier hin, denn hören kann ich ja noch! Und sehen, das kann ich auch noch. Und denken, ja auch denken, denn einer von uns beiden muss doch noch bei klarem Verstand sein. Du bist es sicher nicht! Komm, schneid mir die Kehle durch und dann verbrenne meine Leiche, damit niemand sieht, was du getan hast. Aber es wird sich herumsprechen, darauf kannst du dich verlassen! Nicht zahlreich wird deine Nachkommenschaft sein, nicht einmal zahllos! Oder vielmehr genau das wird sie sein: zahllos! Denn ich bin der Erste, an dem du die Erfüllung der Verheißung erkennen konntest. Ich bin der Erste und wenn ich nicht mehr sein werde, dann war ich auch der Letzte und du bist im wahrsten Sinne des Wortes ‚zahllos‘, denn die eine, die erste Zahl von unendlich vielen bist du wieder los. Du hast sie selber ausgelöscht. Nicht nur mir bereitest du ein Ende, nein, auch für dich ist mein Tod dein Ende!

Hast du dir schon überlegt, was du den Jungknechten sagen wirst, wenn du zurückkommst? Hast du dir schon eine Geschichte zurechtgelegt und vielleicht auch das passende Gesicht dazu? Kleiner Unfall vielleicht? Gestolpert ist der Tollpatsch und in die Schlucht gefallen. So in etwa? Es ist ja möglich, hier im Gebirge. Wie leicht kann da einer stolpern, ausrutschen und abstürzen. Der Junge trug doch noch das Holz für das Opfer und unter der Last fand er keinen Halt und stürzte in den Tod. Ist das nicht bitter, denn ich werde anscheinend wirklich unter der Last des Opferholzes in den Tod stürzen. Nur dass alle sich darunter etwas anderes vorstellen werden als ausgerechnet das hier. Schau dir das Bild an, das du hier sehen kannst: ein Vater fesselt seinen Sohn, legt ihn auf einen Stapel Holz, hält ihm das Messer an die Kehle und will anschließend den Rest auch noch verbrennen. Sieh es dir genau an, was du hier angerichtet hast. Das kann keiner glauben, weil keiner so etwas glauben will! Die Geschichte mit dem Unfall, sie ist glaubwürdiger. Oh, sie werden sie dir mit traurigen Gesichtern abnehmen. Selbstverständlich werden sie dir glauben! Denn das, was du vorhast ist einfach zu unglaublich. Du bist sogar der Meinung, nein, der Überzeugung, Gott selber habe es dir aufgetragen? Das kannst du nicht glauben! Niemand wird es dir glauben! Alles andere ist glaubwürdiger als dies hier! Es ist ein absurdes Theater, das du aufführst, und du hast immer noch die Chuzpe zu behaupten, es sei im Namen Gottes? Mit der Erklärung ist schließlich jeder Mensch fein aus dem Schneider! Gott will es und deswegen können wir es nicht ändern und müssen es tun. Ich will gar nicht daran denken, was Menschen in Zukunft in Gottes Namen alles tun werden, wenn du hier mit mir fertig bist.

Halt bloß den Mund, denn ich bin noch nicht fertig mit dir und ich kann mir denken, was du jetzt sagen willst! Sag ihn bloß nicht, diesen unerträglichen Satz, dass es dir so schwerfalle! Sag ihn nicht! Ich sehe es deinem Gesicht an, dass er dir auf der Zunge liegt. Wenn es dir wirklich schwerfallen sollte, was ich bezweifele, dann lass es gefälligst sein. Ich wäre dir im Moment sogar dankbar, denn dann hätte dieses fürchterliche Schauspiel endlich ein Ende. Komm doch zur Einsicht, komm zu Verstand, wach auf aus diesem Albtraum!

Aber ich bin noch nicht fertig mit dir! Meine Abrechnung geht weiter! Ich kann dir noch so einiges sagen, was dir nicht gefallen wird, denn es passt so gar nicht in das Bild, das du von dir hast, zu deiner Verheißung und noch weniger zu deinem Gott!

Was war los mit deinem Glauben an die Verheißung, als Mutter anfing, die Hoffnung aufzugeben, jemals schwanger zu werden und zu gebären? Auf ihren Rat hin hast du ein Kind gezeugt mit Hagar, der Sklavin. Mutter gab sie dir zur Frau. Auch wenn es dann Streit zwischen den beiden gab, so hat Hagar dir doch einen Sohn geboren, dem du den Namen Ismael gabst. Damals warst du schon sechsundachtzig Jahre alt. Als Hagar nach dem Streit mit Mutter in die Wüste davonlief, da sprach Gott zwar nicht direkt mit ihr, wie er es mit dir tut, aber einen Engel schickte er und auch sie bekam eine Verheißung. Der Engel des Herrn sagte ihr damals an der Quelle in der Wüste auf dem Weg nach Schur: „Siehe, du bist schwanger, du wirst einen Sohn gebären und du sollst ihm den Namen Ismael – Gott hört – geben, denn der Herr hat dich in deinem Leid gehört. Er wird ein Mensch sein wie ein Wildesel. Seine Hand auf allen, die Hand aller auf ihm! Allen seinen Brüdern gegenüber wird er wohnen."[9] Hagar gab daraufhin dem Brunnen den Namen Beer-Lahai-Roi, Brunnen des Lebendigen, der auf mich schaut. Oh ja, auf solch eine Not schaut Gott! Und wohin schaut Gott gerade jetzt, in diesem Moment? Denkst du, dass sein Blick auf dieser Szene ruht? Glaubst du, dass dies sein Wohlgefallen findet, seine Zustimmung? Er schaut sicher nicht hierhin, auf meine Not! Ich kann nur hoffen, dass er seinen Blick mit Grausen abwendet! Wie werden Menschen diese Stätte dereinst wohl nennen? ‚Ort, der von Gott nichts weiß'? ‚Ort des Gottes, der wegschaut'? Wo bleibt der Engel Gottes, wenn man ihn braucht? Selbst eine Sklavin war eines Engels würdig! Ich aber, der ich der Erstgeborene bin, mir schickt Gott keinen Engel. Mich liefert er einem Vater aus, der das Messer gegen sein eigen Fleisch und Blut erhebt. Sollte er dieses Schauspiel sehen und nichts unternehmen, dann frage ich mich und dich: Was ist das für ein Gott?

So, da hattest du endlich einen Sohn, den Ismael. Wenigstens warst du nicht mehr kinderlos, aber es vergingen Jahre, in denen Mutter nur älter, aber nicht schwanger wurde. Deine Hoffnungen konntest du jetzt auf Ismael projizieren. Doch nachdem ich dann endlich geboren war, was hast du mit Ismael und seiner Mutter gemacht? Du hast sie in die Wüste geschickt! Jetzt hattest du ja einen Sohn mit Mutter, ganz so, wie es dir der Herr bei den Eichen von Mamre verheißen hatte. Kaum ist der neue, der wahre Erbe da, da wird der Notbehelf entsorgt in die Wüste! Sag mal, ist das ein Schema, dem du folgst? Willst du vielleicht Gott auf die Probe stellen und austesten, ob alles stimmt mit der Verheißung, und du setzt alles auf eine Karte? Den einen schickst du in die Wüste und dem anderen schneidest du die Kehle durch? Mal sehen, was Gott noch so draufhat? Du bist schon über hundert Jahre und glaubst wirklich, dass du noch ein Kind zeugen wirst? Selbst wenn, wer sagt dir denn, dass es ein Sohn wird? Dein Gesicht möchte ich sehen, wenn du Vater einer Tochter würdest! Das war's dann. Aus mit allen Träumen. Schluss mit aller Herrlichkeit. Ein anderer wird dann all das erben und du wirst nicht der Vater eines großen Geschlechtes, sondern du wirst bestenfalls der Schwiegervater von wem auch immer? Ein Leben bedeutet vielleicht nicht immer viel, es gibt manchmal Wichtigeres und Größeres in der Welt. Aber mein Leben, es bedeutet mir unendlich viel und für dich bedeutet es deine ganze Zukunft, die Erfüllung der Verheißung! Es gibt Dinge, für die es sich zu sterben lohnt: Freiheit, Freunde, Liebe, Wahrheit! Sag mir, wofür sterbe ich? Sag es mir!

Erinnerst du dich noch an die Ankündigung meiner Geburt? Natürlich erinnerst du dich! Bei den Eichen von Mamre war es, als Gott dir in Gestalt von drei Männern erschien, der eine Gott in drei Personen, und du wusstest, dass etwas Großes, etwas ganz Großes dir bevorstehen wird. Damals war es, als dieser Gott dir und Mutter nicht nur ein Kind verheißen hat, sondern den Sohn, den Erben, den, der deinen Namen weitertragen würde. Mutter war mal wieder voller Zweifel, wie schon zu der Zeit, als sie dir Hagar zuführte. Sie hatte am Zelt gelauscht und lachte, als sie von der Nachkommenschaft erfuhr. Ihre erste Reaktion auf die Ankündigung meiner Geburt war ein Lachen. Schön, nicht wahr? Hätte sie damals erahnt, was du vorhast mit dem Sohn, sie hätte sich dir sicher verweigert und wäre niemals von dir schwanger geworden! Du warst hundert Jahre alt bei meiner Geburt und Mutter sagte an dem Tag: „Gott ließ mich lachen; jeder, der davon hört, wird mir zulachen."[10] So habt ihr mich denn auch genannt: Isaak – Gott hat jemanden zum Lachen gebracht. Oh hättet ihr mir nur nie diesen Namen gegeben! Viel hatte ich zu lachen in deinen Zelten als dein Sohn. Doch nun löst sich all das auf und die Menschen werden meinen Namen übersetzen mit: Isaak – Gott hat alle zum Weinen gebracht. Alle werden über meinen Tod weinen und selbst du wirst wohl im Beisein anderer einige Tränen verdrücken. Doch es werden falsche Tränen sein, denn durch deine Hand bin ich zu Tode gekommen! Wäre es nicht ehrlicher und aufrichtiger von dir, wenn du keine Träne über mich weinen würdest? Nicht eine! Du hast den Mut, mir das Messer an die Kehle zu setzen, aber den Mut, nicht zu weinen über das, was du getan hast, den hast du wahrscheinlich nicht! Wenn niemand zuschaut, dann bist du mutig, aber vor den Augen der Menschen, da kannst du nicht einmal deine Tränen zurückhalten, nur weil man sie von dir erwartet. Sie sollen dir übers Gesicht laufen, wenn du von meinem Tod erzählen wirst, aber sie sollen dir Brandspuren auf die Wangen zeichnen und sie sollen dir so hoch in den Augen stehen, dass du dahinter erblinden wirst! Nichts sollst du mehr sehen von Gottes Schöpfung außer meinem Gesicht, meinen Augen in dem Moment, wo dein Messer zusticht. Ich wünsche dir, dass auch deine Ohren sich verschließen und du bis zum Ende deiner Tage nur noch meinen letzten Schrei hören wirst, der meiner Mutter gelten wird. Nicht der Segen des Höchsten wird dich mehr treffen, sondern der Fluch deines Sohnes!

Da ich gerade das Wort Fluch gebrauche. Wie war es, als Gott Sodom und Gomorra verflucht hatte? Städte, die voll der Sünde waren. Es war gerade da unter den Eichen von Mamre, nachdem Gott meine Geburt dir ge-weissagt hatte, da teilte er dir auch mit, was er mit den beiden Städte vorhabe. Was hast du da getan, als du davon hörtest? Ich will es dir jetzt so wiederholen, wie du es mir so oft wiederholt hast. Du hast es gewagt, mit Gott zu feilschen. Du hast all deinen Mut im Angesicht Gottes zusammengenommen und versucht, Zweifel in dem zu wecken, der keinen Zweifel in sich kennt. Und für wen hast du dich eingesetzt? Natürlich, du hast gesagt, es ginge dir um die Gerechten, aber dein Bemühen hätte auch alle Ungerechten verschont. Immer wieder hast du deinen Mut zusammengenommen und gefeilscht:

„Vielleicht gibt es fünfzig Gerechte in der Stadt? Willst du auch sie wegraffen und nicht doch dem Ort vergeben wegen der fünfzig Gerechten in ihrer Mitte?"[11]

„Vielleicht fehlen an den fünfzig Gerechten fünf. Wirst du wegen der fünf die ganze Stadt vernichten?"[12]

„Vielleicht finden sich dort nur vierzig."[13]

„Vielleicht finden sich dort nur dreißig."[14]

„Vielleicht finden sich dort nur zwanzig."[15]

„Vielleicht finden sich dort nur zehn."[16]

Was habe ich dich für diesen Mut bewundert! Es war maßlose Bewunderung. Wie konntest du es wagen, so mit Gott zu feilschen? Ein Sterblicher feilscht mit dem Ewigen! Gott wird dich noch mehr geliebt haben als ohnehin schon, da du dich nicht für die Deinen eingesetzt hast, sondern für andere, für Gerechte und Sünder. Diese maßlose Bewunderung verkehrt sich jetzt in maßloses Entsetzen! Ich frage dich: Hast du auch so um mich gefeilscht, als Gott dir sagte, du sollest mich opfern? Damals war es Gottes Engel, durch den es zum Untergang von Sodom und Gomorra kam. Warum schickt Gott nicht auch jetzt einen Engel und macht die schmutzige Arbeit selber? Bin ich denn schlimmer als Sodom und Gomorra? Macht er sich möglicherweise an mir die Finger schmutzig, wenn er mir selber den Untergang bereitet? Was habe ich denn getan, um so bestraft zu werden? Ich werde sogar noch schlimmer bestraft als Sodom und Gomorra, denn nicht ein Engel nimmt mir das Leben, sondern mein eigener Vater! Ich sehe es deinem Gesicht an, dass du nicht um mich gefeilscht hast so wie um die Städte der Sünde und des Unrechts. Für solche Menschen schmeißt du dich in die Bresche vor Gott, aber für deinen eigenen Sohn erhebst du deine Stimme nicht. Keinen Mucks wirst du gesagt haben. Stattdessen machst du deine Finger krumm um das Messer, mit dem du mich schlachten willst. Die Menschen von Sodom und Gomorra hast du nicht retten können mit deinem Einsatz. Hast du es deswegen bei mir erst gar nicht mehr versucht? Hat Gott dir wenigstens eine gute Begründung geliefert, warum ich mein Leben durch deine Hand verlieren soll? Komm jetzt bloß nicht mit dem Satz, dass Gott keine Begründung geben muss! Bei Sodom und Gomorra hat er eine gegeben, denn es waren Sünde und Unrecht, die zum Untergang geführt haben. Wenn er jetzt keine gegeben hat, dann vielleicht weil es gar keine gibt? Aber du hast es ja nicht einmal versucht! Oder hast du? Ich weigere mich zu glauben, dass du mich widerspruchslos hergeben könntest. Was hast du ihm für meine Person geboten? Hast du dich für mich geboten? Hast du ihm gesagt, dass es in deinem Alter auch für ihn immer schwerer wird, dir noch Nachkommen zu verschaffen? Und jetzt sag bloß nicht: Für Gott ist nichts unmöglich! Ich finde diesen Auftrag hier, dieses Verhalten unmöglich!

Selbst wenn Gott dir noch einmal einen männlichen Nachkommen geben sollte, was glaubst du denn, wer ihn dir gebären wird? Denk jetzt bloß nicht an Mutter! Sie wird sich die Augen aus dem Kopf weinen, wenn sie hört, was geschehen ist. Selbst wenn du ihr nicht die Wahrheit sagen wirst, sie wird es erfahren! Sie wird dir in die Augen schauen. Sie wird das kaum wahrnehmbare Zittern in deiner Stimme hören, das die Knechte nicht wahrnehmen, das aber eine Mutter hört. Sie wird in deinem Gesicht lesen, dass du nicht unschuldig bist an meinem Tod.

Was wirklich geschehen ist, das wird sie hoffentlich nie erfahren, denn es würde sie in den Wahnsinn treiben. Aber dass du schuld bist an meinem Tod, das wird sie erspüren und sie wird nie mehr ihr Lager mit dir teilen. Nicht noch ein Kind von so einem Mann! So wie Lots Frau zur Salzsäule erstarrte, als sie den Untergang von Sodom und Gomorra sah, so wird Mutter zu Stein erstarren, wenn sie erfährt, was mit ihrem einzigen Kind geschehen ist! Vielleicht wird sie tot umfallen, wenn sie die Nachricht bekommt. Hoffentlich wird sie nie die Wahrheit erfahren. Sie würde nicht einmal im Grab zur Ruhe kommen. Und wo sollte sie auch hin im Tod? Zu Gott? Zu dem Gott, der ihren Mann ihr gemeinsames Kind schlachten und verbrennen ließ? Ist die Hölle dann nicht besser als der Himmel? Ist das hier nicht schon die Hölle auf Erden?

Vater, wie oft hast du an Gottes Verheißung gezweifelt! Wie froh wäre ich, wenn du doch heute wenigstens einen kleinen Zweifel hättest an seinem Wort.

Als du mit den Deinen in das Land des Negeb gezogen bist, da hast du wieder einmal an der Verheißung gezweifelt und um dein Leben gefürchtet. Wie schon vor Jahren in Ägypten gabst du Mutter als deine Schwester aus und wieder wurde euer Trick dem König, diesmal hieß er Abimelech, beinahe zum Verhängnis. Als er sich Mutter näherte im falschen Glauben, sie sei noch frei, da musste Gott selber einschreiten und ihn warnen vor einem Frevel, den er unwissend begehen würde. Wieder hattest du Angst um dein Leben und hast nicht auf Gott und seine Verheißung vertraut. Zweifel, wohin ich auch schaue, jedoch nur wenn es für dich gefährlich wird. Auf der einen Seite bist du voll des Vertrauens auf Gottes Wort. Immer wieder ist er dir erschienen und hat zu dir, ja mehr noch, mit dir gesprochen. Aber kaum bist du allein, da nagt schon der Zweifel in dir. Warum nicht jetzt? Wo ist er jetzt? Morija heißt dieser Ort, ‚Gott sieht'. Hast du nicht den geringsten Zweifel daran, dass Gott das nicht sehen will, was du hier tun willst? Nicht einen Funken Zweifel verspürst du?

Vater, denk an später! Denk an die Zeit deiner Erinnerungen! Du wirst mit leeren Händen zurückkehren. Bist du dir ganz sicher, dass das noch der Gott ist, auf dessen Wort hin du aufgebrochen bist aus Haran?

In deinem neunundneunzigsten Lebensjahr ist Gott dir wieder erschienen und hat seinen Bund erneuert. Mit großen Worten hat er diesen Bund damals eingeleitet: „Ich bin Gott der Allmächtige. Geh deinen Weg vor mir und sei untadelig"[17]. Ist das, was du jetzt im Sinne hast, nicht im höchsten Maße tadelnswert? Ach, was sage ich, tadelnswert? Schändlich! Verabscheuungswürdig! Widerlich! Grausam! Ja, in meinen Augen ist es auch gottlos! Dir hat Gott damals nicht nur eine Verheißung, sondern auch einen neuen Namen gegeben: „Ich bin es. Siehe, das ist mein Bund mit dir: Du wirst Stammvater einer Menge von Völkern. Man wird dich nicht mehr Abram nennen. Abraham, Vater der Menge, wird dein Name sein; denn zum Stammvater einer Menge von Völkern habe ich dich bestimmt. Ich mache dich über alle Maßen fruchtbar und lasse dich zu Völkern werden; Könige werden von dir abstammen. Ich richte meinen Bund auf zwischen mir und dir und mit deinen Nachkommen nach dir, Generation um Generation, einen ewigen Bund: Für dich und deine Nachkommen nach dir werde ich Gott sein. Dir und deinen Nachkommen nach dir gebe ich das Land, in dem du als Fremder weilst, das ganze Land Kanaan zum ewigen Besitz und ich werde für sie Gott sein. Du aber sollst meinen Bund bewahren, du und deine Nachkommen nach dir, Generation um Generation. Dies ist mein Bund zwischen mir und euch und deinen Nachkommen nach dir, den ihr bewahren sollt: Alles, was männlich ist, muss bei euch beschnitten werden. Am Fleisch eurer Vorhaut müsst ihr euch beschneiden lassen. Das soll geschehen zum Zeichen des Bundes zwischen mir und euch. Alle männlichen Kinder bei euch müssen, sobald sie acht Tage alt sind, beschnitten werden in jeder eurer Generationen, seien sie im Haus geboren oder um Geld erworben von irgendeinem Fremden, der nicht von dir abstammt. Beschnitten werden muss der in deinem Haus Geborene und der um Geld Erworbene. So soll mein Bund, dessen Zeichen ihr an eurem Fleisch tragt, ein ewiger Bund sein. Ein Unbeschnittener, eine männliche Person, die am Fleisch ihrer Vorhaut nicht beschnitten ist, soll aus ihrem Stammesverband ausgemerzt werden. Er hat meinen Bund gebrochen."[18]

Hörst du, Vater? Ich kann diesen Bund Wort für Wort wiederholen. Du hast ihn mir so oft vorgesagt, damit ich ihn weitersagen kann an meine Nachkommen, damit wir ihn nie vergessen und ihn stets im Herzen bewahren. „Für dich und deine Nachkommen werde ich Gott sein"[19] – erwartest du wirklich, dass ich diesen Gott noch als meinen Gott ansehe? Auf sein Geheiß hast du mich beschnitten. Auf sein Geheiß hin willst du mich jetzt ein zweites Mal beschneiden, indem du mir die Kehle durchschneiden willst? Ich werde also rausgeschnitten aus dem Bund, denn aus mir werden keine weiteren Generationen hervorgehen. Schluss ist dann mit mir und mit Bund schließen und mit Generation um Generation! Ausgemerzt werde ich aus der Reihe und dabei habe ich den Bund doch nicht gebrochen. Ich trage sein Zeichen an meinem Leib! Wieso darfst du deine Hand an einen Menschen legen, der das Bundeszeichen trägt? Sieh ein: Du darfst es nicht!

Damals hast du dich sogar noch für Ismael bei Gott eingesetzt. Du hattest die Verheißung eines eigenen Sohnes bekommen und fürchtetest um Ismael. Du batest Gott für sein Leben. Die Freude über meine Ankündigung ließ dich die Liebe zu deinem Sohn mit der Sklavin nicht vergessen. Was musst du ihn geliebt haben! Doch ihn hast du nur in die Wüste geschickt mit Hagar, seiner Mutter, denn du wusstest, dass sie überleben würden, denn Gott hatte auch ihm seinen Segen zugesagt: „Auch was Ismael angeht erhöre ich dich. Ja, ich segne ihn, ich lasse ihn fruchtbar und sehr zahlreich werden. Zwölf Fürsten wird er zeugen, und ich mache ihn zu einem großen Volk."[20] Ismael ist nicht mehr bei dir, aber er darf leben! Mich jedoch, mich willst du töten? Warum schickst du mich nicht auch in die Wüste und lässt mir wenigstens mein Leben, so wie du es meinem Halbbruder gelassen hast? Er ist mit dem Segen Gottes ins Leben gegangen und soll der Vater von zwölf Fürsten werden. Vater, halte ein! Denke nach! Wenn schon dem Ismael zwölf Nachkommen verheißen sind, vielleicht werde dann auch ich einmal zwölf Nachkommen haben. Und wenn nicht ich, dann vielleicht einer meiner Söhne oder Enkel. Überlege, wie es wäre, wenn aus mir zwölf Stämme hervorgehen würden? Die Verheißung hätte sich erfüllt, dass du Nachkommen haben wirst so viele, wie es Sterne am Himmel gibt!

Auch Mutter gab Gott einen neuen Namen: „Du sollst deine Frau nicht mehr Sarai nennen: Sara, Herrin, soll ihr Name sein. Ich will sie segnen und dir auch von ihr einen Sohn geben. Ich segne sie: Völker gehen von ihr aus; Könige von Völkern werden ihr entstammen. Deine Frau Sara wird dir einen Sohn gebären und du sollst ihm den Namen Isaak geben. Ich werde meinen Bund mit ihm aufrichten als einen ewigen Bund für seine Nachkommen nach ihm"[21].

Vater, halte ein! Erinnere dich an die Worte Gottes, nach denen er zur Höhe emporgefahren ist vor deinen Augen. Welch ein Mensch wird je von sich sagen, dass ihm Gott so begegnet ist? Du bist wie kein anderer Augen- und Ohrenzeuge der Gegenwart Gottes. Ihn hast du zum Himmel auffahren gesehen und mich, mich schickst du in das Reich des Todes? Bin ich denn ein von Gott so Verworfener? Wohin soll ich denn dann gehen? Wenn es einen guten Grund gäbe für meinen Tod, selbst dann würde es mir schwerfallen einzuwilligen. Aber so ganz ohne

Begründung zu sterben und dann noch als Opfer dargebracht zu werden für den Gott, dem ich nicht nur mein
Leben und meinen Namen verdanke, sondern auf dessen
einfachen Wunsch hin ich jetzt auch wieder aus dem Leben scheiden soll? Wenn Gott Kinder hätte, meinst du,
er würde auch nur eines davon nicht mit seinem eigenen
Leben schützen? Noch mehr, wenn er nur ein Kind hätte, würde er nicht alles tun, um es zu beschützen? Was
müsste in Gottes Schöpfung passiert sein, dass er sein
eigenes Kind opfern würde? Und selbst wenn es je dazu
kommen sollte, wie wird sich sein Kind in diesem Moment
fühlen? Wird es nicht zu Gott, seinem Vater, um Hilfe rufen und schreien in all seiner Angst und Not? So schreie
und flehe ich jetzt zu dir und bitte um mein Leben, und zu
Gott rufe ich in meiner Angst und Not: ,Mein Gott, mein
Gott, warum hast du mich verlassen?'[22]

Rufe ich wirklich zu Gott? Rufe ich zu Gott um Hilfe?
Nein, wie kann ich den um Hilfe anflehen, der dich be-
auftragt hat, mir das Leben zu nehmen. Wie könnte ich
zu so jemandem um Hilfe schreien, der   Menschenopfer für sich erbittet? Ach was ,erbittet', er wünscht es!
Wünscht er es oder befiehlt er es nicht vielmehr? Du
handelst doch in seinem Namen. Nein, Vater, so ein Gott
kann nicht mein Gott sein. Meiner nicht!

Ist das hier nicht totale Willkür? Sicher, seine Verheißung an dich war auch willkürlich. Wir haben sie uns
nicht verdient, oder weißt du, warum Gott unter allen
Menschen gerade dich ausgesucht hat und an den Anfang einer unendlichen Reihe von Menschen und Ge-

schlechtern gestellt hat? Warum hat er sich dir geoffenbart als der Eine, der Einzige? Er hat deinen Weg geleitet und gesegnet. Er hat zu dir und mit dir gesprochen. Eine Verheißung oder ein Versprechen gibt man aus freien Stücken. Doch ohne Erklärung dies hier zu verlangen, das ist die reine Willkür und ist eines Gottes nicht würdig. Er mag allmächtig sein, aber ein Mensch muss sich doch auf ihn verlassen können! Unsere mangelnde Verlässlichkeit kann doch kein Grund für ihn sein, ebenso an uns zu handeln. Wir müssen uns doch auf sein Wort verlassen können, so wie ich mich als Kind immer auf dich verlassen konnte. Was ist das für ein Gott, der solch eine unwürdige Posse mit uns treibt? Sind wir denn nicht mehr als Spielfiguren in einem unberechenbaren Spiel? Ist diese Welt für ihn nur ein Zeitvertreib mit Unterhaltungswert? Kein Vater und keine Mutter gehen so mit ihren Kindern um. Wir müssen uns doch verlassen können, und wie viel mehr auf Gott. Not und Elend sehen wir allenthalben und nicht wenig davon ist menschengemacht, aber es darf doch keine Not und Trauer von Gott ausgehen. Sodom und Gomorra sind in ihren eigenen Untergang gelaufen, aber ich darf doch nicht in meinen Untergang gelaufen sein, nur weil ihm gerade danach ist!

Mein Vater, halte ein! Bedenke! Nicht nur mit mir ist es dann aus, sondern auch mit dir und Mutter. Mit dir wird sie kein Kind mehr haben wollen und sie wird nicht Stammmutter von Völkern und Königen werden. Und auch mit dir wird es vorbei sein. Deinen Namen werden die Menschen dir wieder nehmen, den Namen, den Gott dir gegeben hat. Nicht mehr Abraham, Vater der Menge, wird dein Name sein. Nein, man wird dich einen Vater nennen, der den Lebensfaden seines einzigen Sohnes abgeschnitten hat und so auch seinen eigenen. Oder glaubst du an einen Gott, der mir nach deiner frevelhaften Tat das Leben wiedergeben wird, der mich auferstehen lassen wird hier vor deinen Augen? Glaubst du an einen solchen Gott? Ja, wenn wir Zeugen eines solchen unglaublichen Wunders würden, dann wäre unser Gott der Größte. Aber willst du das Risiko wirklich eingehen und darauf hoffen, dass Gott mich wieder ins Leben zurückführen wird?

Es liegt jetzt in deiner Hand, ob du mich tötest. Aber damit wirst du auch Mutter ins Grab bringen und deinen eigenen Lebensfaden abschneiden. Du wirst noch umhergehen unter den Lebenden, doch du wirst unter ihnen sein wie ein Toter.

Bedenke, du tötest heute mit mir auch deine Zukunft. Was kann schon noch Schlimmeres geschehen, wenn du dich Gottes Willen in dieser einen Sache versagst? Er kann dir dein Hab und Gut nehmen. Bin ich dir das nicht wert? Er kann dir dein Leben nehmen. Bin ich dir das nicht wert? Er kann mich selber dir nehmen und wenn ich sterben muss, ist es dann nicht besser, er macht die Arbeit selbst, als dass er sie dich machen lässt?

Warum gibt Gott keine Begründung?

Weil er Gott ist?

Aber ich, ich bin ein Mensch und ich brauche eine Begründung!

EINE DUNKLE FASZINATION

Mit knapp 21 Jahren bin ich ins Kloster eingetreten. Bereits als Novizin hatte ich eine zwiespältige Beziehung zum Begriff Opfer. Es ist schwer zu beschreiben, aber da war einerseits ein Gefühl der Enge und andererseits so eine Art Sog, eine seltsame Mischung zwischen moralischem Druck und einer dunklen Faszination.

Zu einer tieferen inneren Auseinandersetzung kam es dann, als ich eine Schrift der hl. Elisabeth von der Dreifaltigkeit (1880–1906) las, die 1984 gerade aktuell von Papst Johannes Paul II. seliggesprochen und dann 2016 von Papst Franziskus heiliggesprochen wurde. Zunächst faszinierte mich vieles an der jungen Karmelitin, ich konnte mich mit ihr identifizieren, war ich doch im selben Alter, ebenfalls im Noviziat, sprühte auch ich vor Energie. Und begeistert und idealistisch war ich auch.

Doch mit jeder Seite, die ich las, wurde es in mir enger und enger. Elisabeth, die mit nur 26 Jahren wahrscheinlich an der heute heilbaren Addison-Krankheit starb, bietet sich Gott als Opfer an:

„Bitten wir ihn, uns in unserer Liebe wahr zu machen, das heißt, aus uns Geschöpfe des Opfers zu bilden, denn das Opfer ist ja nichts anderes als die in die Tat umgesetzte Liebe."[23]

„Liebe muss im Opfer enden. Paulus sagt es uns, da er vom Herrn spricht: ,Er hat mich geliebt und sich für mich dahingegeben' (Gal 2,20). So sei sein heiliger Wille das Schwert, das euch von Augenblick zu Augenblick opfert. Lernt es beim Herrn im Ölgarten, da seine zerschmetterte Seele schrie: ,Dein Wille geschehe und nicht der meine'".[24]

Mir lief es beim Lesen mehr als einmal kalt den Rücken hinunter. Ich fragte mich: Muss man so etwas tun? Oder es gar wollen? Muss ich so etwas tun, wenn ich Gott wirklich liebe? Als Beweis meiner Liebe? Schließlich lässt es sich nicht leugnen oder wegerklären: Im Herzen des Christentums steht ein Opfer. Oder?

Die Antwort, die schließlich mein Fragen und Ringen beendete und mir ein tiefes Gefühl von Befreiung gab, war so intensiv, dass ich dieses Gefühl heute noch spüre … „Ave vivens hostia, veritas et vita. Per te sacrificia cuncta sunt finita …" – „Sei gegrüßt lebendige Hostie (ursprüngl. wörtl. Schlachtopfer), Wahrheit und Leben. *Durch dich sind alle Opfer beendet …"*[25] So heißt es in einem Gesang, den wir bis heute singen, wenn der Priester die Hostie in der Monstranz zur Anbetung auf den Altar stellt. Eines Morgens wurde mir plötzlich bewusst, was ich sang. Welche Befreiung!

Eine Zentnerlast fiel von mir ab. Ich darf leben! Gott will, dass ich lebe! Er verlangt kein solches Opfer. Er verlangt überhaupt keine Opfer. Im Gegenteil: Er macht der Erfahrung des Opfer-Seins ein Ende. Damals habe ich das alles einfach nur gefühlt und erlebt. Heute verstehe ich, warum dies ein Schlüsselerlebnis war, das mein Leben und meinen Glauben grundlegend verändert hat.

Kurze Zeit nach dieser Erfahrung, ich war Anfang Zwanzig, begegnete ich der Psychologie von C. G. Jung und war fasziniert. Im Laufe der kommenden Jahre habe ich einen großen Teil seines Werkes gelesen, so sperrig es bisweilen auch ist. Irgendwann fiel mir dabei auch ein Buch seines Schülers Erich Neumann (1905–1960) „Die große Mutter" in die Hände. Die zahlreichen Bilder aus verschiedensten

Kulturen und Zeiten ließen mich tiefer verstehen, was mit einem *Archetyp* gemeint ist. Unsere Vorfahren haben uns nicht nur biologische Muster in Form von Genen mit auf den Weg gegeben, die unser Aussehen bestimmen, sondern auch psychologische Muster, eben jene *Archetypen*, nach denen sich unser seelisches und auch soziales Leben entfaltet, zum Beispiel der Archetyp der Mutter. Dass ein solcher Archetyp sehr vielschichtig ist und helle und dunkle Seiten hat, erläutert Erich Neumann am Beispiel der Göttin Kali, der indischen Gottheit von Tod und Zerstörung. Dies dürfte Teil der Verarbeitung der allen Menschen gemeinsamen Erfahrung von Tod und Vergänglichkeit sein: Mutter Erde gebiert und „frisst" ihre Kinder.

Warum ich das hier erwähne? Weil es sich auch beim Phänomen des Opfers, einschließlich des Menschenopfers, um ein solches archetypisches „Bild" zu handeln scheint. Für unser heutiges Empfinden ist es unglaublich, was Menschen aus religiöser Überzeugung alles getan haben – und auch noch tun – und gleichzeitig wirkt es nach im „dunklen Bodensatz" des kollektiven Gedächtnisses.

In der Bibel stoßen wir immer wieder auf diesen „Bodensatz": Menschen, die ihre eigenen Kinder opfern, zum Beispiel in den Büchern der Könige (1 Kön 16,34): „In seinen Tagen baute Hiël aus Bet-El Jericho wieder auf. Um den Preis seines Erstgeborenen Abiram legte er die Fundamente und um den Preis seines jüngsten Sohnes Segub setzte er die Tore ein, wie es der HERR durch Josua, den Sohn Nuns, vorausgesagt hatte." Oder im Buch der Richter über die Tochter des Jephtach, die von ihrem Vater auf Grund eines Gelübdes geopfert wird (11,12–40). Hier geschieht also, was beim Opfer des Isaak durch göttliche Intervention abgebrochen wird. Andere Kulturen haben Frauen oder Diener beim Tod von Herrschern lebendig begraben, verbrannt oder mit Gift getötet (Ägypten, Mesopotamien, China, Indien) oder ihren gefangenen Feinden bei lebendigem Leib das Herz herausgerissen, um es der Sonne entgegenzuhalten (Azteken). Und wirkte all dies auch in der Dämonisierung, Folter und Hinrichtung von Frauen und Männern durch die Inquisition nach?

War es dieser „dunkle Bodensatz" der Menschheitsgeschichte, der sich bei meiner Lektüre von Elisabeth von der Dreifaltigkeit als „dunkle Faszination" zeigte?

DEM HORROR BEGEGNEN

Als Thomas Frings am zweiten Fastensonntag 2018 in seiner Predigt in unserem Kloster die Geschichte vom Opfer des Isaak lebendig werden ließ, indem er Isaak und Abraham eine Stimme verlieh, war meine erste Reaktion: „Das muss doch jetzt nicht sein. Diese Geschichte sollten wir einfach ersatzlos aus der Bibel streichen. Oder?"

Was für ein unglaubliches Drama: Der Vater hat seinen Sohn gefesselt und auf einen Holzstoß gelegt, in der Absicht, ihn zu töten, oder, treffender noch, ihn zu schlachten. Das ist Horror pur! Warum wenden wir uns nicht einfach angewidert ab!

Doch bald nahm ich in mir wieder diese seltsame Faszination wahr. Damit stehe ich nicht alleine: Genau diese Szene, diese mehr als 3000 Jahre alte Geschichte spielt in den drei großen monotheistischen Weltreligionen – Judentum, Christentum und Islam – bis heute eine zentrale Rolle. Im Christentum dient sie als eines der wichtigsten Vor- und Urbilder für die als freiwilligen Opfertod verstandene Hinrichtung Jesu durch die Römer. Auch für das zentrale liturgische Geschehen der katholischen Kirche, die Feier der Eucharistie, dient diese Szene als Deutungsmuster und in der Osternachtsliturgie wird dieser Text aus dem Buch Genesis als eine der vorgeschriebenen Lesungen Jahr für Jahr vorgetragen. Gott, der Vater, opfert Jesus, seinen eigenen, einzigen Sohn, um uns, um alle Menschen zu erlösen (Joh 3,16): „Denn Gott hat die Welt so sehr geliebt, dass er seinen einzigen Sohn hingab, damit jeder, der an ihn glaubt, nicht verloren geht, sondern ewiges Leben hat."

Im Judentum heißt diese Szene akedah, הָעֲקֵדָה – „Bindung", ihrer wird am jüdischen Neujahrsfest Rosch ha-Schana gedacht. Der Akzent liegt hier eher darauf, dass Isaak eben nicht geopfert wird, deshalb der Name „Bindung". In der neueren Geschichte wird Isaak angesichts der Schoah aber auch zum Bild des jüdischen Volkes schlechthin, das sich nun ganz und gar mit dem Opfer identifiziert. Elie Wiesel beispielsweise schreibt: „Die Akedah ist das wohl geheimnisvollste, herzzerbrechendste und zugleich eines der wunderbarsten Kapitel unserer Geschichte. Die ganze jüdische Geschichte kann tatsächlich mit Hilfe dieses Kapitels verstanden werden. Ich nenne Isaak den ersten Überlebenden des Holocaust, weil er die erste Tragödie überlebte. Isaak war auf dem Weg, ein korban olah zu sein, was wirklich Holocaust ist. Das Wort ‚Holocaust' hat eine religiöse Konnotation. Isaak war bestimmt als Opfer für Gott." [26]

Im Islam ist die Erinnerung an das Opfer des Isaak bis heute Teil des Opferfestes, das als das höchste Fest der muslimischen Welt und als Höhepunkt der alljährlichen Wallfahrt nach Mekka gilt. Die Kaaba, das „Haus Gottes", das zentrale Heiligtum des Islam, wird dabei als der Berg Morija verstanden, auf dem nach dem biblischen Text die Opferung Isaaks stattfinden sollte. Das Opferfest gilt als das „großes Fest" schlechthin im Unterschied zum „kleinen Fest" am Ende des Ramadan. Bis heute werden beim Opferfest alljährlich zahllose Tiere geschächtet, so dass sie ausbluten und damit „halāl" geschlachtet sind.

Als ich anfing, mich in Saras Perspektive hineinzuversetzen, habe ich zunächst Bilder der Opferszene angeschaut und dem Echo in mir nachgespürt: Entsetzten, Fassungslosigkeit. Alles verdichtet sich zu der eine Frage: Leben oder Tod? In mir löst sich ein Schrei: „Nein!" Es ist ein Augenblick höchster Intensität. Ein Gefühl der Irrealität. Erstarrung, Schock. Die Zeit steht still. Ab jetzt wird nichts mehr so sein, wie es vorher war.

In allen drei Religionen gibt es zahlreiche, oft von großen Künstlern gemalte Bilder, die zeigen, wie Abraham sein Messer zückt, bereit, Isaak zu opfern. Die wohl berühmteste christliche Darstellung ist die von Rembrandt (1606–1669). Isaaks Gesicht ist darauf nicht zu sehen, die Hand des Vaters liegt darüber und drückt seinen Kopf weit nach hinten, so dass die Brust und die nackte verletzliche Kehle entblößt sind, ein Bild der Wehrlosigkeit. Das Messer fällt gerade zu Boden, ein Engel hat Abrahams Hand energisch gefasst und ihn so mitten im Stoß an der Tat gehindert. Diese Dramaturgie ist kaum zu überbieten.

Wie alt ist Isaak, als dies geschieht? Manche Künstler stellen Isaak als jungen Mann dar, andere dagegen eher als Kind. Nach der jüdischen Tradition ist er 37 Jahre alt, eine Zählung, die sich aus dem biblischen Text ableitet und folgendermaßen rechnet: Bei Isaaks Geburt ist Sara 90 Jahre, bei ihrem Tod 127 Jahre alt. Viele jüdische Kommentare gehen davon aus, dass Sara aus Gram über diese Erfahrung, dass Abraham bereit ist, ihren einzigen Sohn zu opfern, gestorben ist. Eine bemerkenswerte Interpretation, in der auch die Mutter Isaaks eine Rolle spielt, wenn auch eine tragische, während Sara in der christlichen Tradition schlicht übergangen wird. Baruch Rabinowitz bringt dies recht aktuell in der Jüdischen Allgemeinen 2006 ins Wort:

„Wenn wir uns die Geschichte der Akeda genau anschauen, werden wir feststellen, dass Abraham für seinen Eifer einen sehr hohen Preis bezahlen musste: seine Familie. Obwohl er Isaak physisch nicht tötete, endete die Beziehung zwischen ihm und seinem Sohn. Sie wurde Opfer des religiösen Eifers Abrahams, seines Egoismus und seiner Unehrlichkeit.

Die Tora wiederholt dreimal, dass die beiden gemeinsam den Berg hinaufgingen. Danach stieg Abraham allein wieder herab. Isaak sollte seinen Vater, der sein Vertrauen gebrochen hatte, nie mehr wiedersehen. Er verlor auch seine Mutter. Denn Sara starb, als sie erfuhr, was auf dem Berg Moriah geschehen war."[27]

Diese zutiefst menschliche Sicht ist mir so viel sympathischer als alle Spiritualisierung. Sie ist ehrlich, deckt die Gewalt und die Zerstörung nicht zu. Die jüdische Tradition wagt selbstverständlicher als die christliche Kritik zu üben.

Dies zeigt sich auch in ihren Bildern. Entlarvend ist die Frage: Schaut Abraham seinem Opfer ins Gesicht oder nicht? In den meisten christlichen Darstellungen tut er dies nicht. Oft kommt das Messer von hinten oder von der Seite. Auf einigen Bildern hat Isaak sogar die Augen verbunden. Dagegen hält Abraham in zahlreichen Bildern des in Lettland geborenen jüdischen Künstlers Abel Pann (1883–1963) seinen Sohn Isaak geradezu zärtlich im Arm, trotz des Messers in seiner Hand: Ausdruck einer unmittelbaren Beziehung zwischen Vater und Sohn, die in den christlichen Bildern in der Regel fehlt. Ist das symptomatisch? Stehen wir in der Gefahr, andere Menschen zu Opfern zu machen und dabei den Blick abzuwenden?

IM SCHATTEN DES MISSBRAUCHS

Ohne Zweifel ist Isaak ein Opfer von Gewalt und Willkür, ein Missbrauchsopfer, dessen Vertrauen vom eigenen Vater zutiefst missbraucht wird. Und auf einmal gibt es eine Verbindung zwischen Isaak, der immer noch gebunden auf dem Holzstoß liegt, und allen Opfern von sexualisierter Gewalt, von Machtmissbrauch oder von geistlichem Missbrauch. Selbst wenn Isaak den Opferaltar lebend verlässt, wird er kaum ohne Trauma und schwerwiegende seelische Verletzungen aus dieser Erfahrung hervorgehen. Wie kann da Zukunft und neues Leben möglich sein? Diese Frage stellen sich in unserer Zeit viele.

Seit der Missbrauchskrise der katholischen Kirche in Deutschland ab 2010, und nochmal nach der Veröffentlichung der MHG-Studie im Herbst 2018, hat das Wort „Opfer" in der Kirche eine völlig neue Bedeutung erhalten. War dieser Begriff zuvor, soweit er überhaupt noch Bedeutung für moderne Christen hatte, im kirchlichen Kontext durchaus noch religiös konnotiert, dominiert seitdem das Trio „Missbrauch – Täter – Opfer" und ringsum die schier allgegenwärtige „Vertuschung", die das ganze grauenhafte Geschehen wie in dichten Nebel einzuhüllen scheint. Kein Ende in Sicht.

Trotz aller Anstrengungen lernt die Institution nur mühsam, die Opfer in den Mittelpunkt zu stellen und grundlegende Fragen und Veränderungen zuzulassen, wie die beiden folgenden Ausschnitte aus zwei Artikeln zur Erinnerung an zehn Jahre Missbrauchsskandal 2/2010 und die Kinderschutzkonferenz in Rom 2/2019 reflektieren:

„Zehn Jahre sind bereits seit der Aufdeckung des Missbrauchsskandals in der katholischen Kirche in Deutschland vergangen. ‚Aus persönlicher Sicht von Betroffenen waren das zehn Jahre verlorene Zeit, wenn es um Unterstützung und Hilfe für Opfer geht', sagt der Aktivist Matthias Katsch, der selbst als Schüler in einem Jesuiten-Kolleg misshandelt wurde. Eine Bewusstseinsveränderung, sagt er, sei zwar eingetreten, die Kultur des Missbrauchs und der Vertuschung sei jedoch noch immer tief verwurzelt in der Kirche."[28]

Dies beschämt und macht betroffen. Wie kann die hier angemahnte Umkehr Wirklichkeit werden, so dass dies bei den Opfern auch tatsächlich ankommt?

„… Es liegt nun an den im Vatikan versammelten Bischofskonferenzvorsitzenden aus aller Herren Länder, ob das Treffen eine Sammlung allgemeiner Betroffenheitsbekundungen bleibt, oder ob in diesen vier Tagen tatsächlich so etwas wie eine Umkehr beginnt. Sie dürfen nicht mehr um die Frage kreisen, wie die Kirche einigermaßen heil und ohne Kratzer aus dem Schlamassel herauskommt.

Die in Rom versammelten Kirchenführer müssen die Opfer und ihre Wunden in den Mittelpunkt stellen, über Hilfen, Entschädigungen, kirchenrechtliche Konsequenzen für die Täter beraten. Und sie dürfen den bohrenden Fragen ans Selbstbild nicht ausweichen: Hat unsere Rede von der reinen, unverletzbaren Kirche dazu beigetragen, dass die Gewalt, der Abgrund nicht benannt werden durfte? Hat die Art, wie wir den Zölibat leben, Einsamkeit und Überforderung begünstigt und die Tabuisierung der Sexualität Strukturen des Schweigens? Wie gehen wir mit der Macht um, auch der geistlichen, die uns das Amt verleiht?" [29]

Die Wurzeln des Problems gehen sehr tief, bis hinein in den biblischen Text. Die Geschichte von der Opferung des Isaak fragt überhaupt nicht danach, was diese Erfahrung mit dem Opfer macht. Isaak kommt als selbstständig denkende und fühlende Person darin genauso wenig vor wie die namenlosen Töchter Lots, die in der Geschichte von Sodom und Gomorra vom eigenen Vater gewaltbereiten Männern zur Vergewaltigung angeboten werden. Das war zur Zeit der Entstehung dieser Geschichte und leider auch die meiste Zeit danach – und die zählt seitdem bereits einige Jahrtausende – nicht nur in religiösen Kontexten „normal". Die Missachtung des Opfers reicht bis heute. Wie tief muss der Paradigmenwechsel gehen, um darin einen echten Wandel zu ermöglichen?

Dazu ein Bild … Vor langer Zeit hatte ich einmal einen Traum, den ich als hoch bedeutsam erlebte, auch wenn mir das zentrale Bild darin geradezu banal erschien. Ich habe damals im Winter Tag für Tag zusammen mit der 84-jährigen Schwester Thekla, die ihr Leben lang im Garten gearbeitet hatte, in unserem Apfelkeller unsere eigenen Äpfel, die dort eingelagert waren, wieder und wieder auf faule Stellen hin untersucht. Dabei lernte ich, wie ansteckend Fäulnis ist, und Sr. Thekla wusste dies mit schlichten Worten auf das Leben als Ordensfrau hin zu deuten.

Da träumte ich eines Nachts, ich hätte einen außergewöhnlich schönen Apfel in der Hand. „Der ist perfekt", dachte ich und freute mich daran. Da entdeckte ich auf einmal eine kleine braune Stelle. Ich war erschrocken und enttäuscht und überlegte: Schneide ich diese Stelle heraus, ist der Apfel noch zu retten. Das tat ich, merkte dabei aber, dass die Fäulnis tiefer und tiefer ging. Aus der Enttäuschung wurde Trauer und Erschütterung und schließlich Verzweiflung, als der Apfel durch und durch faul auseinanderfiel. Nur die Schale schien noch einigermaßen gesund.

Dieser Traum fiel mir wieder ein angesichts des Missbrauchsskandals und auch angesichts der allgegenwärtigen Krise der Kirche: Aus Einzelfällen und scheinbar leicht lösbaren Problemen wird eine Serie, die das Ausmaß eines Tsunami annimmt und dann grundlegend systemische Hintergründe zeigt. Der „Apfel" ist durch und durch faul, so erleben es die Betroffenen, ihre Angehörigen, aber auch viele überzeugte und engagierte Christen voller Entsetzen und Trauer.

November und Dezember 2020 in Köln: Ich befinde mich im Epizentrum des „Kirchenbebens". Kaum ein Tag

46

ohne neue Meldungen von Missbrauch und Vertuschung. Woge um Woge brechen sie herein. Die „Fäulnis" ist schon überall. „Katastrophe, Entsetzen, Fassungslosigkeit, Desaster, unsäglich, verheerend" – es sind dieselben Worte, die mir bei der Beschreibung der Opferszene gekommen sind. Alles verstärkt diesen Sturm: das Reden und das Stumm-Bleiben, die Aufklärungsversuche und die Versuche, abzuwehren oder zu verbergen. Der *point of no return* scheint längst erreicht zu sein. Etwas sehr Starkes, weit über die konkreten Inhalte hinaus, bricht sich Bahn. Wird es zur Befreiung führen? Worin wird sie bestehen?

KERNFRAGEN

Mein Traum damals war allerdings noch nicht am Ende. Inmitten all dieser Fäulnis sah ich auf einmal, dass einer der Kerne im Apfel bereits gekeimt war. Hoffnung regte sich in mir. Dankbar nahm ich ihn, ließ den restlichen Apfel liegen und pflanzte den Keimling in einen Blumentopf. Ist das eine Antwort? Muss alles bis auf den innersten Kern gelassen werden? Was macht diesen Kern aus? Lebt er noch? Wächst er bereits? Gibt es tief in uns vielleicht sogar einen unzerstörbaren, lebendigen Kern?

Auf dem Weg, den Kern freizulegen, gibt es keine Abkürzungen. Es ist ein mühsamer, oft schmerzlicher Prozess und – ganz konkret auch für den Apfel – eine Frage auf Leben und Tod. Und dennoch bleibt die Verheißung des Bildes gewaltig: Statt eines Apfels ein Apfelbaum. In diesem Perspektivwechsel vom Apfel zum Keimling geschieht ein Paradigmenwechsel. Das Neue, das da wächst, liegt auf einer anderen Ebene als das, was ich verliere. Das, was ich jetzt sehe, der Keimling, ist allerdings noch winzig klein. Seine zukünftige Form lässt sich kaum erahnen, nur glauben. Sehen kann ich sie noch nicht. Was uns am Apfelbaum so schlüssig erscheint, nämlich dass aus dem Kern eines Apfels nur ein Apfelbaum wachsen kann, fällt uns in anderen Bereichen des Lebens viel schwerer. Ganz gleich, ob es ein tiefgehender Wandlungs- oder auch Heilungsprozess im persönlichen Leben, in der Gesellschaft oder in der Kirche ist: das Zulassen, das Erschrecken, die Wut, die Trauer, das Loslassen bleiben uns nicht erspart.

Was sind die „Kernfragen" an uns als Christen, an die Kirche(n) als Institution(en)? Erschüttert, aber auch ermutigt beobachte ich die heftige Diskussion in den Medien, ja fast schon deren Kampf um Transparenz und für die Übernahme von Verantwortung für Missbrauch und Vertuschung durch die Leitungsebene der katholischen Kirche. In seiner Intensität hat dieser Vorgang etwas von einer Immunabwehr, mit der ein lebendiger Organismus sich gegen eine Bedrohung wehrt – ein Bild, das uns in Zeiten der Pandemie sehr nahe ist.

Um was genau wird hier gerungen? Je länger die Krise währt, desto stärker verschiebt sich der Inhalt vieler Beiträge von der Aufdeckung von Fakten hin zu einer neuen Ebene. Eine Unterscheidung kristallisiert sich heraus. So schreibt Carsten Fiedler, Chefredakteur des Kölner Stadtanzeigers in einem Leitartikel, der mit den Worten „Kardinal ohne Glaubwürdigkeit" überschrieben ist: „Damit kein falscher Eindruck entsteht: Es gibt diese Kirche, die bietet, was Kirche ausmachen soll: moralische Basis, spirituelle Erfahrung, Trost, Hilfe, Seelsorge. Es ist eine Kirche, die hierarchielos von unten wächst und die in vielen Pfarrgemeinden lebendig ist."[30] In knapper, pointierter Form sagt es ähnlich der Kabarettist Jürgen Beckers: „Da hat sich ja auch inzwischen die öffentliche Wahrnehmung komplett gedreht. Früher dachte man: Kirche schlecht, Jesus gut (…), heute sagen die Leute (…): Kirche gut, aber Klerus schlecht."[31] In diesen Aussagen zeigt sich eine tiefe Wertschätzung für die Kirche, verstanden als Gemeinschaft aller, die versuchen, die Botschaft und die Werte des Christentums zu verwirklichen. Kernthemen, die sich darin, so meine ich, ablesen lassen, sind der Schutz des Lebens in der unbedingten Priorität der Betroffenen, Integrität, Wahrhaftigkeit, Gerechtigkeit und Demut, ein dem christlichen Anspruch gemäßer Umgang mit Leitungsverantwortung, mit dem eigenen Versagen und der eigenen Schuld.

Dabei kommt es zu einem bemerkenswerten Rollentausch, wenn Tim Kurzbach, Vorsitzender des Diözesanrates im Erzbistum Köln, als Laie die „Geistlichen aus der ersten Reihe" ermahnt:

„Durch den Vorgang ist aber auf jeden Fall viel Vertrauen verloren gegangen. Und mich enttäuscht, dass es nur um die juristische Ebene geht. Ich vermisse ein Zeichen der Geistlichen aus der ersten Reihe, die jetzt doch einmal offen und ehrlich sagen könnten, wie sie mit Missbrauchstätern umgegangen und wo sie schuldig geworden sind. Gerade ein Verantwortlicher in der Kirche müsste es als seine allererste Aufgabe sehen, sein eigenes Gewissen zu prüfen und nicht darauf zu warten, bis ein Gutachter seine Fehler feststellt.

Die bekannt gewordenen Fakten zeigen: Es gab schwere Schuld."[32]

Dass die „Basis" und die Medien Reformen in der Kirche fordern, ist man gewohnt; dass beide die Amtsträger auffordern, zentrale christliche Werte zu leben und zu wahren, ist in dieser Form neu. Hier geht es um den Kern. In diesem Insistieren zeigt sich nicht nur Wertschätzung, sondern auch ein spirituelles Unterscheidungsvermögen und Resilienz.

Weihnachten 2020: Eine von Kardinal Woelki im Kölner Dom am Ende der Christmette geäußerte Bitte um Verzeihung findet großes mediales Interesse und wird sogleich auf ihre Substanz hin abgeklopft, so in der Zusammenfassung eines Interviews mit Betroffenen-Sprecher Matthias Katsch am ersten Feiertag:

„Es tut ihm nicht leid, was er falsch gemacht hat, sondern dass er dafür kritisiert wird", erklärte Katsch zur Entschuldigung Woelkis in der Christmette. Der Erzbischof versuche eigentlich, die Gläubigen in Mithaftung zu nehmen, und appelliere an den Herdeninstinkt. Es würden aber weder die Kirche noch die Gläubigen angegriffen. „Es geht um sein Fehlverhalten", betont er. „Und ich find das wirklich perfide, wie er sich hier hinter den Betroffenen verschanzt und jetzt auch noch versucht, sich hinter die Gläubigen seines Bistums zu verschanzen."[33]

Den Kern christlicher Werte einfordernd schreibt Anette Dowideit in ihrem ebenfalls am 25. Dezember erschienenen Artikel über dieselbe Situation in der *Welt*:

„Die Öffentlichkeit, vor allem Mitglieder der katholischen Kirche sind zu Recht empört. (…) Es ist absurd, dass ein Kirchenoberhaupt – jemand, dessen Job es ist, christliche und moralische Werte zu vermitteln und die Glaubwürdigkeit einer Institution zu sichern, die dafür antritt, die Welt verbessern zu wollen – in einer solchen Gemengelage nicht freiwillig von seinem Amt abtritt.“[34]

„Ich denke an Papst Benedikt XVI. und seinen Rücktritt als Papst – welcher Mut und welche Freiheit. Auch ich bin enttäuscht. Und meine Enttäuschung ist grundsätzlicher Natur: Gibt es in Deutschland derzeit wirklich nicht einen einzigen Bischof, der den Rücktritt in dieser schwierigen Situation der Kirche für sich als ein dem Beispiel Jesu entsprechendes prophetisches Zeichen erkennt? Abzusteigen, bewusst der Macht zu entsagen wäre ein Zeugnis aus dem innersten Kern des Christentums, so wie es im Philipperhymnus heißt: „Seid untereinander so gesinnt, wie es dem Leben in Christus Jesus entspricht: Er war Gott gleich, hielt aber nicht daran fest, Gott gleich zu sein, sondern er entäußerte sich und wurde wie ein Sklave und den Menschen gleich. Sein Leben war das eines Menschen; er erniedrigte sich und war gehorsam bis zum Tod, bis zum Tod am Kreuz.“[35]

RICHTIG STREITEN

Mein Vater war wie Abraham. Er verkörperte das Gesetz. Wie Abraham verstand er es, zu seinem Vorteil zu feilschen, hielt umgekehrt seine Entscheidungen jedoch für absolut. Ich (*1960) bin aufgewachsen in einem konservativen Elternhaus, in einem System mit klaren Ansagen und Hierarchien. So hieß es z. B., als es in die Schule ging: „Wenn der Lehrer Dir eine Ohrfeige gibt, dann bekommst Du zu Hause gleich noch eine hinterher, wenn ich davon erfahre." Aus dieser Haltung resultiert, dass Wissen und Recht eindeutig verteilt sind von oben nach unten, und das als Einbahnstraße. Vater war der Patriarch und ich war Isaak.

Es gibt am Anfang dieses Buches einen fiktiven Dialog in Form von zwei Monologen zwischen Isaak und Abraham. Bewusst wird die Figur des Isaak als erste genannt, ist er es doch, der das Gespräch einfordert, vielmehr vom Vater erzwingt, ihm abtrotzt. Die Vorgabe im Original entspricht hingegen eher dem, wie es oft in der Kirche zugeht: Die Tradition, die Erfahrung, die Alten geben den Ton an. Sie bestimmen, wie es zu sein hat, und alle akzeptieren oder schweigen, von wenigen Fällen abgesehen, seien es die Jugend (Isaak) oder die Frauen (Sara). Hier begehren beide auf, und zwar an dem Platz, der ihnen schon immer zugewiesen war. Die Jugend auf dem Altar der Tradition und die Frau im Zelt, im Haus. Abraham ist jedoch nicht der alleinige Bestimmer, der willkürlich tut, was er will, sondern er ist selbst Teil eines Gefüges, an dessen Spitze Gott steht. Das, wovon Abraham überzeugt ist, es sei der Wille Gottes, das setzt er um. Man kann sich manchmal nicht des Eindrucks erwehren, dass sich in der katholischen Kirche bis auf den heutigen Tag nur wenig an diesem System geändert hat, so wie es sich an dieser biblischen Geschichte ablesen lässt. Der oder die alten Männer bestimmen, was sie für den Willen Gottes halten, und alle anderen müssen dem im Gehorsam folgen, denn auf diesen berufen sie sich schließlich selbst und inszenieren sich so als an Gottes Willen Gebundene.

Wer Isaak und wer Abraham ist, das hängt jedoch nicht unbedingt vom Geburtsjahrgang ab – und ich weiß, wovon ich rede, war ich als junger Priester dem Abraham doch näher als dem Isaak. Vorgaben von oben galt es umzusetzen. Wer war ich, dass ich diese in Zweifel ziehen sollte oder gar hinterfragen oder kritisieren dürfte. Was habe ich mich als junger Messdiener dagegen gewehrt, dass auch Mädchen Messdienerinnen werden dürfen. Mit welchen Argumenten?

1. Es darf auch einen Bereich geben, der Jungen vorbehalten ist.

2. Wenn jetzt Mädchen in diese Jungendomäne eindringen, dann machen da vielleicht jetzt Jungen nicht mehr mit, die später gerne Priester geworden wären.

3. Es ist laut den Vorgaben der Kirche, d. h. der Verantwortlichen in der Amtskirche ohnehin nicht erlaubt, weshalb die Diskussion sich erübrigt.

Argument 1 ist ein allgemeingültiges und kann eine gewisse Allgemeingültigkeit deswegen für sich in Anspruch nehmen. Das zweite Argument klingt erst einmal nicht schlecht, doch stehen ihm zwei wesentliche Bedenken entgegen. Wollen wir Priester haben, die nicht nur als Jugendliche nicht zusammen mit Mädchen im Gottesdienst Gott dienen wollten, sondern das anscheinend heute noch so sehen – und – wo bleibt das Wirken des Heiligen Geistes, der doch die Männer zum Priestertum beruft? Das letzte Argument ist nun eines, mit dem ein hierarchisches System wie die Kirche irgendwann zwangsläufig arbeitet. Menschen berufen sich auf die Vorgabe von oben, entweder weil sie davon überzeugt sind oder weil sie vom eigenen Denken befreit sich ganz auf die Autorität des übergeordneten Amtes stützen.

In dem fiktiven Dialog nun begehrt Isaak dagegen auf, im letzten Moment, als er schon gefesselt auf dem Scheiterhaufen liegt und sein Vater ihm das Messer an die Kehle gesetzt hat. Ihm, der bis zu diesem Moment unwissend sogar das Holz für sein eigenes Opferfeuer brav getragen hat, wird schlagartig klar, dass jetzt alles zu Ende sein wird, wenn er sich nicht wehrt – und zwar mit aller Kraft. Sein Monolog ist kein bittend oder vorsichtig vorgetragener, sondern ein schreiender und fordernder. Er schleudert ihn seinem Vater entgegen: Stopp! Nicht einen Millimeter weiter, sonst zerstörst du mit bester Absicht alles, und zwar nicht nur die gute Vergangenheit, sondern auch die ganze Zukunft. Isaak bricht einen Streit vom Zaun und kämpft um sein Leben. Wem das Messer an die Kehle gesetzt wird, dem ist nicht mehr nach Diskutieren und Feilschen zumute, sondern der muss sich wehren. In einem langen Monolog beschwört er seinen Vater einzusehen, dass und weshalb dessen Verhalten falsch sei. Dass er früher so und so gehandelt habe, je nach Situation, auf keinen Fall jedoch immer richtig. Obwohl Abraham, gerufen und getragen von der Verheißung und Zusage Gottes, auf dem Weg war, hat er nicht immer konsequent danach gehandelt. Wenn es eng wurde, dann griff er schon mal zurück auf eine Notlüge und gab seine Frau als seine Schwester aus (Gen 12,10–20). Er ließ seinen Neffen Lot entscheiden über den Weg: „Wenn du nach links gehst, gehe ich nach rechts; wenn du nach rechts gehst, gehe ich nach links." (Gen 13,9b) Lot entscheidet und Abraham nimmt den anderen Teil des Landes und genau der wird ihm vom Herrn für immer als das Gelobte Land gegeben. Lot wählt, Abraham nimmt „den Rest" und Gott macht daraus etwas Großes. Gott entscheidet nicht alleine und er greift nicht immer in alles ein, aber es hindert ihn nicht daran, aus dem, was Abraham nach der Entscheidung Lots bekommt, das Gelobte Land zu machen. Dieser Abraham zeugt sicherheitshalber das Kind Ismael mit der Magd Hagar, als es mit dem Nachwuchs bei der Ehefrau Sara nichts wird (Gen 16,1–16). An keiner Stelle schreitet Gott übrigens ein oder kritisiert das berechnende Verhalten Abrahams. Ganz im Gegenteil! Er lässt Hagar und Ismael nicht die Rechnung bezahlen für das berechnende Verhalten von Abraham und Sara, sondern er verheißt auch ihnen eine große Zukunft (Gen 21,13–21).

All diese Beispiele schreit Isaak seinem Vater entgegen, um ihm zu beweisen, wie oft und wie sehr er aktiv eingegriffen hat und nicht nur passiv vertraute auf das Wirken Gottes. Doch jetzt, auf einmal, da füge sich Abraham dem, was er für den Willen Gottes halte. Kein Zweifel, keine Diskussion, kein Feilschen, ganz zu schweigen von Ungehorsam oder Befehlsverweigerung. Als ob es in Abrahams Kopf nur einen entscheidenden Gedanken gäbe: Es muss getan werden – und wenn es noch so schwerfällt.

Wir kennen solche Konflikte auch aus Märchen und mythologischen Erzählungen, in denen Väter durch ein Versprechen sich gebunden fühlen, ihr Kind zu opfern. In den meisten Dramen dieser Art gilt dann dem Leiden des Vaters die größere Aufmerksamkeit. Isaak entlässt seinen Vater nicht aus der Verantwortung für seine Entscheidung. Dieser kann sich nicht einfach auf Gottes Willen berufen, schon gar nicht nach dem, wie er früher selbst gehandelt und entschieden hat.

Abraham ist in seiner Erwiderung jedoch auch nicht der sture und starre alte Mann, der blind nach einem frommen Schema verfährt. Nachdem er ohne Unterbrechung sich alles von seinem Sohn angehört hat, ja hat vorhalten und vorwerfen lassen, reflektiert er sein Leben aus seiner Sicht. Dieselben Handlungen und Entscheidungen, die ihm Isaak in seiner jugendlichen Wut vorwirft, klingen aus seinem Munde taktisch überlegt und sogar klug. Die Sorge um sein Leben in Ägypten, die ihn zur Lüge über seine Frau Sara verleitete, wird verständlicher für jeden, der schon einmal Angst um sein Leben hatte. Was ihm nach der Wahl seines Neffen an Land zufiel, stellte sich rückblickend als Segen heraus und es wurde ihm zum verheißenen Land, gerade weil er es nicht aktiv gewählt hatte. Wie menschlich sind die berechnenden Überlegungen, wenn es um den Nachwuchs geht, den er mit der Magd Hagar zeugt.

Er hat seine Gründe und dennoch: Am Ende geht Abraham auf die Bedenken seines Sohnes ein, wenn es um dessen

Opferung geht. Er ist zwar der unumschränkte Patriarch, aber er ist dennoch ein Mann, der die Größe besitzt, sich den Argumenten und Bedenken seines Kindes zu stellen. An dieser Stelle beginnt ein echter Dialog zwischen Alt und Jung, zwischen oben und unten, gebunden und frei. Wenn es ein Opfer sein soll, und diesmal nicht das eines Lammes, sondern eines Menschen, dann ist das nur nachvollziehbar und gut, wenn der zu Opfernde auch einwilligt. Der wesentliche Unterschied zwischen dem Opfern eines Lammes und eines Menschen ist der, dass der Mensch einen eigenen und freien Willen hat. Das Opfer eines Menschen ist nur dann zulässig, wenn dieser sich selbst in Freiheit gibt. So stehen zum Beispiel Janusz Korczak und Maximilian Kolbe als Zeugen für das Opfer des eigenen Lebens, das sie in Freiheit gaben angesichts einer möglichen Alternative. Wie Christus vor Pilatus sind sie im übertragenen Sinne die Gefesselten und wirken doch freier als diejenigen, die ihnen die Fesseln angelegt haben. Isaak setzt sich vollkommen zu Recht zur Wehr gegen das Opfer, das Abraham meint im Namen und im Sinne Gottes vollziehen zu müssen. Am Ende hat er seinen Vater mit Argumenten überzeugt. Sie sind die Erkenntnis, die dem alten Abraham zuteilwird, die ihm „wie ein Engel" erscheint und ihn zur Einsicht bringt, von seinem Vorhaben abzulassen.

MACHT DER ARGUMENTE ODER ARGUMENTE DER MACHT?

Ich will an dieser Stelle nicht weiter auf den Opfergedanken an sich eingehen. Auch nicht auf die in der Theologie der vergangenen Jahrhunderte der drei monotheistischen Religionen Judentum, Christentum und Islam unternommenen theologischen Deutungen und Auslegungen, die dieser Geschichte auf je eigene Weise einen besonderen Stellenwert zubilligen.

Zentral scheint mir hier dieser Gedanke: Abraham hört auf sein Kind und gewinnt daraus Erkenntnis. Der heilige Benedikt schreibt in seiner Regel, dass der Abt auch auf den Jüngsten im Kloster hören solle, denn nicht selten spreche der Heilige Geist gerade durch und aus diesem. Ein Hinweis, wie er in der (katholischen) Kirche häufiger bedacht werden sollte. Das Sich-Berufen auf die Tradition kann zum Hemmschuh werden für die Entwicklung, wenn es das letzte und alles entscheidende Argument wird. Wenn Gott die Wahrheit ist, dann ist Erkenntnisgewinn auch Teilhabe an Gott und kann zu ungeahnten Veränderungen führen. Das Eingreifen Gottes vollzieht sich wahrscheinlicher durch den Gewinn an Einsichten als durch das Erscheinen von Engeln!

Die aus der Geschichte des Abrahamsopfers resultierende Haltung eines vollkommenen Gehorsams ist fast zu so etwas wie einer katholischen Grundhaltung und Erwartung geworden innerhalb des Systems und der Hierarchie. Als *conditio sine qua non* wird sie von den geweihten Priestern erwartet und dem Bischof in die Hand versprochen.

Unausgesprochen gewünscht wird sie darüber hinaus auch von den Getauften, und zwar spätestens dann, wenn die Geweihten entscheiden und die Getauften gehorchen sollen.

Im Jahre 1999 erlangte Franz Kamphaus, Bischof von Limburg, bundesweite Aufmerksamkeit und Anerkennung, vertrat er doch öffentlich eine andere Meinung als der Papst und seine Mitbrüder im Bischofsamt. Die Ausstellung eines Beratungsscheines sollte eingestellt werden, mittels dessen eine Abtreibung aufgrund der Rechtslage nach § 218 möglich wurde. Die bis dahin gültige Praxis war umstritten, beteiligte sich die katholische Kirche doch an einem Verfahren, an dessen Ende etwas stand, das sie ablehnt: ein Beratungsschein, mit dem eine Abtreibung rechtlich ermöglicht wurde. Die Begründung für die Beteiligung an diesem Verfahren war, dass auf diesem Wege mehr für das Ziel des Lebensschutzes getan werden könne, als wenn man sich ganz „herauszöge". Bischof Kamphaus erwirkte in Rom eine Verlängerung der Beratungstätigkeit in seinem Bistum, musste sich im Jahre 2002 jedoch der Entscheidung aus Rom beugen. Es war gut, dass er danach nicht als Bischof von Limburg zurücktrat. Ob man den Argumenten für die Beratung und die Ausstellung eines Scheines folgte oder nicht, für beide Positionen gab und gibt es gut begründete Argumente, die je nach Ansicht mehr oder weniger überzeugen. Dass dies auch aus römischer Sicht so war, belegt die Verlängerung der Beratungstätigkeit für das Bistum Limburg. Hätte es sich um ein moralisch eindeutig falsches Tun gehandelt, hätte dies mit sofortiger Wirkung unterbleiben müssen. Wenn in einem solchen Falle dann die oberste Instanz eine Ent-

scheidung fällt, selbst wenn sie der Überzeugung der nachgeordneten nicht entspricht, dann muss diese, hier Bischof
Kamphaus, deswegen nicht zurücktreten. So blieb ein guter
Bischof, der aufrecht für seine Überzeugung eingetreten ist,
den Menschen erhalten. Gehorsam zeigte sich hier in einer
reifen Form.

Das Verständnis von Befehl und Gehorsam in den
kirchlichen Entscheidungsprozessen hat sich in den letzten
Jahren gewandelt, sicher auch beeinflusst durch den „Ungehorsam" der Getauften, die in immer größeren Scharen
die Kirche verlassen. Im Jahre 2019 traten so viele Menschen aus der Kirche aus wie noch nie, und dies ohne einen
konkreten Skandal, wenn man einmal davon absieht, dass
der Umgang mit dem Missbrauch von vielen Menschen als
ein andauernder Skandal wahrgenommen wird.

Gleichzeitig gab es vermehrte kritische Initiativen und
Äußerungen, die sich nicht nur durch die modernen Medien schnell verbreiteten, sondern auch einer wachsenden
Zustimmung erfreuen konnten. Als im Sommer 2020 die
römische Kleruskongregation das Schreiben „Die pastorale
Umkehr der Pfarrgemeinde im Dienst an der missionari-
schen Sendung der Kirche" veröffentlichte, äußerten sich
mehrere deutsche Bischöfe kritisch bis ablehnend dazu.
Ängstliche Geister sehen in solchen Momenten gleich das
Ende der Kirche am Horizont aufziehen, während andere,
unabhängig vom Anlass, ein Veränderungspotential erahnen, das sie schon nicht mehr zu erhoffen gewagt haben.
Würde das wirklich das Ende der Kirche bedeuten, dann
wäre es überfällig und wünschenswert, denn eine Glaubensgemeinschaft, die aus und mit einem solchen Gehor-

samsverständnis lebt, hat sich überlebt. Es bedarf einer gesunden Streitkultur auch innerhalb der Hierarchie, nicht um des Streites willen, sondern um im Diskurs und Ringen die Wahrheit zu finden, in der sich Gott selber finden lässt. Die Kirche war nicht gut beraten, wenn sie naturwissenschaftliche Aussagen tätigte und diese mit biblischen Aussagen oder der Tradition der Lehre begründete. Beispielhaft steht dafür der nur mühsam vollzogene Wandel des geozentrischen Weltbildes, in dem sich zunächst alles um die Erde drehte. Erst als dieses sich unter gar keinen Umständen mehr rechtfertigen ließ, änderte sich die Lehre. Letztlich hat nicht die Vorstellung von Gott darunter gelitten, sondern der Ruf der Kirche. Das Denken von Gott ist mit den naturwissenschaftlichen Erkenntnissen vielmehr gewachsen. Die Macht der Argumente ist auf Dauer stärker als die Argumente der Macht! Wer in den Diskurs geht und mehr auf seine Macht als auf seine Argumente vertraut, der kann die Schlacht gewinnen, den Krieg wird er jedoch verlieren.

VOM WIDERSPRUCH ZUM WIDERSTAND

Abraham erkennt, dass etwas falsch ist an seinem Tun, von dem er meint, damit Gottes Willen zu vollziehen. Aber er erkennt dies nur durch den Widerspruch seines Sohnes! Erst dessen Widerstand lässt ihn innehalten, zuhören, erkennen. Während Abraham seinen eigenen inneren Widerstand, seinen eigenen Sohn zu opfern, beiseitegeräumt hat, bringt ihn der äußere Widerstand seines Sohnes zur

Vernunft, im wahrsten Sinne des Wortes. Der Widerspruch des Isaak lässt ihn den Widder opfern und nicht den, der ihm widersprochen hat. Erkenntnis ist Offenbarung Gottes! Abraham sah sich gänzlich gebunden an den Gehorsam und das grenzenlose Vertrauen des Isaak machte diesen zu dem Opfer, als das er sich gebunden auf dem Holzstoß wiederfand. Blindes Vertrauen, blinder und vorauseilender Gehorsam führen an den Rand der Katastrophe. Im letzten Moment erkennt Isaak seine Situation, das grenzenlose Vertrauen zerbricht und er beginnt, Fragen zu stellen und seinem Vater Vorhaltungen zu machen. Die Überzeugung seines Vaters ist nicht mehr die seine. Er beginnt angesichts des drohenden Endes seines Lebens eine eigene Meinung zu entwickeln und erkennt sein Potential, indem er Vertrauen gewinnt in seine eigene Kraft und Überzeugung. All das gehört zur Reifung des Menschen unbedingt dazu. Es ist die Pflicht und Schuldigkeit der Jugend, den alten Autoritäten nicht bedingungslos zu folgen, sondern an den Stühlen zu sägen, auf denen diese sitzen. Blinder Gehorsam schadet dem Blinden und dient letztlich nur schwachen Führungspersönlichkeiten. Will Gott blinden Gehorsam? Ich kann es mir nicht vorstellen und es widerspricht sogar meinem Gottesbild. Wenn Gott die Gabe der Erkenntnis und ein Gewissen gegeben hat, sind das dann nicht auch die Organe, durch die wir ihm nahe kommen können?

Übertragen auf die Situation der Kirche in unserem Lande erleben wir eine vergleichbare Situation. Die verantwortlichen Führer haben bei den meisten der ihnen Anvertrauten das Vertrauen verloren. Dass die Gruppe der

Verantwortlichen ausschließlich aus Männern besteht, die nicht heiraten dürfen und durch ein Gehorsamsversprechen als eine verschworenen Gemeinschaft wahrgenommen werden, hat zudem ein nicht unbegründetes Misstrauen geschürt. Verheiratete Männer können nur am Rande mitspielen und Frauen, immerhin fünfzig Prozent der Gemeinschaft, sind deswegen ausgeschlossen, weil sie Frauen sind. Immer wieder wird gefragt, wie lange es sich die Kirche noch leisten könne, so zu agieren und die Getauften so zu behandeln. Wie lange kann sich eine kleine Gruppe dem Erkenntnisgewinn verweigern, der möglich ist, wenn alle Getauften mitbestimmen dürfen? Es hat lange gedauert, bis die Kirche die Demokratie in den weltlichen Dingen akzeptiert hat. In den eigenen Reihen verweigert sie sie immer noch, bzw. wird sie seitens der Amtskirche verweigert. Wie viel Überzeugungskraft besitzen Ergebnisse noch in den eigenen Reihen, die durch eine Abstimmung zustande gekommen sind, die unter ungleichen Partnern zustande kam? Simulationsbeteiligung ist auf Dauer kontraproduktiv. Viele kritische Stimmen haben sich aus dem Diskurs längst zurückgezogen. Die Gruppe derer, die aus Liebe zur Kirche die Hoffnung noch nicht aufgegeben haben, wird jedoch bedrohlich klein. Dabei geht es nicht in erster Linie darum, seine Meinung durchzusetzen oder seinen Willen zu bekommen, sondern zunächst doch nur darum, dass eine Begegnung auf Augenhöhe stattfinden kann, in der es sich lohnt, mit der Macht der Argumente zu ringen und nicht mit den Argumenten der Macht.

Wie sehr war sich Abraham bewusst, dass ein blinder Gehorsam dem Bösen Vorschub leisten kann? Der Einzelne oder auch die kleine Gruppe, die meint, sie sehe und überblicke alles, kann sehenden Auges das Ganze ins Verderben führen. Der Einwand, dass gerade diese kleine Gruppe unter der besonderen Führung des Heiligen Geistes wandle, wirkt inzwischen eher tragisch denn tröstlich, besonders nachdem offenbar wurde, wie es in der kleinen Gruppe zugehen kann.

„Nicht mehr ich" betitelt Doris Reisinger ihr Buch und beschreibt Missbrauch in der Ordensgemeinschaft, in der sie gelebt hat. Sie erzählt von einem Gehorsam, der dazu führen kann, dass der Mensch sein Ich aufgibt, dass er ein System stützt und trägt, in dem Missbrauch leichter möglich sein kann. Bei einer Podiumsdiskussion in der Rahner Akademie in Köln hat Frau Reisinger mich persönlich sehr beeindruckt mit dem Statement, dass sie sich auch als Teil des Systems sehe, das ein solches Verhalten erst ermöglicht habe. Es ist also keinesfalls damit getan, Verantwortung und Schuld alleine nach oben zu verschieben, sondern vielmehr zu erkennen, wo das eigene Verhalten Teil des Systems war oder ist. Warum passiert das Menschen? Warum lassen Menschen das mit sich machen? Das Bedürfnis nach Halt und Geborgenheit können dafür ausschlaggebende Gründe sein, ebenso wie die Lösung persönlicher Probleme durch das Aufgeben der eigenen Persönlichkeit. Die Konstitution eines Systems und einer Persönlichkeit können katastrophale Folgen haben. Wo diese dann auch noch eine geistliche Überhöhung erfahren, sind dem Missbrauch Tür und Tor geöffnet.

Nicht nur Abraham ist das Ideal in Sachen Gehorsam, sondern auch Isaak fügt sich im wahrsten Sinne des Wortes

„stillschweigend" in das Bild ein. So ist nicht nur der eine ein Gebundener, sondern ebenso derjenige, für den der Gehorsam in der direkten Ansprache durch Gott nicht einmal gilt. Übertragen auf das System der Kirche kann man feststellen, dass die Geweihten nicht nur durch den Gehorsam aneinander gebunden sind, sondern die Getauften im übertragenen Sinne ebenfalls. Letztere sind es sogar in einem höheren Maße, denn sie sind die schweigenden Opfer eines Systems, in dem sie kaum gefragt werden und nicht entscheiden können. Abraham ist Vorbild im Gehorsam, Isaak ist Vorbild im Erdulden. Der Gehorsam wird auch von demjenigen erwartet, der ihn nicht versprochen hat.

Abraham hat seinem Sohn Fesseln angelegt und von ihm stillschweigend erwartet, in das Opfer-Sein einzuwilligen, weil es das Beste für alle sei. Die Diskussionskultur in der katholischen Kirche gleicht diesem Fessel-Anlegen und Opfer-Sein. Die Getauften sind zum größten Teil von den Entscheidungsmöglichkeiten abgeschnitten und die Geweihten durch ein Gehorsamsversprechen aneinander oder nach oben gebunden. Wer „Nicht mehr ich" sagt, der passt am besten in ein solches System. Wie reif muss ein Mensch aber erst werden, bis er wirklich „Ich" sagen kann, bis er sich eine eigene Meinung erarbeitet oder errungen hat? Darf man von einem nicht ausgereiften Menschen überhaupt ein Gehorsamsversprechen verlangen oder entgegennehmen? Der Umgang mit Idealen verlangt reife Menschen, egal ob sie ein Versprechen geben oder entgegennehmen. Die Schwierigkeit zu entscheiden, wann ein Mensch wirklich reif ist, erfordert von den Prüfenden selbst ein hohes Maß an Reife und ich kann mich nicht ganz des Eindrucks erwehren, dass mangelhafter Nachwuchs vielleicht das Ergebnis einer mangelhaften Prüfung ist, sehr wahrscheinlich aber einen Mangel bei den Prüfenden offenbart.

Darüber hinaus verlangt Gehorsam eine Offenheit für die Dynamik des Leben, seine Verwandlungen und Veränderungen. Wie oft wird er stattdessen einseitig besetzt mit typischen kirchlichen Begriffen wie Hingabe, Sendungs- oder Verfügungsbereitschaft, ein Sich-zur-Verfügung-Stellen, des eigenen Zurücknehmens, der Selbstaufgabe. Darin klingt eine deutliche Einseitigkeit mit bei der Lastenverteilung. In diesem Sinne ist viel geschrieben worden über den Gehorsam dessen, der ihn verspricht, und nicht aus der Sicht desjenigen, der ihn entgegennimmt und Leitung ausübt. Auch das passt in das Bild einer geistigen Überhöhung. Wie und wo wird Gehorsam jedoch verstanden als ein erlebtes Plus, als ein Mehr und wie ist er zu verstehen und zu leben bei einer fortschreitenden menschlichen Reifung und einem geistlichen Wachstum?

Selbstverständlich muss es einen vernünftigen Ordnungsgehorsam geben, ohne den keine Leitung auskommen und keine Gemeinschaft funktionieren kann. Als evangelischer Rat hat der Gehorsam eine lange geistliche Tradition. Heutzutage wirft er jedoch eher Fragen auf, worauf sich ein frei gewählter Gehorsam bezieht und wie er auch selbstbestimmt gelebt werden kann.

Der Glaube des Abraham war nicht frei von Berechnungen, Tricks, sogar Lügen und Isaak setzt mit seinem Protest genau da an. Vom Ideal des fehlerfreien Übervaters bleibt am Ende nicht mehr viel übrig und damit löst sich auch das

Gefühl Abrahams auf, gehorsam sein zu müssen gegenüber Gott und dessen Wunsch, ihm seinen Sohn zu opfern, denn er erkennt, wie menschlich und berechnend er bisher gehandelt hat. Isaak entzaubert gleichsam den Mythos seines Vaters, und die wahre Größe und Stärke Abrahams offenbart sich darin, dass er dies zulässt. Dem greisen Vater wurde in hohem Alter noch sein Sohn geboren, der im Moment der beschriebenen Szene der Opferung etwa 37 Jahre alt gewesen sein dürfte. Da wird es höchste, allerhöchste Zeit, einmal den Mund aufzumachen. In der Bibel sind die ersten Worte des Isaak „Mein Vater!", auf die dieser mit „Hier bin ich, mein Sohn!" antwortet (Gen 22,7). Abraham wählt die Formulierung, wie sie von Menschen in der Bibel verwandt wird, wenn sie der Anruf Gottes erreicht (z. B. 1 Sam 3,4), und so antwortet Abraham auch, als Gott ihn anspricht: „Er sprach zu ihm: Abraham! Er sagte: Hier bin ich." (Gen 22,1) In dem ‚Hier bin ich' lässt der Angesprochene seine volle Konzentration und Hörbereitschaft erkennen. Spricht Isaak seinen Vater in der biblischen Geschichte auch nicht persönlich an, als er gebunden auf dem Altar liegt, so erreicht diesen doch der Anruf des Engels und er antwortet wieder mit dem „Hier bin ich." (Gen 22,11)

Es kommt kein Dialog zustande, wenn ein Gesprächspartner so viele Bedingungen stellt, dass der andere dadurch in seinem Reden, Denken und Handeln gefesselt und geknebelt wird. Werden alle Bedingungen dann auch noch mit der höchsten und nicht mehr hinterfragbaren Autorität Gottes begründet (Deus vult = Gott will es), dann ist jeder Dialog unmöglich geworden. In seinem Schreiben „Ordinatio sacerdotalis" vom Mai 1994 versuchte Papst Johannes Paul II. die Diskussion um das Priesteramt der Frau durch eine solche ‚Argumentation‘ zu beenden. Dass diese auch fast dreißig Jahre später viele Menschen nicht überzeugt, zeigt die nicht endende Diskussion zu dem Thema. Bischof Bätzing von Limburg sagte in einem Interview im Januar 2021: „Damals wie heute liegt mir daran, die Argumente der Kirche, warum das sakramentale Amt nur Männern zukommen kann, redlich zu nennen. Aber ich muss ehrlich sagen: Ich nehme eben genauso wahr, dass diese Argumente immer weniger überzeugen und dass es in der Theologie gut herausgearbeitete Argumente gibt, die dafür sprechen, dass das sakramentale Amt auch für Frauen zu öffnen wäre. Deswegen nenne ich oft das Diakonat der Frau, weil ich da einen Spielraum sehe. Für das Amt des Priesters haben die Päpste seit Johannes Paul II. unisono gesagt, die Frage sei beantwortet – und trotzdem ist sie auf dem Tisch." (*Herder Korrespondenz*)

In einer Gesellschaft, in der Entscheidungen im Diskurs herbeigeführt werden, hat es ein System, das auf Gehorsam und Gefolgschaft baut, immer schwerer, Akzeptanz zu finden. Die Beschlüsse des II. Vatikanischen Konzils ließen sich wahrscheinlich auch deswegen noch verhältnismäßig schnell umsetzen, war die Kirche doch in dieser Zeit noch recht erfolgreich mit ihrer Methode des Top-Down. Ich habe noch viele ältere Pfarrer erlebt, die mit vorkonziliarem Geist die Kirche in eine nachkonziliare Zukunft geführt haben.

Dass das heute noch so ginge, kann ich mir nicht mehr vorstellen, denn der Isaak hat gelernt, den Mund aufzumachen und seine Meinung zu vertreten. Erst, wenn er erkennt, wie sehr er Teil des Systems ist, kann sich etwas ändern. Auch das Schweigen des Isaak hat ihn zum Opfer gemacht, und im letzten Moment erst begehrt er gegen den Übervater auf. Später wird er selber zum Patriarchen und wird seine eigenen Fehler machen.

Abraham und Isaak müssen mutiger werden, als sie es bisher waren. Abraham braucht den Mut der Hörbereitschaft. Er muss sich auch den dunklen Seiten seines Weges stellen. Isaak braucht den Mut der freien Rede. Er muss sich auch trauen, eine eigene Meinung und Überzeugung zu haben und diese zu sagen.

Bei Schulentlassgottesdiensten, ob nach der 10. oder 12. Klasse, habe ich immer eine Frage gestellt: „Erwartet ihr von mir und der Generation eurer Eltern noch, dass wir die Zukunft unserer Welt entscheidend voranbringen?" Nie hat auch nur einer aufgezeigt. „Sehen Sie, liebe Eltern, dass wir die Dinge noch wuppen, erwartet keines Ihrer Kinder von uns – und – ich finde es gut so! Sie, die jungen Menschen, kann ich nur dazu beglückwünschen, dass sie davon überzeugt sind, es besser zu machen, als wir es gemacht haben. Rütteln Sie an den Stühlen und sägen Sie an den Beinen, damit wir, die darauf sitzen, nicht müde werden und einschlafen. Uns aber, die wir auf den Stühlen sitzen, fordere ich auf, darauf sitzen zu bleiben. Wehe uns, wenn wir zu schnell runterfallen."

Es bedarf des mutigen Diskurses zwischen den Generationen, zwischen denen, die das Sagen haben, und denen, die es (noch) nicht haben, zwischen oben und unten, zwischen Abraham und Isaak.

Ein Aphorismus lautet: „Niemand weiß, wer er ist, bevor sein Leben nicht bedroht wird oder er Macht erhält." Abraham und Isaak haben sich in der entscheidenden Begegnung zwischen Vater und Sohn kennengelernt, denn das Leben beider wurde bedroht und beide erhielten Macht. Die Rede des Sohnes bedrohte das Lebenswerk des Vaters, doch mit seiner mutigen Rede gewinnt er auch Macht über diesen. Umgekehrt bedroht die Macht des Vaters das Leben des Sohnes. Mit der gewonnenen Erkenntnis, wozu sie fähig sind, kehren sie zurück.

LOB DER SPIRITUELLEN WIDERSTANDSFÄHIGKEIT

„Er war gehorsam bis zum Tod" – dieser Satz führt zurück zum Thema Opfer, dem Opfer Jesu und dem Opfer des Isaak. Isaak, so wie er sich hier darstellt, ist ganz bestimmt kein freiwilliges Opfer. Was mir an diesem Isaak gefällt und mich zutiefst beeindruckt, ist sein Widerstand. Was für eine Kraft! Da liegt Isaak gefesselt auf dem Holzstoß, sein Vater hat das Messer bereits in der Hand, und er? Nein, er bricht nicht zusammen, er fleht nicht, er verstummt nicht, er erstarrt nicht. Er wehrt sich mit aller Kraft und ist dabei unglaublich resilient. Es ist eine Resilienz in Fesseln angesichts des unmittelbar drohenden Todes.

Obwohl Isaak in dieser Situation im aller konkretesten Sinne Opfer ist, lässt er sich psychologisch nicht zum Opfer machen. Dieser Isaak hat, wider alles Erwarten, psychologisch tatsächlich eine Chance, ohne dauerhaften Schaden vom Opferaltar herunterzusteigen. Genau das ist „Resilienz": eine Widerstandskraft, die dazu befähigt, belastende und auch extreme Lebenssituationen zu bewältigen. Gebunden sieht Isaak dennoch einen „Spielraum" für sich, er benennt ihn sogar: „Sehen und reden kann ich noch", und ergreift ohne Zögern seine Chance. Indem er seine Gefühle zeigt, spiegelt er seinem Vater die Folgen seines Handelns, treibt diesen geradezu vor sich her und bearbeitet ihn mit allen Mitteln der Kommunikation. So kann Isaak trotz seiner Fesseln seine Situation aktiv verändern:

„Denn Resilienz … ist kein Schutzschild, sondern eine Form der Aktivität. Resilient sind nicht die, die sich nicht berühren lassen, sondern die, denen es gelingt, in allem Übel auch noch ein Körnchen Gutes zu finden, die … auch in stressigen und belastenden Situationen noch Aktivität zeigen. Solche Menschen machen sich keine Illusionen, aber bei Ungewissheit neigen sie dazu, eher einen positiven Verlauf der Dinge anzunehmen, und sie glauben eher, dass sie selbst etwas bewirken können."[36]

Und wie war das mit Jesus? Ist er ein bewusst entschiedenes, freiwilliges Opfer? Viele Religionswissenschaftler und Theologen sehen das anders, etwa Gerd Theißen: „Es ist unwahrscheinlich, dass der historische Jesus seinen Tod bewusst als Opfertod gewollt hat. Die Jünger haben seine Hinrichtung als eine Katastrophe erlebt. Sie waren auf sie nicht vorbereitet. Erst nachträglich gaben sie ihr einen Sinn – und dabei verrät auch die Vielfalt der Sinngebungen noch die traumatische Herausforderung eines schrecklichen Sterbens. In immer wieder neuen Versuchen und Bildern musste es bewältigt werden."[37] Verliert der Tod Jesu etwas an Bedeutung, wenn wir auf seine Idealisierung als frei gewähltes Opfer verzichten? Oder gewinnt er nicht vielmehr? Wenn Jesus das Ende aller Opfer bedeutet, eröffnet er dann nicht einen neuen Weg, mit den Grenzerfahrungen, Bedrohungen und Verlusten des Lebens umzugehen? Er zeigt einen Weg, das Trauma hinter sich zu lassen und die Erfahrung des Todes in neuem Leben zu überwinden.

Auch Jesus zeigt ein resilientes Verhalten in den Passionsberichten. Er bleibt in jeder Situation präsent und kommunikationsfähig, ganz gleich, ob es sich um die Begegnung mit seinen Anklägern und Richtern handelt, seinen Jünger oder den Menschen, denen er auf diesem Weg zufällig begegnet.

Jesus bleibt auch angesichts der Verurteilung zum Tod und unter der Last des Kreuzes der souverän Handelnde, oder vielleicht besser: der „souverän Leidende". Resilienz ist keine Garantie für ein Happy End, sondern eine Möglichkeit, um auf jedem Weg innerlich frei und sich selbst treu zu bleiben.

Gibt es also so etwas wie eine „spirituelle Resilienz"? Ich meine ja, und zwar in wenigstens zwei Grundformen. Die eine Form zeigt sich als Fähigkeit zur Unterscheidung zwischen Leben fördernder und krank machender Spiritualität bzw. spiritueller Praxis. Sie zu fördern, ist die beste Prävention gegen geistlichen Missbrauch und spiritualisierte Gewalt. Die andere Form besteht in einer Resilienz, die in der Gestaltung und Bewältigung des eigenen Lebens und, wenn nötig, auch in der Verarbeitung extremer Lebenssituationen einschließlich des eigenen Sterbens aus spirituellen Ressourcen schöpft.

Isaak bedient sich hier beider Formen: Er verweigert die Idealisierung bzw. Spiritualisierung seines Todes als Opfer und schöpft bei seinem Kampf ums Überleben Argumente und Kraft aus einem lebensbejahenden Gottesbild. Es bleibt offen, ob es Isaaks Widerstand und Resilienz sind, die Abraham ins Herz treffen und die Situation zum Kippen bringen, beeindruckend sind sie in jedem Fall – und das Opfer findet nicht statt.

KRAFT IN DER SCHWACHHEIT

Wenn wir die Profess, unser Gelübde, ablegen, mit dem wir uns an Gott, an die Gemeinschaft und an die monastische Lebensform als Benediktinerin binden, dann suchen wir einen Profess-Spruch aus der Bibel aus, der uns persönlich viel bedeutet. Bei mir sind es die Worte aus dem 2. Korintherbrief: „Der Herr sprach zu mir: Meine Gnade genügt dir. Sie erweist ihre Kraft in den Schwachen." Dies ist ein starkes Wort der Resilienz. Es ist eine Resilienz, die nicht einfach in einer unangreifbaren Stärke besteht, an der alles abprallt, sondern die alle menschlichen Erfahrungen von Schwäche, Schmerz und Versagen einschließt. Meine persönlichen Resilienzerfahrungen, von denen ich hier erzählen möchte, haben ihre spirituelle Quelle im Glauben an einen guten Gott, der mein Leben will und mir zuspricht:

„Ich habe dich beim Namen gerufen, du gehörst mir! Wenn du durchs Wasser schreitest, bin ich bei dir, wenn durch Ströme, dann reißen sie dich nicht fort. Wenn du durchs Feuer gehst, wirst du nicht versengt, keine Flamme wird dich verbrennen. Denn ich, der HERR, bin dein Gott, ich, der Heilige Israels, bin dein Retter. … Weil du in meinen Augen teuer und wertvoll bist und weil ich dich liebe …"[38] – Auch dies sind starke Worte und tragfähige Bilder der Resilienz.

Eigentlich gehöre ich eher zu den Menschen, die sich mit Aggressionen schwertun. So hat es ziemlich lange gedauert, ehe ich meinen persönlichen Aggressionsstil entdeckt und angefangen habe, bewusst damit umzugehen. Meine bevorzugte Aggressionsform ist Trotz. Nein, kein lauter Trotz im Reden, sondern eher, ohne viele Worte, im Handeln.

Als ich nach dem Abitur nicht gleich mit dem Studium anfangen wollte, sondern stattdessen den Umzug in eine eigene Wohnung plante und ein Jahr als Praktikantin in einer Pfarrgemeinde arbeiten wollte, hat dies meiner Mutter nicht gefallen. Ihre Kritik lautete: „Du bist wie ein Strohfeuer. Schnell begeistert, aber du hältst nicht durch." Das hat mich getroffen. Außer „Stimmt nicht!" habe ich nicht viel darauf geantwortet, aber ich habe durchgehalten – mühelos, mit Lust.

Und dann kam das Kloster. Mühsam beherrscht hatte meine Mutter auf meine Ankündigung zunächst idealtypisch reagiert: „Wenn du meinst, dass du da glücklich wirst." Beim Mittagessen am Tag meines Eintritts, unmittelbar bevor wir losgefahren sind, kommentierte mein Bruder: „In acht Tagen bist du wieder da." – „Geben wir ihr sechs Wochen", kam ergänzend von meiner Mutter. Als ich nach einem Jahr noch nicht zurück war, kam sie eines Tages erregt ins Kloster und eröffnete das Gespräch mit den Worten: „Ich bin gekommen, um dich abzuholen." Sie hatte keine Chance … Nun, ich bin nach fast 40 Jahren immer noch im Kloster.

Zu Resilienz wird mein Trotz, wenn er sich nicht in der Abwehr verkrampft und erschöpft: „Ich will das nicht!", sondern wenn ich die Energie meiner Wut nutze, um damit das zu verwirklichen, was ich will: „Ich werde es euch zeigen!". Dies bewusst wahrzunehmen und zu gestalten ist ein wichtiges Element meines Lernprozesses zu mehr Resilienz.

Von meinem Traum mit dem Apfel war schon die Rede. Der Perspektivwechsel vom faulen Apfel zum keimenden Kern ist natürlich ein starkes Bild für Resilienz. Solche Bilder spielen in meiner Resilienzerfahrung eine große Rolle. Das für mich heute stärkste Resilienz-Bild erschloss sich mir jedoch erst nach und nach.

In Konfliktsituationen bekam ich als junge Schwester immer wieder zu hören: „Du bist zu schnell." Wie kann man „zu schnell" sein, fragte ich mich, abgesehen vom Autofahren, wo mit der steigenden Geschwindigkeit die Gefahr für einen Crash steigt. Aber es ging nicht ums Autofahren und es hatte kein für mich wahrnehmbarer Crash stattgefunden, also beschloss ich, dies zu ignorieren und mir meine eigene Geschwindigkeit zu erlauben. Ein Leben mit ständig angezogener Handbremse fühlt sich nämlich nicht gut an und ist auf Dauer auch nicht gesund. Als ich so um die 30 war, hat mir dann jemand, der sich mit mir schwertat, wiederholt das seltsame, irgendwie leicht „vergiftete" Kompliment gemacht: „Du bist so vielseitig." Erst Jahre später verstand ich, dass sich in dem „Stachel", den ich darin spürte, eine Angst ausdrückte, die Angst, mich nicht kontrollieren und beherrschen zu können.

Schnell, flexibel, vielseitig, anpassungsfähig, beweglich: Heute verstehe ich, dass dies eine große Stärke ist, die für Konfliktpartner sehr ärgerlich und frustrierend sein kann, und noch mehr für Menschen, die versuchen, mich zu etwas zu nötigen, was ich nicht will. Genau darin liegt nämlich mein Schlüssel zur Resilienz: Wenn der eine Weg nicht gangbar ist, leicht und schnell einen anderen zu finden, und wenn die eine Türe geschlossen ist, sich nicht lange daran abzuarbeiten, sondern direkt zu schauen, wo die nächste ist, die vielleicht gerade offensteht.

Zu dieser Mischung aus Trotz und Geschmeidigkeit fand ich in schwierigen Zeiten ein tragendes Bild, und zwar in einer Situation, die den äußeren Machtverhältnissen nach für mich eigentlich eine Erfahrung der Ohnmacht war. In einem Pfingstlied heißt es „Geist wie Wasser so stark". Dies ist auch mein Resilienz-Bild:

Wie Wasser

Halt mich auf, wenn Du kannst!
Lacht die Quelle.
Ob Fontäne
oder Rinnsal,
drängt sie ans Licht.

Halt mich auf, wenn Du kannst!
Neckt plätschernd der Bach.
Über Steine und Moos
springt er
fröhlich davon.

Halt mich auf, wenn Du kannst!
Donnert tosend der Wasserfall.
Und stürzt sich ins Ungewisse
vertrauend seiner
entfesselten Kraft.

Halt mich auf, wenn Du kannst!
Raunt kaum hörbar das Moor.
Kann ich auch nicht fließen,
so entgeht doch nichts
meinem Sog.

Halt mich auf, wenn Du kannst!
Singt majestätisch der Strom.
Komm, lass Dich tragen!
Ich bringe Dich
ans Ziel.

Halt mich auf, wenn Du kannst!
Seufzt leise der Regentropfen.
Wie oft ich auch falle,
Fruchtbarkeit und Wachstum
trage ich in mir.

Halt mich auf, wenn Du kannst!
Lächelt weise das Meer.
Ich bin die Wiege
alles Lebendigen
und
alle Wege enden
in mir …

Dieses Bild ist seitdem für mich das wichtigste Resilienz-Bild geblieben, und ich finde, es passt gut zu Isaak, wie er sich hier zeigt, und auch zu seiner Mutter Sara. Die Fähigkeit zur Resilienz scheint Isaak jedenfalls eher von ihr geerbt zu haben als von seinem Vater Abraham.

SARA:
PROTEST FÜR
DAS LEBEN

Diese Unruhe macht mich schier wahnsinnig. Fast drei Tage sind sie nun fort. Ich kann an gar nichts anderes denken. Angst. Wie ein würgender Griff um die Kehle. Ohne zu sehen und zu hören, stolpere ich durch den Tag …

Mein Gott! Was ist los? Er hat den Jungen doch nicht das erste Mal mitgenommen. Und sie sind ja gar nicht alleine. Die Jungknechte sind stark und wissen zu kämpfen, wenn es nötig ist.

Was geschieht da draußen? Ich sehe sie noch, wie sie aufbrechen. Isaak voll Freude und Stolz, dass sein Vater ihn mitnimmt – endlich. Dass er das erste Mal alleine mit ihm gehen darf, um Gott zu opfern. Er ist der Erbe der Verheißung. Will Abraham ihn lehren, so wie er selbst Auge in Auge Gott zu begegnen? Was für ein prächtiger Junge doch unser Sohn ist, fast schon ein Mann. Und wie er seinem Vater ähnelt. O ja, ich erinnere mich noch so genau, wie Abraham damals ausgesehen hat. Was für ein starker und schöner junger Mann! Wie stolz ich von klein auf war, dass er der meine sein würde. Es wird bald an der Zeit sein, dass wir Ausschau halten nach einer Frau für Isaak.

Irgendwas war mit Abraham in den letzten Tagen. Er sah gar nicht froh aus, als sie gingen. Beginnt er die Last seines Alters zu spüren? So langsam wäre es für ihn an der Zeit, einfach im Lager zu bleiben und einem Jüngeren solche Aktionen zu überlassen. Kommt er denn nie zur Ruhe? Was treibt ihn immer weiter? Der Hunger nach Leben? Abenteuerlust? Woher nimmt er diese Kraft? Was haben wir in unserem Leben für Wege zurückgelegt.

Was war ich schockiert, damals, als er mir mit seinen fünfundsiebzig Jahren verkündete, wir würden unsere Heimat verlassen. Weg von Haran. Alles hinter uns lassen, um aufzubrechen in ein fremdes, unbekanntes Land, das Land Kanaan. Er konnte noch nicht einmal sagen, wohin genau der Weg uns führen sollte. Das war so untypisch für ihn. Er, der so besonnen handelte, der immer wusste, was er tat. Auf sein Wort war immer Verlass, so wie die Götter es forderten. All das geschah kurz nach dem Tod seines Vaters Terach. Zunächst dachte ich, dies habe ihn verwirrt. Aber dann verstand ich. Er fühlte sich nun endlich frei. Jetzt, als neues Sippenoberhaupt, durfte er endlich selbst entscheiden. Darauf hatte er lange warten müssen.

Aber dann sagte er etwas Ungeheuerliches. Fast fürchtete ich, er habe den Verstand verloren. Redete irgendetwas von einem Segen. Er habe ihn von Gott empfangen. Von was für einem Gott? Wie schon in Ur in Chaldäa ist Sîn, der Mondgott, der Gott unserer Sippe. Auch in Haran, der großen Stadt im Norden des Zweistromlandes, wird er verehrt. Deshalb lebten wir nun schon so lange vor den Toren der Stadt in unseren Zelten. Wer aber ist er, dieser fremde, namenlose Gott Abrahams? Heimlich machte ich mich auf den Weg hinein in die Stadt zum Ehulhul, dem „Haus, das Freude spendet", um Sîn zu besänftigen. Er war so ein guter Gott, der uns Wohlstand und Gesundheit schenkte, wenn wir unsere Abkommen treu hielten. Er und sein Sohn, der Sonnengott Schamasch. Am liebsten aber war mir Nikkal, die Gefährtin Sîns. Sie ist die Göttin der Fruchtbarkeit. Ich hatte eine kleine Statue von ihr. Oh, was habe ich zu ihr gebetet.

Und nun kommt Abraham und sagt, es gebe nur den einen Gott, dessen Namen er nicht kennt, und der habe mit ihm geredet? Und wir sollten zu keinem anderen Gott mehr beten. Ich war sprachlos. Ich konnte es nicht fassen. Reden die Götter denn mit uns Menschen von Angesicht zu Angesicht? Ich war so voller Angst. Die Götter würden uns strafen. Nikkals Statue versteckte ich heimlich in meinen Kleidern …

Wie glücklich waren wir in Haran gewesen. Wir hatten alles. Vor allem aber hatten wir einander, Abraham und ich. Ja, wir hatten alles bis auf eines: Kinder.

Wieder und wieder sprach Abraham die Worte, die er – so sagte er – von seinem Gott gehört hatte. Er hatte folgende Botschaft von Gott vernommen: „Geh fort aus deinem Land, aus deiner Verwandtschaft und aus deinem Vaterhaus in das Land, das ich dir zeigen werde! Ich werde dich zu einem großen Volk machen, dich segnen und deinen Namen groß machen. Ein Segen sollst du sein. Ich werde segnen, die dich segnen; wer dich verwünscht, den werde ich verfluchen. Durch dich sollen alle Sippen der Erde Segen erlangen."[1] Natürlich wünschten wir uns sehnlichst ein Kind. Aber irgendwie war das zu schön, um wahr zu sein. Ich wusste nicht, was ich davon halten sollte. Aber ich bekam die Konsequenzen zu spüren. Abrahams Entschluss stand unwiderruflich fest: Wir brechen auf und folgen dieser Verheißung. Egal, wohin sie uns führt. Und sein Neffe Lot glaubte ihm und wollte mitgehen.

So brachen wir also auf. Tag für Tag wartete ich auf die Katastrophe. Aber nichts geschah. Und dann, eines Tages, kamen wir an. Kanaan lag vor uns. Das Gelobte Land. Abraham war sich ganz sicher. Ich schaute enttäuscht in die trockene, graubraune Landschaft. Wie schön und fruchtbar und grün war das Zweistromland gewesen! Und jetzt das. Sahen wir mit so verschiedenen Augen? Abraham zweifelte auch nicht, als wir eine Hungersnot erlebten. Es fiel ihm sichtlich schwer, wieder aufbrechen zu müssen, damit wir nicht verhungerten. Wir mussten weiterziehen nach Süden und kamen nach Ägypten. Ein seltsames Land mit seltsamen Menschen und seltsamen Sitten. Ein Beamter ihres Königs – sie nennen ihn Pharao, und er ist für sie ein Gott – sah mich. Abraham kam ganz erschrocken zu mir: Du bist eine schöne Frau. Pharao will dich. Wenn ich nein sage, ist das mein Tod!

Ist Schönheit ein Segen oder ein Fluch? Wir wuchsen in derselben Sippe auf, Abraham und ich. Sein Vater war auch mein Vater; aber meine Mutter war bloß eine Nebenfrau und ich nur ein Mädchen. So beachtete mich Terach nicht, sondern entschied lediglich, dass ich später seinen Sohn Abraham heiraten solle. Als ich ein kleines Mädchen war, hat Abraham mich auch noch nicht beachtet. Aber eines Tages ruhten seine Augen voll Bewunderung auf mir. Keine andere schaute er mehr an. Da wollte er nicht länger warten … Seitdem höre ich immer wieder, ich sei eine schöne Frau. Nicht nur von ihm. Und wann immer ich als junge Frau mein Spiegelbild sehen konnte, gefiel es auch mir. Nie hätte ich gedacht, dass diese Gabe zum Problem werden könnte.

Wir waren voller Angst, und die ganze Sippe mitsamt den Tieren hatte Hunger. Also sagten wir, ich wäre Abrahams Schwester. Da brachten sie mich an den Hof des Pharao. Was für eine seltsame Welt. Zahllose Frauen und Kinder lebten dort. Da verstand ich ganz neu, wie außergewöhnlich Abrahams Treue mir gegenüber war. Wozu brauchte Pharao mich? Musste er denn jeden Sinnenreiz sofort befriedigen? Wie bei einem Baby, das schreit, wenn es Hunger hat oder ein Spielzeug will, das es bald wieder in die Ecke wirft. Ich war heftig empört. Der sollte es bloß nicht wagen, mir zu nahe zu kommen! Kann ein so mächtiger Mann ein solches Kind sein? Wie sollte es nun aber weitergehen? Ich konnte doch nicht in diesem goldenen Käfig gefangen bleiben.

Doch da geschah das Unglaubliche! Abrahams Gott griff selber ein – so erfuhr ich später. Zur Strafe schlug er Pharao mit Plagen und ließ ihn so wissen, was wir nicht zu sagen gewagt hatten: Das ist Abrahams Frau. Da gab mich Pharao zurück und verwies uns des Landes. Immerhin hatten wir jetzt genug zum Leben und konnten ins Land Kanaan zurückkehren.

Wer ist dieser Gott Abrahams, dass er sich für eine Frau interessiert und unsere Liebe schützt? Will er wirklich das Glück der Menschen?

Jahre später passierte fast das Gleiche noch einmal. Abimelech hieß dieser andere König. Der allerdings reagierte ganz anders als Pharao. Es gab auch keine Plagen, sondern Abimelech sagte, Abrahams Gott habe ihn in einem Traum gewarnt. Er lud uns ein, in seinem Land wohnen zu bleiben, und entschuldigte sich persönlich bei mir: „Siehe, ich gebe deinem Bruder tausend Silberstücke. Siehe, das soll allen Leuten in deiner Umgebung die Augen zudecken und vor allen erfährst du Genugtuung."[2] Wie ungewöhnlich für so einen König, eine Frau in dieser Weise zu ehren. Richtig edel. Das hat mir gutgetan.

Ich träume vor mich hin. Wie nahe mir diese fernen Tage doch sind. Wie lebendig, als wäre es erst gestern gewesen. Sie lenken mich von den quälenden Sorgen der Gegenwart ab. Was aber hat Abraham vor seinem Aufbruch bedrückt? Oder war es mehr als das? Eine große Anspannung. Ein innerer Kampf. So habe ich ihn lange nicht mehr erlebt. Aber natürlich sagte er kein Wort. Hatte er wieder eine seiner Begegnungen mit Gott?

Ist es wirklich das? Über seine Begegnungen mit Gott konnte Abraham immer reden. Warum diesmal nicht? Eigentlich war es erstaunlich, wie viel er darüber sprach. Sonst merkte ich eher an seinem Schweigen, wenn etwas Besonderes war. Wie eine Schnecke, deren Fühler ein Hindernis berühren, blitzartig ganz in ihrem Häuschen verschwindet, zog er sich dann zurück. Anfangs erschrak ich darüber. Hatte ich etwas falsch gemacht? Als ich erfahrener wurde, verlor sich diese Unsicherheit. Wenn er das braucht. Er kommt schon ganz von alleine wieder aus seinem Schneckenhaus hervor …

Aber dieses Schweigen jetzt? Es ist mehr als nur das. Er hat etwas vor, das ich nicht wissen soll. Was geschieht heute da draußen? Sara, frage dein eigenes Herz! Du kannst in dir das Echo hören, egal, wo sie sind … Und wenn du es alleine nicht kannst, frage deinen Gott.

Meinen Gott? Aber nein. Zunächst war es ausschließlich Abrahams Gott. Ich kannte ihn nicht und wollte ihn auch nicht kennen, diese unberechenbare Störung. Er hatte mein Leben durcheinandergebracht. Er nahm mir meine Heimat. Ich wollte und brauchte ihn nicht! Ich war wütend. Und wohl auch eifersüchtig. Bis Abraham anfing, von seinem Gott zu sprechen, hatten die Götter ihren klaren, vorhersehbaren Platz in einer Nische unseres Zeltes und unseres Lebens. Nun sprach Abraham von fast nichts anderem mehr … Und auch er selbst war auf einmal anders. Er versuchte zwar geduldig, mir seine Entscheidung zu erklären, aber es war von vornherein zwecklos, etwas dagegen sagen zu wollen. Natürlich wäre ich nie in Haran zurückgeblieben, selbst wenn ich gekonnt hätte. Ich gehörte einfach zu Abraham und unserer Sippe.

Nachdem ich den ersten Schrecken überwunden hatte, bemerkte ich dann auch dieses neue Leuchten in Abrahams Augen. Er strahlte irgendwie von innen heraus. Das faszinierte mich. Zugleich aber suchten seine Augen irgendetwas. Bei aller Entschiedenheit wirkte er auf mich auch verletzlich, fragend. Das rührte mich an. Abraham brauchte mich, auch wenn er das vielleicht gar nicht bemerkte. Und er wollte, dass ich mich voll und ganz hinter ihn stelle. So willigte ich also ein und sagte zu ihm: „Wo du hingehst, dahin gehe auch ich, und wo du bleibst, da bleibe auch ich. Dein Volk ist mein Volk und dein Gott ist mein Gott."[3]

Es blieb nicht bei Abrahams erster Gotteserfahrung. Diese Erlebnisse wiederholten sich. Beim nächsten Mal hörte Abraham: „Erheb deine Augen und schau von der Stelle, an der du stehst, nach Norden und Süden, nach

Osten und Westen! Das ganze Land nämlich, das du siehst, will ich dir und deinen Nachkommen für immer geben. Ich mache deine Nachkommen zahlreich wie den Staub auf der Erde. Nur wer den Staub auf der Erde zählen kann, wird auch deine Nachkommen zählen können."[4] Und auch dies tat er. Wieder und wieder baute Abraham seinem Gott einen Altar, um ihn zu verehren. Aus dem Nomadenfürsten und Krieger, den ich geheiratet hatte, war ein Priester und Prophet geworden. Hilflos stand ich vor dieser Wandlung. Wer war dieser seltsame Gott, der Abraham wieder und wieder Söhne versprach und selber weder eine Gefährtin noch einen Sohn hatte? Zumindest hatte Abraham davon bis jetzt noch nichts erzählt. Brauchte Abrahams Gott denn keine Frau? Vielleicht war es ja noch ein junger Gott. Aber dann hätte mir Abraham doch sicher wenigstens etwas über die Mutter seines Gottes erzählt. Ja, hatte dieser Gott denn gar keine Sippe? Aber mit wem hat er denn dann gesprochen, bevor er anfing mit Abraham zu sprechen?

Dann kam die Nacht, in der Gott Abraham erneut erschien und ich eine Ahnung davon bekam, was das bedeutete. Ich schlief. Abraham war so unruhig neben mir, dass ich davon wach wurde. Ich hörte ihn sagen: „Herr und Gott, was kannst du mir geben? Ich gehe kinderlos dahin."[5] Mehr verstand ich nicht. Auf einmal stand er auf und ging hinaus aus dem Zelt. Eine seltsame Nacht. Durch den offenen Zelteingang sah ich einen selten klaren Sternenhimmel. Es war ganz still und doch bebte diese Nacht von Leben. Eine lebendige Gegenwart. Mir war, als bliebe die Zeit stehen, als atme dieser Augenblick Ewigkeit. Ich wusste sogleich: Diese Nacht ist heilig.

Irgendwann kam Abraham wieder zu mir. „Sieh doch zum Himmel hinauf und zähl die Sterne, wenn du sie zählen kannst! … So zahlreich werden deine Nachkommen sein."[6] – so hatte Gott diesmal zu ihm gesagt. Wie schön! Das war so anders als all das, was ich bisher von unseren Göttern erfahren hatte. Und ich begann, mich dem Gott Abrahams zu öffnen … Als ich am Morgen zum Waschen aus dem Zelt ging, habe ich die Statue Nikkals heimlich in den Brunnen geworfen.

Allerdings war ich dann gleich wieder erschrocken, als Abraham, der ein Opfer vorbereitet hatte, am Abend desselben Tages in einen ohnmachtsähnlichen Schlaf fiel und mir hinterher erzählte, er habe einen schrecklichen Albtraum gehabt. Unsere Nachkommen „werden als Fremde in einem Land wohnen, das ihnen nicht gehört. Sie werden dort als Sklaven dienen und man wird sie vierhundert Jahre lang unterdrücken."[7] Wie furchtbar! Und warum?

Nun hocke ich schon stundenlang vor meinem Zelt auf dem Boden. Und grübele vor mich hin. Unfähig, irgendetwas Sinnvolles zu tun. Ich zwinge mich aufzustehen. Eine blutrote Sonne geht im Westen unter. Blut. Mein Gott! Nein, lass kein Blut fließen!

Kämpfe. Immer wieder Kämpfe. Warum finden sie nie ein Ende? Gewalt gegen Gewalt. Schreie. Entsetzen. Ströme von Blut. Es läuft mir heute noch ein Schauer den Rücken herunter, wenn ich daran denke, wie Abraham – kaum erwachsen – von seinem ersten Kampf zurückkam. Die Männer johlten, klopften ihm auf die Schulter. Riefen, er habe seinen ersten Feind getötet. Jetzt ist Abraham ein echter Mann. Lärm, Lachen, Euphorie. Die Kleider starr von Blut. Am nächsten Tag habe ich sie ins Feuer geworfen … Als er nachts zu mir kam, war er betrunken, und da war diese neue bedrohliche Kraft. Können Liebe und Gewalt Geschwister sein? … Später hat er in meinen Armen geweint wie ein Kind. Reden konnte er nie darüber. Mit der Zeit aber grub sich ein neuer, harter Zug in sein Gesicht.

So froh ich auch war, als Abraham und seine Männer Lot und die Mädchen und alle, die zu ihnen gehörten, gesund nach Hause brachten, das Töten im Kampf bleibt doch grauenhaft. Hatte Gott denn nicht bereits zu Noach und seinen Söhnen gesagt: „Wenn aber euer Blut vergossen wird, fordere ich Rechenschaft für jedes eurer Leben. Von jedem Tier fordere ich Rechenschaft und vom Menschen. Für das Leben des Menschen fordere ich Rechenschaft von jedem, der es seinem Bruder nimmt. Wer Blut eines Menschen vergießt, um dieses Menschen willen wird auch sein Blut vergossen. Denn als Bild Gottes hat er den Menschen gemacht."[8]? Warum handelten wir Menschen nicht danach? Mir graut jetzt schon vor dem Tag, an dem ich wissen werde, auch Isaak hat einen anderen Menschen getötet. Du unbegreiflicher Gott! Willst du wirklich das Leben? Dann töte du doch einfach den Tod! Oder gebiete wenigstens allen Menschen: „Du sollst nicht töten!"[9]

Und da stehe ich nun unausweichlich vor einem dunklen Abgrund. Dem Abgrund meiner eigenen Schuld.

Gequält von Selbstzweifeln, hielt ich die Spannung einfach nicht mehr aus. Vielleicht stimmte ja die Verheißung, die Gott Abraham gegeben hatte, er werde viele Söhne haben, aber ich war die falsche Frau. Mürbe geworden vom Warten, griff ich zur bewährten Lösung. Ich bat Abraham: „Geh zu meiner Sklavin! Vielleicht komme ich durch sie zu einem Sohn."[10] Es war für mich immer schon ein Grund zum Staunen, dass er dies nicht ohnehin längst getan hatte. Alle, die es sich leisten konnten, hatten Nebenfrauen, abgesehen von den Sklavinnen, auch wenn sie bereits viele Kinder hatten. Nur er nicht. Selbst als ich ihn bat, hat er gezögert. Lag das an der Verheißung? Oder an seiner Liebe zur mir?

Als wir jung waren, schien es ihn kaum zu stören, dass wir keine Kinder hatten. Es liefen doch haufenweise Kinder durchs Lager, tröstete er mich. Ich aber wartete von Jahr zu Jahr, von Monat zu Monat mehr, und fragte mich: Warum ich? Als meine Schwägerin Milka das siebte Kind bekam, weinte ich die ganze Nacht … Erst als wir älter wurden, kam eine immer tiefer werdende Trauer in Abrahams Blick, wenn er die heranwachsenden Söhne der anderen ansah. Aber nichts geschah, und so fanden wir uns schließlich damit ab, bis Abraham die Verheißung bekam.

Es ist Zeit für die Abendmahlzeit. Die Pflicht ruft, während mein Herz weit weg ist bei Abraham und Isaak …

Abraham gab meinem Drängen schließlich nach, und meine Sklavin Hagar, eine Ägypterin, wurde schwanger. Ismael nannte er diesen Sohn – ‚Gott hört'. Er war sehr glücklich, endlich Vater zu sein. Nie hätte ich gedacht, dass es so schwer für mich werden würde! Kaum gelang es mir, meine Gefühle vor Abraham, der sich doch so über seinen Sohn freute, zu verbergen. Es zerriss mich förmlich vor Schmerz. Und das schreckliche Gefühl, versagt zu haben …

Beim ersten Mal waren es meine und ihre überforderten Gefühle, als Hagar in die Wüste davonlief. Beim zweiten Mal, nach Isaaks Geburt, aber war es kühle Berechnung, als ich sie und Ismael in die Wüste schickte. Ich wollte endlich den schmerzlichen Makel der langen Unfruchtbarkeit für immer loswerden, indem ich Hagar und Ismael, die mich daran erinnerten, aus meinem Leben verbannte. Mein Sohn sollte der einzige sein! Ich redete mir ein, so laute ja auch die Verheißung. Es sei in deinem Sinne, Gott. Wir können alles missbrauchen. Selbst dich, Gott. Und auch ich glaubte, ich erfülle deinen heiligen Willen.

Heute tut es mir leid. Ich begreife gar nicht mehr, wie ich so etwas tun, ja auch nur denken konnte. Wie blind wir werden können! Ich dachte immer, nur Männer werden gewalttätig. Auch sie glauben, dass ihr Handeln gerecht ist, wenn sie töten. Sie töten im Kampf, Kraft gegen Kraft. Oder beim Opfer. Und sie tun es Auge in Auge … Die leise Gewalt einer Frau. Wir lassen töten. Heimlich. Giftig. Gewalt und Tod mit sauberen Händen. In mir und durch mich? Das Nein zum Leben. Ein langsamer Tod für Hagar und Ismael, schutzlos in der Wüste, der viel grausamer gewesen wäre als ein Messer, das die Kehle durchschneidet …

Als die Erkenntnis kam, versank ich in einem Sumpf von Scham und Verzweiflung. Diesmal war es Abraham, der ohne ein Wort verstand. Er nahm mich in die Arme, und ich weinte lange … Da erzählte Abraham mir, dass Gott zu ihm gesagt habe: „Die Sache wegen des Knaben und wegen deiner Magd sei nicht böse in deinen Augen. Hör auf alles, was dir Sara sagt! Denn nach Isaak sollen deine Nachkommen benannt werden. Aber auch den Sohn der Magd will ich zu einem großen Volk machen, weil auch er dein Nachkomme ist."[11] Deshalb also hatte Abraham nachgegeben und nicht, weil ich es gewollt hatte. Seltsam, Gott hatte also meinem unlauteren Wunsch zugestimmt. Warum? Wie unverständlich. Aber er hatte es getan. „Wenn das Herz uns auch verurteilt – Gott ist größer als unser Herz und er weiß alles."[12] Dennoch blieb Abrahams Schmerz über die Trennung von Ismael lange belastend zwischen uns stehen. Es schmerzte auch mich, ihn so leiden zu sehen.

Wer bewahrt uns vor unseren eigenen Abgründen? Gott? Mich hat er nicht davor bewahrt. Aber er hat mich davor bewahrt, die Folgen meiner Tat tragen zu müssen.

Die Stille der Nacht legt sich über alles und es wird kühl. Ich gehe ins Zelt. Gott hat Ismael und seine Mutter Hagar gerettet. Weil Abraham ihn darum gebeten hat? Hat unser Bitten eine solche Macht? Du einziger Gott, Gott Abrahams. Schütze ihn und unseren Sohn Isaak. Schicke auch ihnen einen Engel!

Bevor dies alles aber geschah, erschien Gott Abraham ein weiteres Mal, als Ismael etwa 13 Jahre alt war. Wieder bestätigte Gott die Verheißung: „Ich bin es. Siehe, das ist mein Bund mit dir: Du wirst Stammvater einer Menge von Völkern."[13] Als Zeichen dieses Bundes sollten alle Männer und Jungen unserer Sippe beschnitten werden. Konsequent, wie Abraham war, führte er dies am gleichen Tag noch durch. Niemand wagte einen Widerspruch oder auch nur eine Frage. Niemand wurde ausgenommen, auch er selber nicht. An diesem Tag erhielten er und ich von Gott auch einen neuen Namen: „Man wird dich nicht mehr Abram nennen. Abraham, Vater der Menge, wird dein Name sein; denn zum Stammvater einer Menge von Völkern habe ich dich bestimmt. Ich mache dich über alle Maßen fruchtbar …"[14] Und: „Du sollst deine Frau nicht mehr Sarai nennen: Sara, Herrin, soll ihr Name sein."[15] Das beschäftigte und berührte mich sehr. Ich dachte lange darüber nach. Von diesem Tag an nannten wir uns bei diesen neuen Namen.

Inzwischen bin ich eine alte Frau geworden. Was für ein erfülltes, aufregendes Leben durfte ich leben. Immer noch habe ich Freude am Leben. Immer noch bin ich gespannt auf das, was kommen wird, auch wenn jetzt gerade die Sorge um Abraham und Isaak wie eine Zentnerlast auf meinen Schultern liegt … Was für einen weiten Weg haben Abraham und ich in den vielen Jahren gemeinsamen Lebens zurückgelegt. Wie sehr haben wir uns dabei verändert. Wir sind mit- und aneinander gewachsen. So ist Abraham der Mann geworden, der er heute ist, und ich die Frau, die ich bin …

Die Atmosphäre im Lager ist angespannt in den letzten Tagen. Irgendwie ist so eine Gemeinschaft wie ein großer Organismus. Sie merkt, wenn etwas in der Luft liegt. Das lässt sich gar nicht verbergen. Alle sind dann unruhig, reagieren schnell gereizt. Schattenspiele habe ich diesen Zustand für mich genannt. Meist ist das die schwierigste Zeit im Miteinander, wenn eine solche wachsende Spannung auszuhalten ist, bis sich dann nach und nach oder auch plötzlich zeigt, was denn eigentlich los ist. Als ob wir alle mit unseren schwächsten Seiten aufeinander reagieren, bis dieser Spuk dann genauso plötzlich wieder vorbei ist … Diesmal fällt es auch mir sehr schwer, und es will mir einfach nicht gelingen, ruhig und gelassen abzuwarten.

In so einem Lager war eben immer etwas los. Abraham und ich trugen gemeinsam die Verantwortung. Längst waren wir daran gewöhnt. Wir waren ein eingespieltes Team, auch wenn wir nicht immer einer Meinung waren. Es brauchte meist kaum mehr als einen Blick oder ein Nicken, um uns zu verständigen. Längst also waren wir Herr und Herrin. Und wir waren an diesen Menschen und für sie auch längst zu Vater und Mutter geworden, ob wir nun ein leibliches Kind hatten oder nicht. Warum nun betonte Gott jetzt, dass Abraham Vater sein solle?

Abraham war der geborene Führer. Er hat eine ganz natürliche Autorität. Die Menschen folgten ihm bereitwillig, vertrauten ihm. Je länger wir auf dem Weg waren, desto wichtiger wurde auch Abrahams Gott für sie. Die Menschen glaubten auf Grund dessen, was Abraham ihnen erzählte. So beeindruckend dieses Zeugnis auch war, für mich war es wichtig, dass ich diesen Gott auch selber erfahren konnte. Den meisten anderen schien aber dieses Zeugnis des Menschen, dem sie ihre Zukunft und ihre Leben anvertrauten, zu genügen.

Und warum gab Gott mir jetzt den Namen Sara, Herrin? Was bedeutete dies für mich? Natürlich: Ich „gehorchte Abraham und nannte ihn Herr."[16] Er bestimmte, welchen Weg wir einschlugen. Meist sprach er mit mir darüber, und wenn er es nicht tat, wusste ich sogleich, dass es ein ernstes Problem gab. Ich scheute mich dann nicht, mit ihm in unserem Zelt darüber zu streiten. Wir waren beide schon immer Menschen mit einem starken Willen gewesen. Allerdings akzeptierte ich dann seine Entscheidung, so wie er die meine in den alltäglichen Belangen des Lagers. Wie wir den eingeschlagenen Weg dann gingen, darauf hatte ich immer einen großen Einfluss. Die Menschen schauten, wie ich es machte. Sie erlebten darin eine Zugehörigkeit und eine Zusage: Saras „Kinder seid ihr geworden, wenn ihr recht handelt und euch vor keiner Einschüchterung fürchtet."[17]

Es ist Zeit, schlafen zu gehen, aber ich finde ohnehin keine Ruhe. Meine Gedanken kreisen und suchen … Vor wenigen Wochen sah ich Abrahams Gesicht, als er seinen Sohn kämpfen und siegen sah. Staunen war darin, aber auch Irritation. Es war beim Wettkampf. Isaak ist nun schon fast so groß wie er. Könnte Isaak auch seinen Vater besiegen? Väter und Söhne. Ich erinnere mich noch, wie es mit Abraham und seinem Vater war. Da lag immer Spannung in der Luft, auch wenn beide sich alle Mühe gaben. Sie verstanden sich nicht. Terach hatte viele Söhne, und Abraham blieb ihm fremd. In unserer Sippe werden die meisten sehr alt. Terach starb mit 205 Jahren. Da war Abraham längst ein reifer Mann. Was, wenn der Sohn größer wird als der Vater? Es ist wahre Größe, dies zulassen zu können. Ja, sich darüber zu freuen. Das ist ein Ringen. Das kann nicht jeder. Wird Abraham es können? Wäre es mit mir und meiner Tochter auch so, wenn ich eine hätte? Zum Glück liebt Abraham seinen einzigen Sohn wirklich.

Isaak. Wie glücklich waren wir, als er geboren wurde! Eine Gottesbegegnung kündigte uns seine Geburt an. Sie war anders als die anderen. Oberflächlich betrachtet, normaler. Keine Stimme, sondern drei Männer, die zu uns kamen in der flirrenden Hitze des Mittags. Und zugleich seltsamer als alles, was ich je erlebt hatte. Wie immer hörte ich aus dem Zelt heraus zu und warf einen vorsichtigen Blick auf sie. Da war es nur ein Einziger. Wie seltsam.

Abraham kam ins Zelt und bat mich, schnell Brot zu backen, und bewirtete sie nach den heiligen Gesetzen der Gastfreundschaft. „Sie fragten ihn: Wo ist deine Frau Sara? Dort im Zelt, sagte er."[18] Ich zuckte zusammen vor Schreck und Überraschung. Und wich zurück ins Dunkle des Zeltes. Woher kannten sie meinen Namen? Was wollten sie von mir, einer Frau? Sie konnten doch nicht meinetwegen gekommen sein!? Und doch, noch nie hatte das Nennen meines Namens mich so ins Herz getroffen! Noch nie fühlte ich mich so gemeint! Nie zuvor fühlte ich mich so eins mit mir selbst. Es gibt keine Worte dafür. Ich war zutiefst erschüttert. Das also war Abrahams Gott. Er war zu mir gekommen und hatte zu mir, Sara, gesprochen. Er war auch mein Gott!

Da sprach unser Gast weiter: „In einem Jahr komme ich wieder zu dir. Siehe, dann wird deine Frau Sara einen Sohn haben."[19] Ich konnte nicht mehr an mich halten. Ich lachte still in mich hinein.[20] O je, er hatte es gehört. Wie peinlich! „Warum lacht Sara und sagt: Sollte ich wirklich noch gebären, obwohl ich so alt bin? Ist denn beim Herrn etwas unmöglich? Nächstes Jahr um diese Zeit werde ich wieder zu dir kommen; dann wird Sara einen Sohn haben"[21], hörte ich die Stimme wieder. Schneller, als ich denken konnte, rutschte es mir laut heraus: „Ich habe nicht gelacht." Das war noch peinlicher. Ich mischte mich als Frau in das Gespräch der Männer ein. Er aber sagte nur: „Doch, du hast gelacht."[22] In der Nacht danach kam Abraham zu mir. Obwohl es zum ersten Mal in meinem Leben geschah, wusste ich sogleich: Jetzt ist es Wirklichkeit! Neues Leben wächst in mir. „Der Herr nahm sich meiner an, wie er ... gesagt hatte, und er tat so, wie er versprochen hatte."[23] Das veränderte alles.

Ja, neues Leben. Ein Mensch. Was für ein Wunder! Und wie verletzlich macht uns das. Was habe ich seither für Sorgen ausgestanden. Auch heute nimmt mir das fast den Atem. Wenn wir lieben, wird unser Leben dadurch nicht leichter, aber unendlich reich. Wie furchtbar, wenn Menschen nicht lieben können.

Sodom und Gomorra. Abraham begleitete damals unsere Gäste noch ein Stück ihres Weges. Nach seiner Heimkehr erzählte er mir, was geschehen war. Die Männer hatten ihm gesagt, dass sie auf dem Weg nach Sodom wären, wo auch Lot mit seiner Familie lebte, um diese Stadt zu vernichten; denn die Bewohner waren böse. Voll Sorge um Lot und seine Familie warteten wir, was geschehen würde. „Am frühen Morgen begab sich Abraham an den Ort, an dem er dem Herrn gegenübergestanden hatte. Er schaute gegen Sodom und Gomorra und auf das ganze Gebiet im Umkreis. Er schaute hin und siehe: Qualm stieg von der Erde auf wie der Qualm aus einem Schmelzofen."[24] Wir waren beide erschüttert.

Derselbe Gott, der uns neues Leben verheißen hatte, war auch ein strafender Gott, der wenige Stunden später viele Leben vernichtet hatte. Gibt es eine dunkle Seite Gottes? Ist das wirklich nur ein Gott? Hat er zwei ganz verschiedene Gesichter? Oder gibt es gar einen ‚Dunklen Gott'? Gott, war das gerecht von dir? Kannst du auch ungerecht sein? Oder gar rachsüchtig? Oder sind das nur wir Menschen? Gab es in Sodom und Gomorra denn gar keine unschuldigen Opfer? Es gab doch auch in Sodom und Gomorra Kinder! Selbst wenn auch sie Böses taten, haben sie doch nur getan, was die Erwachsenen ihnen vorgemacht haben. „Beugt etwa Gott das Recht oder beugt der Allmächtige die Gerechtigkeit?"[25]

Was mich aber überhaupt nicht loslässt, ist das, was Lots Töchter erlebt haben. Sie haben es mir später selber erzählt. Die Männer, die bei uns waren, sind bei Lots Familie eingekehrt, als eine gewaltbereite Rotte aus der Stadt sich um das Haus versammelte und ihre Herausgabe forderte. „Da ging Lot zu ihnen hinaus vor die Tür, schloss sie hinter sich zu und sagte: Meine Brüder, tut doch nicht das Böse! Seht doch, ich habe zwei Töchter, die noch nicht mit einem Mann verkehrt haben. Ich will sie zu euch herausbringen. Dann tut mit ihnen, was euch gefällt. Nur diesen Männern tut nichts; denn deshalb sind sie ja unter den Schutz meines Daches getreten."[26] Ich war zutiefst erschüttert. War sich Lot darüber im Klaren, was er da sagte und vorschlug? Seine Töchter waren noch fast Kinder und völlig wehrlos. Selbst wenn sie das überlebt hätten, wären sie nie mit dieser Erfahrung fertig geworden.

Am schlimmsten aber erschien mir: Sie hatten mit eigenen Ohren gehört, dass ihr eigener Vater sie ohne zu zögern für das Wohl seiner Gäste geopfert hätte, anstatt sie zu schützen. Und auch ihre eigene Mutter hatte kein Wort gesagt, um für die Mädchen einzutreten. Ich hatte ja schon immer Probleme mit Lots Frau. Sie kreiste meist um sich selbst und jammerte viel. Lot verteidigte sie immer. Aber das jetzt. Ich hätte mich Lot in den Weg gestellt. Wie sollten seine Töchter das je verkraften?

Zum Glück hatten die Gäste eingegriffen. Die Rotte war „schon dabei, die Tür aufzubrechen. Da streckten jene Männer die Hand aus, zogen Lot zu sich ins Haus und sperrten die Tür zu. Dann schlugen sie die Männer draußen vor dem Haus, Groß und Klein, mit Blindheit, sodass sie sich vergebens bemühten, den Eingang zu finden."[27] So einfach? Konnte Gott so einfach der Gewalt ein Ende bereiten, indem er die Täter blind werden ließ, so dass sie ihre Tat nicht vollenden konnten? Warum, Gott, hast du nicht für die ganze Stadt eine solch wirksame Lösung gefunden, die Leben gerettet hätte? Warum, Gott, bereitest du nicht aller Gewalt ein solches Ende?

Warum denke ich heute Nacht daran? Wahrlich keine beruhigenden und tröstlichen Gedanken. Noch immer wehrt sich alles in mir, wenn ich an diese Geschichte von Lots Töchtern denke. Ich kann und will das nicht verstehen! Da stehen mir immer noch die Haare zu Berge! Was war für mich daran falsch, wo es doch um die Wahrung der heiligen Gesetze der Gastfreundschaft ging? Ganz einfach: Jeder Mensch ist ein fühlendes Wesen und hat ein Recht auf sein eigenes Leben. Die Schwachen haben ein Recht auf Schutz durch die Starken. Seine Töchter in dieser Weise zu benutzen wie Lot, heißt, über sie zu verfügen wie über Gegenstände in seinem Besitz. Ja, wahrscheinlich würde er sogar mit den Gegenständen viel besser umgehen. Seine Töchter der Willkür gewaltbereiter Männer auszusetzen: Das ist übelster Missbrauch! Kein Mensch kann geopfert werden, und schon gar nicht auf diese Weise, um einem anderen zu nutzen. Wie edel das Ziel auch immer sein mag. Und schon gar kein Kind ... Gastfreundschaft bedeutete doch nicht mehr als die eigenen Kinder. Kein Wert ist groß genug, dass er das Leben eines Kindes fordern könnte. Lot hätte sich selber zum Tausch für seine Gäste anbieten können, nicht aber seine Töchter. Warum hat er nicht einfach angeboten, zusammen mit seinen Gästen zu kämpfen? Es waren doch starke Männer, die sich hätten wehren können. Aber unerfahrene Mädchen sexueller Gewalt auszusetzen? Wie ungeheuerlich! Gott, der du jeden einzelnen Menschen beim Namen gerufen hast, wie kannst du zulassen, dass Eltern ihren Kindern so etwas antun? Was lässt einen Mann wie Lot so etwas sagen und sich dabei auch noch rechtschaffen fühlen? Wie blind können doch Gesetze und Ideale machen.

Wäre auch Abraham zu so etwas fähig? Ich hoffe nicht. Und doch: Auch er hat, als wir in Ägypten waren, nicht sofort verstanden, was es für mich bedeutet, der Willkür Pharaos ausgeliefert zu sein.

Ein Kind. Mein Kind. Neun Monaten später wurde Isaak geboren. Es wurde eine schwere Geburt; denn ich war nicht mehr jung, und es war mein erstes Kind. Die Wehen dauerten Stunde um Stunde. Ich sah den ernsten Blick und das leise Kopfschütteln der Hebamme. Wieder und wieder versank ich im Schmerz. Ganz plötzlich war er vorbei. Ich fühlte mich auf einmal ganz leicht und frei. Eine kristallklare Freude erfüllte mich. Ich wusste, ich würde jetzt sterben, und ich war einverstanden. Da war so etwas wie eine Tür. Sie stand offen, und es zog mich unwiderstehlich dahin. Dahinter ein Leuchten. Ich wollte hindurchgehen … Dann aber sah ich Abrahams besorgtes Gesicht über mir. Sofort wusste ich, ich gehe wieder zurück zu ihm und dem Kind … Ich erzählte niemandem davon, auch Abraham nicht. Aber diese Erfahrung gab mir viel Kraft und ließ mich das Leben mit neuen Augen sehen.

Die mondlose Nacht lässt es im Zelt so finster sein, dass ich meine Hand nicht mehr vor den Augen sehe … Leben und Tod. So nahe beieinander. Kann es sein, dass wir eine völlig falsche Vorstellung vom Sterben haben? Ja, an der Grenze zwischen Leben und Tod gibt es viel Angst und Schmerz. Sie warnen uns, dass unser Leben, so wie wir es jetzt kennen, in Gefahr ist. Sie schützen unser Leben. Aber es gibt ein Dahinter. Und da ist alles ganz leicht und frei. Absolut jenseits von Angst und Schmerz.

Wie würde es unser Leben verändern, wenn wir weniger Angst um uns selber hätten? Was braucht es, die zu befreien, die aus Furcht vor dem Tod ihr Leben lang der Knechtschaft verfallen sind?[28] Und was kommt danach? Würde es etwas ändern, wenn einer der Toten zu uns zurückkäme? Würden wir anders leben und uns „überzeugen lassen, wenn einer von den Toten aufersteht."[29]?

Als sie mir das Kind in die Arme legten, war ich zu schwach, es zu halten. Mit dieser ersten Berührung aber war die Verbindung zwischen uns für immer besiegelt. Mein Sohn. Auch Abraham nahm seinen neugeborenen Sohn vorsichtig auf die Arme, in seinen Augen maßloses Erstaunen, und mit einer Zartheit, die ich so an ihm noch nie wahrgenommen hatte.

Es war für mich ein großes Geschenk, dass ich in meinem Alter meinen Sohn selbst stillen konnte. Was für ein intimes Einssein von Mutter und Kind.

Was geschieht nicht alles, ehe aus so einem Säugling ein junger Mann wird? So ein Kind ist von Anfang an eine ganz eigene Persönlichkeit. Isaak bedeutet: „Gott ließ mich lachen; jeder, der davon hört, wird mir zulachen."[30] Und er war auch immer ein Kind, das viel und gerne lachte, das sich ausprobieren, seine Welt entdecken und erobern wollte. Voll Neugierde und Abenteuerlust. Klug und mutig. Früh lernte er sprechen, und sein Reden war von klein auf wie ein Bach, der munter über die Steine springt. Und was war da von Anfang an in ihm für eine Kraft und Lebendigkeit. Auch wenn ich wusste, dass diesem Kind der Verheißung nichts zustoßen wird, musste ich mich zwingen, nicht allzu besorgt über ihn zu wachen. Was für ein wunderbarer Junge war uns da geschenkt worden.

Isaaks erstes Wort war ‚Abba'. Abraham war mächtig stolz darauf. Wo immer Isaak ihn sah, plapperte er begeistert los: ‚Abba. Abba.' Kaum konnte Isaak erste Schritte gehen, folgte er seinem Vater, wo immer er konnte. Er schrie und wollte mit auf Abrahams Pferd und jauchzte, wenn Abraham so richtig losgaloppierte. Fast konnte Isaak schon selber reiten, ehe er richtig laufen konnte. War Isaak mal krank, wich Abraham nicht von seiner Seite. Da hatte ich manchmal richtig Schwierigkeiten, meine Rechte als Mutter geltend zu machen. „Das Kind wuchs heran und wurde entwöhnt. Als Isaak entwöhnt wurde, veranstaltete Abraham ein großes Festmahl."[31]

Es war für uns beide eine große Freude, Isaak alles zu lehren, was unser Leben ausmachte. Wir sprachen zu ihm auch von klein auf über alles, was wir mit Abrahams Gott erlebt hatten und noch erlebten … Isaak hing, wie fast alle, ganz an den Lippen seines Vaters. Und natürlich wurde er mehr und mehr Teil der Gemeinschaft der Männer. Es fiel mir nicht leicht, ihn nach und nach loszulassen. Aber die tiefe Verbundenheit zwischen uns ging dabei nie verloren.

Die Mitte der Nacht ist längst vorbei. Wie schon seit Tagen kann ich kaum schlafen. Wälze mich hin und her. Dunkle Gefühle und Bilder quälen mich. Ein Albtraum … abgrundtiefe Angst erfasst mich. Ich sehe einen Opferaltar. Das Holz darauf hat schon Feuer gefangen … Von meinem eigenen Schrei wache ich auf.

Opfer. Warum Opfer? Gott, wozu brauchst du Opfer? Bist du so schwach, dass wir Menschen dir etwas zurückgeben müssen für deine Gaben? Dafür, dass du uns ins Leben gerufen hast? Müssen wir dich so denn wieder und wieder kaufen? Ich gebe, damit du mir gibst … Oder sind die Opfer unsere Erfindung? Sind sie ein Mittel der Macht, mit der wir Menschen einander beherrschen und unterdrücken? Sind wir so stumpf und dumm, dass wir anders nicht begreifen würden, was du uns Tag für Tag schenkst? Ist denn die Freude eine schlechtere Motivation als der Horror? Das Leben ist dein größtes Geschenk. Jedes Kind lernt doch, dass ein Geschenk nur dann ein echtes Geschenk ist, wenn es nicht aus Berechnung gegeben wird, wenn wir nichts dafür zurückhaben wollen …

Es gibt sinnvolle Selbstbeschränkungen, die uns helfen zu leben. Es ist gut zu lernen, sich selbst zu überwinden und von sich selbst abzusehen, um frei zu werden, um wirklich lieben zu können. Selbstlosigkeit, Barmherzigkeit und Liebe. „Barmherzigkeit will ich, nicht Opfer."[32] Ja!

Aber Brandopfer? Ich verabscheue Brandopfer. Und kann sie einfach nicht verstehen. Hast du denn wirklich Freude an purer Zerstörung, die nichts mehr übriglässt als Rauch und Asche? Das Feuer schenkt uns Licht, Wärme und Nahrung. Ist nicht das seine heilige Seite? Entweihen wir diese Gabe nicht in deinen Augen, wenn wir damit vernichten? Und müssen die Opfer für dich denn immer blutig sein? Wann nimmt das endlich ein Ende? Liegt das an dir oder an uns? Immer wird einem lebendigen Wesen Schmerz zugefügt, muss es leiden. Wofür? Was gefällt dir daran? Dieses schreckliche Opfer mit den geteilten Tieren, bei dem auf Abraham Angst und großes Dunkel fielen.[33] Hast du das wirklich gebraucht, um den Bund mit Abraham zu besiegeln? Wann hat das sinnlose Töten endlich ein Ende? Ja, wir töten, um uns zu ernähren, und manchmal auch, um uns zu verteidigen … Das ist ja wahrlich schon schlimm genug. Aber Brandopfer?

Das Ungeheuerlichste aber sind Menschenopfer. Manche Götter fordern das Opfer von Menschen, sagen ihre Priester. Oft ist es das Opfer des erstgeborenen Sohnes oder der erstgeborenen Tochter. Warum verlangen die Götter, dass wir das weggeben, was wir am meisten lieben? Haben sie denn kein Herz? Verschließen sie ihre Ohren vor den Schreien der unschuldigen Opfer? Bist du, Gott, denn nicht anders als sie?

Und dann erzählt man sich an den Lagerfeuern noch diese schreckliche Geschichte von dem Feldherrn, der „legte dem Herrn ein Gelübde ab und sagte: Wenn du meine Feinde wirklich in meine Hand gibst und wenn ich wohlbehalten … zurückkehre, dann soll, was immer mir aus der Tür meines Hauses entgegenkommt, dem Herrn gehören und ich will es als Brandopfer darbringen … und der Herr gab sie in seine Hand." Als er „zu seinem Haus kam, siehe, da kam ihm seine Tochter entgegen mit Handtrommeln und Reigentänzen. Sie war sein einziges Kind; er hatte weder einen Sohn noch eine andere Tochter. Und es geschah, sobald er sie sah, zerriss er seine Kleider und sagte: Weh, meine Tochter! Du hast mich tief gebeugt und du gehörst zu denen, die mich ins Unglück stürzen. Habe ich doch dem Herrn gegenüber meinen Mund zu weit aufgetan und kann nun nicht mehr zurück. Sie erwiderte ihm: Mein Vater, du hast dem Herrn gegenüber deinen Mund zu weit aufgetan. Tu mit mir, wie es aus deinem Mund hervorgegangen ist …! Und sie sagte zu ihrem Vater: Nur das eine soll mir gewährt werden: Lass mir noch zwei Monate Zeit, damit ich in die Berge hinabgehe und zusammen mit meinen Freundinnen meine Jungfrauschaft beweine … Und es geschah, als zwei Monate zu Ende waren, kehrte sie zu ihrem Vater zurück und er erfüllte an ihr sein Gelübde, das er gelobt hatte."[34]

Ich fasse es nicht! Wenn der Vater doch schon selbst gemerkt hat, dass er seinen Mund zu weit aufgemacht hat, warum bittet er Gott nicht um Vergebung dafür, anstatt seine Tochter den Preis dafür bezahlen zu lassen? Da beklagt er sich noch, dass sie ihn unglücklich macht! Es geht um ihr Leben!

Empfinden denn in diesem Punkt wir Frauen so anders als die Männer? Immer wenn wir von der Schöpfung der Welt hören, heißt es: „Der Mensch gab seiner Frau den Namen Eva, Leben, denn sie wurde die Mutter aller Lebendigen."[35] Für uns kann es nichts Wichtigeres geben als eben dieses Leben.

Gott, wir Menschen finden aus diesem Teufelskreis der Gewalt nicht heraus! Du willst, dass wir dir vertrauen und deiner Verheißung glauben. Vertraust du auch uns? Ohne dass wir das wieder und wieder durch Opfer beweisen müssen? Ist das nicht ohnehin eher ein Beweis unserer Angst als unseres Glaubens.

Tief berührt und dankbar war ich, als mir Abraham vor vielen Jahren von seiner Begegnung mit Melchisedek berichtete. Melchisedek, der König von Salem, brachte Brot und Wein heraus. Er war Priester des Höchsten Gottes. Er segnete ihn und sagte: „Gesegnet sei Abraham vom Höchsten Gott, dem Schöpfer des Himmels und der Erde …"[36] Gott, bist du nicht dieser Schöpfer, der seine ganze Schöpfung liebt? Melchisedek erschien mir damals wie ein Engel, eine Lichtgestalt, die Vision einer fernen Zukunft. Brot und Wein als Gaben für Gott und für uns Menschen!

Das Ende aller blutigen Opfer. Ja, das wäre eine Befreiung! Dann könnten wir dir frei etwas schenken, von dem, was unser Leben schön macht, ohne Angst. Kann das jemand anders bewirken als du allein, Gott? Ich würde dir gerne Brot und Wein bringen! Ja, und bunte Tücher, Schmuck, Licht und Blumen würde ich dir bringen! All das, womit wir Menschen einander froh machen …

Und Abraham? Was wird er dir heute opfern? Mein Gott! Was hast du diesmal zu Abraham gesagt? So etwas kann er einfach nicht tun! Gott, wenn du da bist, und wenn du mich hörst, dann lass das nie zu! Schütze mein Kind! Und Gott, wenn du denn unbedingt ein Opfer brauchst: Hier bin ich. Ich habe mein Leben gelebt, und ohne meinen Sohn kann und will ich ohnehin nicht weiterleben. Und Abraham übrigens auch nicht.

Ich zittere. Nur raus aus diesem Zelt! Funkelnde Sterne über mir. In so einer Nacht, Gott, hast du mich einst das erste Mal angerührt. Höre mich jetzt! Hier der Altar, den Abraham dir errichtet hat. Meine Hände lege ich darauf. Sinke auf meine Knie und lege meinen Kopf auf die Steine.

Irgendwo da draußen tobt ein Kampf.

Meine Seele ist nur noch ein einziger Schrei des Gebetes.

Du Gott Abrahams und Isaaks!

Du Schöpfer des Himmels und der Erde!

Gott aller Menschen!

Erbarme dich!

Dann auf einmal: Stille. Frieden.

Als ich endlich aufstehe, steht die Sonne bereits hoch am Himmel.

ICH BIN SARA

Sara ist im Lager geblieben. Aber trotz der Entfernung und trotz der Tatsache, dass Abraham ihr natürlich nichts gesagt hat, spürt sie, dass etwas geschieht. Es sind der Abend und die Nacht unmittelbar vor der Opferszene. In das Alltagsgeschehen im Lager mischen sich andere Gedanken. Sara macht sich Sorgen und ist innerlich ganz bei Abraham und Isaak. Ihr ganzes Denken, Erinnern, Fühlen kreist intuitiv um die Themen Leben und Tod. Dabei erzählt sie in einem inneren Monolog, der mehr und mehr zum Gebet wird, die ganze Geschichte bis zu der Szene, die gerade auf dem Berg Morija stattfindet, aus ihrer Perspektive. Ohne es wirklich zu wissen, kommt sie so dem Geschehen zwischen Abraham und Isaak immer näher.

Natürlich ist dies eine Fiktion, bei Sara noch mehr als bei Isaak und Abraham, da die biblische Geschichte ihr deutlich weniger Text einräumt. In der Geschichte von der Opferung Isaaks kommt Sara überhaupt nicht vor. Dennoch versucht diese Fiktion, so nah wie möglich am biblischen Text zu bleiben und sich von ihm inspirieren zu lassen. Es war spannend für mich und dann auch wieder erstaunlich leicht, mich in Sara hineinzudenken und -zufühlen. Natürlich kann ich dies nur als eine Frau des 20. und 21. Jahrhunderts tun. Aber es geht ja auch nicht um historische Korrektheit, sondern um die Frage, welches Echo der biblische Text in mir auslöst, und zwar weniger theologisch als vielmehr existentiell. Diese Art der Schriftmeditation ist in ihren Ursprüngen sehr alt und in ihren modernen Formen hochaktuell.

Bereits Antike und Frühmittelalter gehen stark assoziativ mit dem biblischen Text um. Es geht dabei nicht um Exegese im modernen Sinne, sondern um das Meditieren und Verinnerlichen eines Bibeltextes. Jean Leclerq (1911–1993), ein Benediktinermönch in Clerf in Luxemburg, findet in seinem Buch „Wissenschaft und Gottverlangen" ein Bild für diese Art des Umgangs mit dem Wort der Heiligen Schrift: „Jedes Wort ist gleichsam ein Haken."[37] An diesen „Haken" hängen sich andere biblische Worte, aber auch Bedeutungen, Erfahrungen und auch Gefühle. In der Meditation oder besser in der *ruminatio*, dem Wiederkäuen eines Schrifttextes wie bei einer Kuh – das ist das Bild, das in dieser Zeit gebraucht wird –, geht es um den ganzen Menschen, nicht nur um den Kopf. Deshalb genügt „für die Exegese das freie Spiel der Assoziationen, der Ähnlichkeiten und Vergleiche."[38]

Zwei moderne Zugänge zur Bibel, Bibliodrama und Bibliolog, nutzen den gleichen Zugang interaktiv. Eine Gruppe versucht sich entweder im Spiel oder im Dialog in die biblische Situation hineinzuversetzten und so den Text gemeinsam gegenwärtig zu setzen und auszulegen.

So sinnvoll und wichtig eine wissenschaftliche Exegese auch ist – erst wenn ich die Distanz aufgebe und mich in die Geschichte hineinversetze, berührt der Text mein Leben. Es in dieser umfassenden Identifikation zu tun, war eine neue Erfahrung für mich, die mich nicht nur Saras Geschichte, sondern auch meine eigene hat tiefer entdecken lassen.

Auf dem Weg der Imagination wurde Sara für mich lebendig. Gerade auch in den mich herausfordernden Szenen in Saras Geschichte entdeckte ich Bereicherndes und

Verblüffendes. Die biblische Sara ist eine starke Frau, wie auch andere starke Frauengestalten gerade im ersten Buch der Bibel, dem Buch Genesis, das die Urgeschichte des Volkes Israel erzählt. Eva, Sara, aber auch Hagar oder Rebekka, Rachel und Lea sind Persönlichkeiten, die eine souveräne Rolle in den zughörigen Geschichten spielen – natürlich im Rahmen der gesellschaftlichen Bedingungen ihrer Zeit. Über Saras Geschichte steht für mich das biblische Wort aus dem 1. Petrusbrief (3,6b): „Ihre (Saras) Kinder seid ihr geworden, wenn ihr recht handelt und euch vor keiner Einschüchterung fürchtet."

WIDERSTAND UND EMANZIPATION

Wahrscheinlich bin ich leicht subversiv. Als Tochter zweier Menschen, die Unrechtssysteme erfahren und erlitten haben, Nationalsozialismus und Stalinismus, checke ich automatisch jede Autorität daraufhin ab, wie authentisch sie ist. Meine beiden Eltern waren Idealisten. Sie haben mich dazu erzogen, mich vor „denen da oben" nicht unkritisch zu beugen: „Tu nur das, was du wirklich tun willst, und sei dir deines Wertes bewusst." So habe ich das, was mir vor allem meine Mutter mit auf den Weg gegeben hat, als Erwachsene für mich in Worte gefasst. Diese Maxime entdecke ich in Saras Persönlichkeit. Sie hat ihre eigene souveräne Perspektive als Frau, neigt zu selbstständigem Denken und – wenn nötig – zum Widerstand.

Bei meinem Versuch, mich mit Sara zu identifizieren, merkte ich bald, dass meine eigene, 1926 geborene Mutter zu einem Modell für „meine" Sara wurde. Meine Mutter war eine starke Frau, die mit ihren Eltern und ihrer jüngeren Schwester im 2. Weltkrieg ihre Heimat hatte verlassen müssen, die Not und Fremdheit erfahren hatte, die in einer neuen Welt eine neue Heimat fand. Eine Frau, die ihre sechs Kinder nach dem frühen Tod ihres Mannes alleine großzog, während sie zeitgleich als Lehrerin aus Leidenschaft voll berufstätig war. Sie war eine emanzipierte Frau in einer Generation, in der dies noch keineswegs allgemein üblich war, und sie war stolz darauf. Ihr Temperament und ihre unbändige Energie halfen ihr, über die Doppelbelastung von Familie und Beruf hinaus noch Zeit zu finden, um für Menschen in Not da zu sein. Kurz vor ihrem Tod mit fast 90 Jahren sagte sie zu mir: „Weißt du, ich bin glücklich. Ich habe mein Leben jeden Augenblick gelebt."

Die Aussage, ich hätte irgendetwas mit meiner Mutter gemeinsam, hätte ich als Teenager oder als junge Frau niemals ohne heftigen Widerspruch stehen lassen. Ich wäre empört gewesen. Aber als vor einigen Wochen ein guter Freund, der mich und meine Familie seit Jahrzehnten kennt, zu mir sagte: „Du wirst deiner Mutter immer ähnlicher", habe ich dies als Kompliment empfunden.

Eine starke Frau als Vorbild, eine Frau in der Bibel und eine Nonne in der Kirche von heute, da stellt sich sogleich die Frage nach Emanzipation und Geschlechtergerechtigkeit.

Vielleicht eines vorweg: Ich habe mich nie als Feministin verstanden. Das war zunächst keine bewusste Entscheidung, sondern das Thema hat mich lange Zeit einfach nicht interessiert. Ich hatte eigentlich nie das Bedürfnis, in diesem Bereich um etwas zu kämpfen, mich „emanzipieren" zu müssen. Erst nach und nach habe ich verstanden, dass ich dies meiner Mutter zu verdanken habe, die das bereits für mich erledigt hat. Von Kindheit an fühlte ich mich den Jungs und später dann den Männern gleichwertig, so gleichwertig, dass sich mir die Frage gar nicht gestellt hat. Warum sollte ich mich, bloß weil ich eine Frau bin, dem anderen Geschlecht gegenüber beweisen und behaupten müssen? Allein das Wort „bloß" käme mir in diesem Zusammenhang nicht in den Sinn. Ob Pflichten oder Rechte, unter uns sechs Geschwistern, vier Mädchen und zwei Jungen, gab es keinen Unterschied. In der rein weiblichen Welt des monastischen Klosters kam dieses Thema dann ohnehin kaum vor.

Bis heute fand und finde ich es eher bereichernd, dass wir zur vollen Feier der Liturgie auch unsere Brüder brauchen, und ich durfte schon viele großartige Mönche und Priester kennenlernen. Liturgie ist für mich „ein heiliges Spiel", in dem unterschiedliche Rollen Reichtum bedeuten. Das hat für mich nichts damit zu tun, dass Frauen für irgendeine Rolle nicht geeignet wären oder dass mich die Argumente gegen ein Frauenpriestertum überzeugen würden. Die historisch gewachsene Form des Priestertums in der katholischen Kirche hat eine lange, komplexe Geschichte mit vielen Wandlungen; ich denke, der weitere Wandel wird kommen. Die entscheidende Frage in Hinblick auf ein Priestertum für Frauen ist in meinem Verständnis die nach der Berufung. Diese ist unverfügbar, geschieht durch das Wirken der Heiligen Geistes im einzelnen Menschen, der sich dann aufmacht, diesen Ruf zu prüfen und prüfen zu lassen. Kann es da wirklich eine pauschale Ablehnung für alle Zeiten wegen des Geschlechtes geben? Muss nicht jeder Einzelfall überprüft werden? Steht die Kirche sonst nicht in der Gefahr, dem Geist Gottes ungehorsam zu werden? Ich persönlich wünsche mir eine dialogische, partnerschaftliche Kirche ohne Geschlechterkampf.

Zu Saras Zeit, am Beginn patriarchaler Gesellschaftsformen, war an Dialog und Partnerschaft im heutigen Sinne natürlich nicht zu denken. Sara standen für ihren Lebensweg nur die Möglichkeiten offen, die ihre Herkunft und die Entscheidungen ihres Vaters und ihres Mannes zuließen. Sie hatte keine Wahl. Dies ist auch heute weltweit noch für zahllose Mädchen und Frauen so. Meine Mutter musste um ihre Wahl noch kämpfen und auch heute erleben das noch die meisten Frauen.

Mir standen viele Wege offen. Als Kind gefragt, wie ich mir mein Leben vorstelle, antwortete ich immer, dass ich mindestens so viele Kinder wie meine Mutter haben wolle, am besten aber doppelt so viele. In der Schule im Alter von zehn nach dem Berufswunsch gefragt, lautete meine Antwort zur Verblüffung der Lehrerin: „Professor." Meine heutige Welt, als Nonne und als Priorin eines Benediktinerinnenklosters, scheint auf den ersten Blick unendlich weit von diesen Lebenswünschen meiner Kindheit entfernt. Und doch zeigten sich in diesen Lebenswünschen bereits zwei tragende Säulen, auf denen ich heute stehe: ein klarer Kopf mit der Fähigkeit zum analytischen Denken und eine tiefe Freude an allem Lebendigen, verbunden mit einer ausgeprägten Intuition für Entwicklung und Wachstum.

UNFRUCHTBAR

Drei grundlegend verschiedene Erfahrungen zum Thema Fruchtbarkeit sind in „meine" Sara eingeflossen: Die biblische Sara leidet jahrzehntelang unter ihrer Unfruchtbarkeit, meine Mutter hat problemlos sechs Kinder geboren und weitgehend alleine aufgezogen, und ich habe mich durch meinen Eintritt ins Kloster dazu entschlossen, auf eigene Kinder zu verzichten.

Saras Unfruchtbarkeit ist eine äußerst schmerzliche Erfahrung für sie selbst und für Abraham. Dieses Thema nimmt in der biblischen Erzählung einen großen Raum ein. Eigene Kinder, das ist der eigentliche Kern der Verheißung, die Gott Abraham und Sara gibt: Viele leibliche Nachkommen sollen sie bekommen, zu einem großen Volk, zu Stammeltern einer großen Nation sollen sie werden. Die zweite Verheißung, nämlich ein Land, das ihnen und ihren Nachkommen gehören wird, ist dem bereits zu- bzw. nachgeordnet.

Bevor ich im Oktober 1982 in Köln ins Kloster eingetreten bin, habe ich einige Monate als Stationshilfe in einer Klinik in Würzburg gearbeitet. In dieser Zeit begleitete ich eher zufällig eine Freundin, die Sozialpädagogik studierte, zu einer Vorlesung. Ich erinnere mich nicht mehr an den Namen des Dozenten, nur an ein Gefühl tiefer Betroffenheit und Ohnmacht. Der Dozent hatte eindrücklich erläutert, dass unsere Erwartungen an das Leben miteinander gekoppelt sind. Wenn eine zentrale Erwartung nicht erfüllt wird, könne leicht auch alles andere zusammenbrechen. Also – dies war sein Beispiel – wenn jemand heiratet und sich Kinder wünscht, kann es leicht auch zum Scheitern der Ehe führen, wenn dieser Wunsch unerfüllt bleibt. Ein Erschrecken und ein Gefühl der Ohnmacht blieben in mir zurück: Es gibt in unserem Leben ganz wichtige Dinge, die wir nicht in der Hand haben.

In Deutschland bleiben etwa 15% der Paare ungewollt kinderlos; das betrifft also etwa jede sechste bis siebte Ehe bzw. Partnerschaft.[39] Das ist für die Betroffenen sehr schmerzlich und belastend. Wie mag es Sara mit ihrer jahrzehntelangen Erfahrung der Kinderlosigkeit gegangen sein in einer Gesellschaft, in der der Wert einer Frau noch viel mehr an ihren Kindern gemessen wurde als in der unseren? Der zermürbende Wechsel zwischen Hoffnung und Enttäuschung, der Schmerz, Kinder anderer Frauen in der Sippe zu sehen, das Gefühl des eigenen Versagens, die Frage, ob und wann sich Abraham eine andere Frau nimmt? Als Sippenoberhaupt brauchte Abraham dringend einen eigenen Sohn, in immer neuen Ansätzen bearbeitet die biblische Erzählung dieses Thema. Sara wächst in ihre Rolle als „Mutter" der Sippe hinein, aber endlich doch noch ein eigenes Kind zu haben, ist eine ganz andere Erfahrung: Isaak, den eigenen Sohn, das Kind der Verheißung.

Zu erzählen, was es für eine Erfahrung ist, ein Kind zu bekommen, bleibe denen vorbehalten, die damit als Eltern eigene Erfahrungen haben. Stattdessen möchte ich die Frage nach Fruchtbarkeit in spiritueller Hinsicht stellen, ein Thema, das die Kirche seit Jahrzehnten umtreibt und belastet wie kein anderes. Nachwuchsmangel aller Orten, zumindest in Europa und Nordamerika. Nachwuchsmangel auf allen Ebenen: Es fehlt an geistlichen Berufen, an Priestern und Ordenschristen, aber auch an Gottesdienstbesuchern, vor allem solchen, die die Pensionsgrenze noch nicht erreicht haben, von wirklich jungen Menschen einmal ganz zu schweigen. Ist die Kirche in Deutschland, in Europa, in Nordamerika also unfruchtbar? Eine Formulierung, die viel grundlegender klingt als „Nachwuchsmangel" und die – zu Recht – erschrecken lässt. Was aber stört die Weitergabe von Leben an eine neue Generation, ja verhindert sie vielleicht sogar?

Zu Beginn meiner Noviziatszeit in den Achtzigerjahren war das Thema „Nachwuchsmangel" in den Orden schon längst aktuell. Meine eigene Gemeinschaft hatte dies in den Jahren nach dem Zweiten Vatikanum schmerzlich erfahren. Als 1974 die erste und einzige Novizin dieses Jahrzehnts eintrat und durchhielt, betrug der Altersunterschied zwischen ihr und der nächstjüngsten Schwester bereits 23 Jahre. Ab 1980 kamen unverhofft wieder eine Reihe Eintritte, zu denen auch ich gehörte. Die Gemeinschaft erlebte diesen Aufbruch als ein Wunder: Eine neue Generation fasste Fuß, bereicherte und veränderte das Leben.

Seither hat sich die Nachwuchssituation in der Kirche noch dramatisch verschlechtert. In den Orden hat dies längst zu zahlreichen Auflösungen geführt. Einst große Gemeinschaften mussten sich nach und nach zurückziehen, in einem schmerzlichen Rückbauprozess Häuser und Werke aufgeben und stattdessen Pflegemöglichkeiten für die alternden Mitglieder schaffen. Das Durchschnittsalter der aktuell 13.448 Ordensfrauen in Deutschland[40] liegt bei ungefähr 80 Jahren. „In den letzten 20 Jahren hat sich der Mitgliederstand der Frauenorden von 32.588 im Jahre 1999 auf 13.448 um fast 60% reduziert. (…) Bei den kontemplativen

Orden sind 58% der Ordensmitglieder über 65 Jahre alt, bei den tätigen Orden sind es 85%. Die Zahl der Novizinnen ist auf 51 gesunken (Vorjahr: 58). Davon sind 33 in eine tätige Gemeinschaft eingetreten und 18 in eine kontemplative Gemeinschaft."[41]

Diejenigen, die heute Verantwortung in den Ordensgemeinschaften tragen, haben in ihrem Leben fast ausschließlich Orden und Kirche im Abbau erfahren. Das Gleiche gilt für fast alle Priester im aktiven Dienst. Schon in den Neunzigerjahren erzählte mir der damalige Pfarrer unserer Gemeinde, in der ich gelegentlich als Organistin aushalf, was es für ihn bedeutete, trotz allen Bemühens immer nur ein Weniger zu erleben, einen Abbruch. Permanenter Abstiegskampf. Nun ist an vielen Orten ein Ende erreicht oder nahe. Es kann, es wird bald nicht mehr weitergehen. Für diejenigen, die ihr Leben auf diese Karte gesetzt haben, bedeutet das: Das Ende dessen ist nahe, in das ich so viel Lebensenergie, meinen ganzen Idealismus, meine Hoffnungen investiert habe! Diese Erfahrung ist wahrscheinlich nicht minder schmerzlich als die Erfahrung ungewollter Kinderlosigkeit in einer Ehe. So ist die Kinderlosigkeit von Sara und Abraham ein fast universales Symbol für die gegenwärtige Krise der Kirche in unserem Kulturkreis.

Mich erfüllt großer Respekt für die Lebensleistung derer, die diesen Abbau und die Erfahrung des Aussterbens aushalten und begleiten, ohne ein „Licht am Ende des Tunnels" zu sehen – und die darin an einen Sinn glauben und suchen. Das ist das Einzige, was zu tun möglich ist, wenn der ersehnte Nachwuchs ausbleibt: Weitergehen, versuchen, aus der Situation das Beste zu machen, und loszulassen.

Zugleich bin ich zutiefst dankbar für die Erfahrung neuen Lebens in meiner eigenen Gemeinschaft. Es gibt nichts, was eine Gemeinschaft mehr vitalisiert als diese Erfahrung. Dieses neue Leben ist unverfügbar, es ist ein Geschenk und keine „Belohnung" für irgendeine fromme Leistung oder ein Wohlverhalten. So erlebe ich staunend diese Momente des Unverfügbaren bei jeder einzelnen Frau, die zu uns kommt, um Benediktinerin zu werden. Ob sie den Schritt der Entscheidung zu einem solchen Weg wirklich gehen wird, und noch mehr, ob sie dann tatsächlich bleibt und sich auf eine lebenslange Bindung einlässt? Neues Leben bleibt immer ein Wunder!

Der einzige Beitrag, den ich als Priorin dazu leisten kann, ist, dem Leben Raum zu geben und es nicht zu hindern. Sich entwickelndes Leben wahrzunehmen und nicht zu behindern, ist allerdings schon sehr, sehr viel. Was würde alles wachsen, wenn die Amtsträger der Institution Kirche darin ihren wichtigsten Auftrag erkennen würden, getreu dem Wort des Evangeliums: Lasst alles wachsen bis zur Ernte?[42]

GROSSE GEFÜHLE: RELIGION UND EROS

In einer Großfamilie aufgewachsen, in meiner Kindheit saßen bei uns bis zu vierzehn Personen am Tisch, und nach Jahrzehnten klösterlichen Lebens bin ich durch und durch eine Teamplayerin und ein Gemeinschaftsmensch. Das Zusammenleben in Gemeinschaft ist mir längst in „Fleisch und Blut" übergegangen. Auch Sara lebt ganz selbstverständlich in der intensiven Gemeinschaft ihrer Sippe. In ihrer Perspektive auf den gemeinsamen Weg spielen Beziehungsfragen eine große Rolle. Als Sara sich mit dem Gott Abrahams auseinandersetzt, beschäftigen sie diese Fragen. Völlig unbefangen entfaltet sie dabei ein auf Beziehung aufbauendes Gottesbild, das theologisch viel schwieriger zu erschließen ist als auf dieser einfachen menschlichen Ebene, und kommt dabei dem christlichen Gottesbild sehr nahe:

„Wer war dieser seltsame Gott, der Abraham wieder und wieder Söhne versprach und selber weder eine Gefährtin noch einen Sohn hatte? Zumindest hatte Abraham davon bis jetzt noch nichts erzählt. Brauchte Abrahams Gott denn keine Frau? Vielleicht war es ja noch ein junger Gott. Aber dann hätte mir Abraham doch sicher wenigstens etwas über die Mutter seines Gottes erzählt. Ja, hatte dieser Gott denn gar keine Sippe? Aber mit wem hat er denn dann gesprochen, bevor er anfing mit Abraham zu sprechen?“

Im Bewusstsein der Tatsache, dass eine Ehe in der Frühzeit der biblischen Erzählungen etwas völlig anderes war als heute, lohnt es sich, nach Sara und Abraham als Paar zu fragen. Waren sie ein Liebespaar? Der biblische Text sagt über das Problem der Kinderlosigkeit hinaus erstaunlich viel über den erotisch-sexuellen Aspekt dieser Beziehung. Gleich zweimal erscheint in der Erzählung das Motiv, Sara sei eine so außergewöhnlich schöne Frau, dass Abraham deshalb Angst hat, man würde ihn töten, um seine Frau zu besitzen:

„Als er sich Ägypten näherte, sagte er zu seiner Frau Sarai: Ich weiß, du bist eine Frau von großer Schönheit. Wenn dich die Ägypter sehen, werden sie sagen: Das ist seine Frau! Und sie werden mich töten, dich aber am Leben lassen. Sag doch, du seist meine Schwester, damit es mir deinetwegen gut geht und ich um deinetwillen am Leben bleibe.“[43]

Zweimal begehrt ein Herrscher, Pharao und König Abimelech, Abrahams Frau. Was wird damit gesagt? Es ist auf jeden Fall eine Aussage über den Wert Saras als Frau, unabhängig von ihrer Unfruchtbarkeit. Die Offenheit, mit der Sara und Abraham über diesen Aspekt ihrer Beziehung sprechen, ist zwischen Mann und Frau selbst in heutiger Zeit nicht selbstverständlich.

Bemerkenswert ist auch der Bericht, dass Sara von sich aus Abraham vorschlägt, mit ihrer Sklavin Hagar ein Kind zu zeugen (Gen 16,2). Es erstaunt schon dadurch, dass Abraham dies nicht schon längst getan hat, während andere Patriarchen ganz selbstverständlich mehrere Frauen und Nebenfrauen hatten. Dass bei mehreren Frauen die besonders geliebte Frau zunächst kinderlos bleibt, taucht als Motiv auch in anderen biblischen Erzählungen auf, z. B. bei Jakob und Rahel[44] oder bei Elkana und Hanna. Elkana, von dem gesagt wird, „er hatte Hanna lieb, obwohl der HERR ihren Schoß verschlossen hatte“[45], versucht seine Frau Hanna zu trösten mit den Worten: „Bin ich dir nicht viel mehr wert als zehn Söhne?“[46]. Das wirklich Außergewöhnliche an der Beziehung von Abraham und Sara ist, dass es – abgesehen von dem problematischen „Umweg“ über Hagar, die dann fortgeschickt wird – bei einer monogamen Beziehung bleibt, solange Sara lebt. Dies rückt die Aspekte echter Partnerschaft und personaler Liebe zwischen Abraham und Sara in den Vordergrund.

Schließlich wird in der Erzählung von der Gotteserscheinung bei den Eichen von Mamre in großer Freiheit erklärt: „Sara erging es nicht mehr, wie es Frauen zu ergehen pflegt.

Sara lachte daher still in sich hinein und dachte: Ich bin doch schon alt und verbraucht und soll noch Liebeslust erfahren? Auch ist mein Herr doch schon ein alter Mann!"[47] Liebeslust, nicht Fruchtbarkeit. Angesichts der Tatsache, dass die Kirche, seit Augustinus (354–430) eine Sexualität ohne Lust zum Ideal erklärte und bis ins 20. Jahrhundert brauchte, um diesen Aspekt der Sexualität auch nur in der Ehe zulassen zu können, erscheint dies geradezu revolutionär. Nein, prüde und leibfeindlich sind diese Texte nicht. Dieses Problem kennt der biblische Text noch nicht, es entsteht erst sehr viel später.

Walter Schubart (1897–1942), Jurist und Kulturphilosoph, schreibt dazu in der Einleitung zu seinem Buch *Religion und Eros*, das, auch wenn seine religionswissenschaftlichen und psychologischen Voraussetzungen vielfach überholt sind, immer noch lesenswert ist:

„Das Religiöse und das Geschlechtliche sind die beiden stärksten Lebensmächte. Wer sie für ursprüngliche Widersacher hält, lehrt die ewige Zwiespältigkeit der Seele. Wer sie zu unversöhnlichen Feinden macht, zerreißt das menschliche Herz. Und es ist zerrissen worden! Wer über Religion und Erotik nachsinnt, muss den Finger an eine der schmerzlichsten Wunden legen, die in der Tiefe des Menschen bluten."[48]

In seiner Reflexion ordnet Walter Schubart das Opfer des Isaak in den Bereich der „Entartung" in der Beziehung von Religion und Eros ein, und zwar in den Bereich des Masochismus: „Für die Gemütslage des Opfernden, für das aufwühlende Erlebnis der eigenen Nichtigkeit, für das Zittern vor dem Antlitz Gottes ist Abraham ein klassisches Beispiel. Das echte Opfer setzt bis auf den heutigen Tag voraus, dass wir lieben, was wir opfern, dass wir gerade das hingeben, was wir am meisten behalten möchten."[49]

„Erschaudern", „Ergebung", „Erhabenheit", „Hingabe" sind Worte, die den damit verbundenen komplexen Gefühlszustand zu fassen suchen. Sie können einen Menschen besetzen und geradezu „bannen". Ein Musterbeispiel dafür gibt Søren Kierkegaard (1813–1855), dänischer Philosoph, Theologe und Schriftsteller, der zu Beginn seines 1843 erschienenen Buches *Furcht und Zittern* erzählt: „Es war einmal ein Mann, der als Kind jene schöne Erzählung gehört hatte, wie Gott Abraham versucht hatte und wie dieser die Versuchung bestand, den Glauben bewahrte und zum zweiten Mal wider Erwarten einen Sohn bekam. … Je älter er wurde, desto öfter verweilten seine Gedanken bei jener Erzählung, seine Begeisterung wuchs höher und höher … Zuletzt vergaß er über diese Erzählung alles andere."[50]

Es ist wichtig, hier innezuhalten und diese Gemengelage genauer anzuschauen. Sie ist hochexplosiv. Da ist sie wieder, die „Faszination" des Opfers und zeigt die Macht des archetypischen Bildes. Starke, religiös konnotierte Bilder und Emotionen sind im Spiel. Diese Bilder haben gleichzeitig eine Verbindung zum Bereich des Erotisch-Sexuellen und schöpfen weitere Energie und Faszination daraus. Erich Neumann beschreibt diese Wirkung abstrakt, aber deutlich: „Die Dynamik des Archetyps äußert sich hauptsächlich darin, dass er … unabhängig von der Erfahrung des Einzelnen die Verhaltensweise des Menschen bestimmt." Und er „ist immer von einer starken emotionalen Komponente begleitet." Damit „ist stets auch ein bio-psychisches Ergriffensein verbunden."[51]

SPIRITUALISIERTE GEWALT

Seit ich angefangen habe, mich intensiv mit der Geschichte von der Opferung Isaaks zu beschäftigen, höre ich viel wacher, wie oft in der Liturgie von Abraham als „Vater des Glaubens" und auch von dieser Geschichte die Rede ist. Ein prominentes Beispiel gibt das Erste Hochgebet. Wie viel braucht es, um diesen Text überhaupt nur zu verstehen? Und wie viel mehr, einen positiven Zugang dazu zu finden?

„So bringen wir … dir, dem erhabenen Gott, die reine, heilige und makellose Opfergabe dar …

Blicke versöhnt darauf nieder und nimm sie an wie einst die Gaben deines gerechten Dieners Abel, wie das Opfer unseres Vaters Abraham, wie die heilige Gabe, das reine Opfer deines Hohenpriesters Melchisedech.

Wir bitten dich, allmächtiger Gott:

Dein heiliger Engel trage diese Opfergabe auf deinen himmlischen Altar vor deine göttliche Herrlichkeit; und wenn wir durch unsere Teilnahme am Altar den heiligen Leib und das Blut deines Sohnes empfangen, erfülle uns mit aller Gnade und allem Segen des Himmels."

Es gibt eine verborgene Gewalt in der Sprache und Bilderwelt christlicher Spiritualität. Dies ist uns meist nicht bewusst, weil wir uns daran gewöhnt haben, Bilder und Texte direkt auf einer anderen, symbolisch-metaphorischen Ebene zu verstehen und den Wortsinn zu überspringen. Das tun wir übrigens auch, wenn wir Märchen lesen oder erzählen. Da nehmen wir zumeist auch keinen Anstoß daran, wenn beispielsweise die böse Stiefmutter von Schneewittchen ihr Ende findet durch verwünschte Pantoffeln, „in die musste sie treten und so lange tanzen, bis sie tot zur Erde fiel". Wie viel Gewalt liegt allein schon im Kreuz als Symbol? Wir vergessen leicht die Wirkung, die dies auf Außenstehende oder irgendwie Betroffene haben kann, aus deren Erfahrungshintergrund heraus vielleicht schon allein das „Vater unser" oder das Wort „Opfer" zum Problem werden.

Noch problematischer wird es, wenn in den überlieferten Bildern, Texten oder auch spirituellen Praktiken längst überholte und auch fragwürdige oder belastende Menschenbilder konserviert werden. Dies wurde mir klar, als ich anfing, mich intensiv mit der Frage nach der Leiblichkeit in der Geschichte der christlichen Spiritualität zu befassen. Mitte der Neunzigerjahre wurde ich erstmals gebeten, im Priesterseminar in Münster einen Kurs zu übernehmen, der wenige Wochen vor der Priesterweihe stattfinden und sich mit der *Ars Celebrandi*, der Kunst, die Liturgie und besonders die Eucharistie zu feiern, befassen sollte. Schwerpunkt sollte darin die Frage nach Körperhaltung und Bewegung in der Liturgie sein. Die folgenden mehr als zwanzig Kurse in drei Bistümern wurden für mich zu einem bedeutsamen Lernprozess.

Ich begann meine Suche bei meiner eigenen Empörung. Ein Exerzitienmeister hatte bei unseren alljährlichen Konventexerzitien gesagt: „Unsere Leiblichkeit findet ihren Ausdruck in Askese und Liturgie." Das war mir doch entschieden zu wenig. Vor allem der Zusammenhang von Askese und Leiblichkeit war mir ein Problem. Bei meiner Auseinandersetzung wurde mir bald klar, woher meine Empörung kam. Das Wort „Askese" bedeutet im griechischen Ursprung schlicht nur „Übung". Wer einen Blick in die Geschichte der christlichen Spiritualität wirft, kann jedoch leicht feststellen, dass so manche Methoden der „Askese" gewalttätige, heute würde man sagen selbstverletzende Aspekte enthielten – zahlreiche Heilige trugen Bußgürtel, Bußhemden oder geißelten sich …

In einem weit verbreiteten Ansatz asketischen Denkens stehen Leib und Seele jahrhundertelang in einem fast feindlichen Verhältnis zueinander. Askese, so wurde das verstanden, will die Seele zu Gott erheben, und ihr bevorzugtes Mittel in diesem Bemühen war es, den als „Gegensatz" zur Seele missverstandenen Leib rigide in Schranken zu halten. Dabei treten Leib und Seele in spirituellen Texten als personifizierte Teile unserer Persönlichkeit auf. Sie reden miteinander, ringen miteinander, bekämpfen einander und bleiben doch, aneinander leidend, unlösbar miteinander verbunden. So schreibt zum Beispiel Mechthild von Magdeburg (ca. 1207–1282): „Die Seele spricht zum Leib: Eja, mein allerliebstes Gefängnis, in dem ich gefesselt bin, ich danke dir, dass du folgtest mir, wenn ich auch oft geschlagen war von dir, so bist du mir doch zu Hilfe gekommen."[52]

Die Atmosphäre in solchen Texten ist oft kraftvoll, kämpferisch und entschieden, bisweilen auch aggressiv:

„195 Jener Mann traf ins Schwarze, der sagte, dass Leib und Seele zwei Feinde sind, die sich nicht trennen, und zwei Freunde, die sich nicht ausstehen können.

214 Erkläre Deinem Leib: Lieber will ich einen Sklaven halten als selber dein Sklave sein.

227 Du weißt doch, dass dein Leib dein Feind ist, Feind der Verherrlichung Gottes in deiner Heiligkeit. Warum fasst du ihn so weich an?"[53]

Diese Gedanken des inzwischen heiliggesprochenen Gründers des Opus Dei, José Maria Escriva, bilden keineswegs die Ausnahme. Außergewöhnlich ist lediglich die Kraft und Klarheit ihrer Sprache. Was darin zum Ausdruck kommt, ist nicht harmlos. Hier tobt ein Kampf, dessen Front mitten durch jeden einzelnen Menschen verläuft. Gerade als Ordensfrau betone ich dabei vor allem: Dieses Gefecht wurde in besonderer Weise in den Klöstern ausgetragen. Und noch immer sind für viele Menschen kontemplative Klöster gleichbedeutend mit „strengen" Klöstern, im Sinne einer so verstandenen Askese.

Als „Hauptwerkzeuge" im Dienst einer solchen Askese finden wir, neben Begriffen wie Opfer und Buße, vor allem das besonders sprechende Wort „Abtötung". So lautete das Programm. Im Kontext der Frage nach der Kinderlosigkeit Saras als Beispiel für die Unfruchtbarkeit der Kirche wird der Kontrast noch deutlicher. Leiblichkeit und damit Lebendigkeit werden hier, sofern noch da, sogar unterdrückt und bekämpft. Die unliebsamen Impulse, seien sie nun primär physischer oder emotionaler Natur, sollten so endgültig niedergekämpft und besiegt werden, dass man sie für tot erklären konnte. Dazu ein Beispiel aus der Tradition meiner eigenen, Mitte des 17. Jahrhunderts in Frankreich gegründeten Gemeinschaft. In der sogenannten „Tagesordnung" aus dieser Zeit steht: „Bedenken wir, dass wir … hienieden Pilgerinnen sind, der Welt und ihren Freuden abgestorben und gekreuzigt, … Sterben wir nach seinem Beispiel (dem Beispiel Jesu) allen Dingen der Erde ab; sie seien sämtlich für uns, als ob sie gar nicht wären."[54]

Die bis zum Zweiten Vatikanum in meiner Gemeinschaft verwendete Gelübdeformel greift die Opfersymbolik auf und rückt das klösterliche Leben ganz in die Nähe des „Kreuzesopfers Jesu" und im Wort „Schlachtopfer" auch in die Nähe der Opferung des Isaak, wenn es dort heißt:

„Ich, Schwester N. N., demütig niedergeworfen vor meinem anbetungswürdigen Erlöser Jesus Christus, … gelobe und verspreche … mit allem Eifer die Ewige Anbetung und Verehrung des Allerheiligsten Altarssakramentes zu wahren als ein Schlachtopfer, das für seine Ehre geopfert ist …"

Wie kommt es, dass niemand bemerkt hat, wie theologisch absurd es ist, wenn hier nun Jesus ein „Schlachtopfer" dargebracht wird? Was ist da schiefgelaufen? Und welche Konsequenzen hatte das für das alltägliche Leben der Schwestern? War das eine Quelle geistlichen Missbrauchs oder hat es diesen zumindest begünstigt?

Das Thema des „geistlichen Missbrauchs" oder der „spiritualisierten Gewalt" ist in den letzten Jahren mehr und mehr in den Fokus der Verantwortlichen gerückt, sei dies nun die Deutsche Bischofskonferenz (DBK) oder die Deutsche Ordensobernkonferenz (DOK). Das ist gut so, auch wenn die Auseinandersetzung damit erst ganz am Anfang steht. Die Begriffe sind noch so neu, dass eine Definition schwerfällt. Erst in den letzten Jahren haben sie infolge des Bekanntwerdens der Missbrauchsfälle an Bedeutung gewonnen. Bei der Frage nach den Ursachen der sexualisierten Gewalt stellt sich die Frage nach den emotionalen und spirituellen Voraussetzungen.

Asymmetrische Beziehungen, fragwürdige Ideale, moralischer Druck, eine Persönlichkeitsstruktur, die zu Abhängigkeiten neigt, sind Elemente, die beim geistlichen Missbrauch eine Rolle spielen können. Der Vorgang ist hoch manipulativ. Das Bistum Osnabrück gibt auf seiner Homepage zum geistlichen Missbrauch folgende Auskunft:

„Geistlicher Missbrauch beginnt deshalb dort, wo jemand einen Menschen, der von ihm Weg-Weisung erwartet, stattdessen mithilfe biblischer Aussagen, theologischer Inhalte oder spiritueller Praktiken manipuliert und unter Druck setzt. Statt in eine befreiende und erfüllende Beziehung mit Gott wird die missbrauchte Person auf solche Weise in die Irre, in Enge und Isolierung geführt. Das Ergebnis ist Abhängigkeit statt Autonomie. Das aber ist eine Form von Machtmissbrauch, weil Grenzen, die gesetzt sind, durch den Täter unter Ausnutzung seiner Rolle oder Aufgabe überschritten werden, ohne dass sich Betroffene dagegen wehren können."

Unter dem Titel *Gefährliche Seelenführer? Geistiger und geistlicher Missbrauch* fand im November 2020 eine bemerkenswerte Tagung in der Katholischen Akademie Dresden-Meißen statt. In seinem Eröffnungsreferat zitiert der Bischof von Münster, Dr. Felix Genn, zunächst Papst Franziskus: „Es gibt verschiedene Formen von Missbrauch: Missbrauch von Macht, finanzieller Missbrauch, Missbrauch des Gewissens und sexueller Missbrauch. Hier stellt sich klar die Aufgabe, die Formen der Ausübung von Autorität, in die diese münden, … auszumerzen. Der Wunsch nach Herrschaft, ein Mangel an Dialog und Transparenz, Formen des Doppellebens, spirituelle Leere sowie psychische Labilität sind der Boden, auf dem Korruption gedeiht."[55] Danach fährt Bischof Genn fort: „In all diesen Bereichen handelt es sich um einen Missbrauch von Macht, der in einem bestimmten Beziehungsgefüge ausgeübt wird. Geistlicher Machtmissbrauch im Speziellen bedeutet die Instrumentalisierung des geistlichen Bereichs des Menschen mit geistlichen Mitteln, die Verzweckung der Gottesbeziehung einer Person durch den Täter zur Erfüllung der eigenen Bedürfnisse und Ziele."

Ist das Phänomen des „geistlichen Missbrauchs" eine Randerscheinung bei Einzeltätern oder in besonderen geistlichen Gruppen? Oder gibt es nicht auch hier tiefe systemische Aspekte? Wird es uns damit vielleicht genauso ergehen wie mit der Missbrauchskrise hinsichtlich der sexualisierten Gewalt? Ist möglicherweise auch hier „der Apfel längst faul bis auf den Kern"?

Unterscheidung tut not und ist zugleich schwierig. Religiöse Ideale, wie die oben genannten asketischen Ideale oder auch das Ideal des Gehorsams, gehören genauso auf den Prüfstand wie Strukturen und Beziehungen, die möglicherweise Abhängigkeiten fördern. Wie kann das gehen? Wie können wir unterscheiden, ohne „das Kind mit dem Bade auszuschütten"? Ideale und Idealismus gehören doch zur Religion, oder? Nur: Welche Ideale sind gesund, welche fragwürdig? Könnte nach den oben genannten Kriterien nicht auch ein „Pflicht-Zölibat" als geistlicher Missbrauch betrachtet werden? Denn wie kann sichergestellt werden, dass es sich bei der Entscheidung für diese Lebensform um eine wirklich freie Wahl handelt, die in eine „befreiende und erfüllende Beziehung mit Gott" führt und nicht in „die Irre, in Enge und Isolierung", wenn sie Zugangsvoraussetzung für einen Beruf ist? Wer definiert die Kriterien für all das? Und wer überwacht wie deren Einhaltung?

ZÖLIBATÄR „HOCHBEGABT"?

Jeder einzelne Fall von Missbrauch durch Priester oder Ordenschristen ist ein Verbrechen und ein entsetzliches Antizeugnis, das umso mehr abstößt und verletzt, als der moralische Anspruch im Ideal des „Zölibates" so außergewöhnlich hoch ist. Eine solche Doppelmoral ist kaum zu überbieten. Es ist nur natürlich, dass dies heftige Wut erzeugt.

Kann angesichts der Missbrauchserfahrungen ein Leben im Zölibat überhaupt noch ein Ideal sein? Kann es, selbst da, wo es gelingt und mit Überzeugung gelebt wird, überhaupt noch eine „Leuchtkraft" entfalten angesichts der übermächtigen Negativerfahrung des Missbrauchs? Selbst wenn die Zahl der Täter prozentual gering wäre – nach der *MHG-Studie* ist sie gemessen an dem Prozentsatz der Täter in der „Normalbevölkerung" erschreckend hoch –, ist die qualitative „Übermacht" gewaltig. Jeder Priester und jeder Ordenschrist sehen sich heute einem Generalverdacht ausgesetzt.

Ich möchte hier nicht in die Grundsatzdiskussion für und wider den Zölibat einsteigen, sondern stattdessen drei eher alltägliche Erlebnisse erzählen, die gerade deshalb viel aussagen. Sie zeigen, wie tief und menschlich hingeschaut und gefragt werden muss: Wie geht ein gelungenes Leben im Zölibat? Es geht ja nicht nur darum, dass in einem solchen Leben „nichts passiert", sondern es geht um die Frage, worin Wert und Zeugnis eines solchen Lebens bestehen.

Als Teenager war ich in der kirchlichen Jugendarbeit aktiv, zunächst in der Pfarrei und im Alter ab etwa siebzehn als Pfarrjugendleiterin auch auf der regionalen Ebene. In diesem Kontext lernte ich einen jungen Priester kennen, so an die dreißig. Aus der Perspektive einer 17-Jährigen ist das ziemlich alt. So habe ich es zumindest damals empfunden. Mag sein, dass ich, wie so manches andere Mädchen meines Alters, für ihn ein wenig geschwärmt habe. Verliebt war ich allerdings nicht in ihn und wäre auch gar nicht auf einen solchen Gedanken gekommen, dass das möglicherweise passieren könnte. Da war ich eher mit Gleichaltrigen unterwegs. Es war damals eine gute Zeit mit guten Erfahrungen, aber eins irritierte mich zutiefst. Allen in der Gruppe bot er nach und nach das „Du" an, nur mir nicht. Er duzte mich zwar, aber ich musste ihn siezen. Ich fragte mich, was ich falsch machte, fühlte mich ausgegrenzt, verunsichert. Warum durfte ich nicht voll dazugehören? Zu fragen wagte ich nicht. Erst als ich mich mit fast zwanzig ins Studium verabschiedete, habe ich mir ein Herz gefasst und gefragt. Er zögerte und antwortete schließlich: „Ich hatte Angst." Es hat danach noch eine Weile gedauert, ehe ich die Bedeutung dieser Aussage voll habe ermessen können. Meine emotionale Reaktion war ziemlich gemischt. Irgendwie fühlte ich mich ja auch geschmeichelt, aber zugleich wuchs in mir der Zorn: Warum hat der eigentlich mich dafür „bestraft", dass er Angst hat, die Kontrolle über seine Gefühle zu verlieren?

Eine solche Reaktion von Rückzug und Abwehr ist im Kontext einer sich entwickelnden Beziehung nichts Ungewöhnliches. Außergewöhnlich ist die Ebene, auf der hier die Abwehrreaktion bereits einsetzte, nämlich die des simplen Alltagskontaktes im Kontext einer Gruppe ohne jede tiefere persönliche Beziehung. Wie groß muss die Angst vor mir selbst sein, wenn ich eine solche Abwehr brauche? Und wie offen und authentisch kann so jemand dann in der seelsorgerischen Begegnung mit Menschen sein?

Das zweite Erlebnis: Als junge Schwester Ende zwanzig war ich für einige Zeit in einem anderen Kloster als Aushilfe. In dieser Zeit besuchte mich ein Priester, vielleicht ein oder zwei Jahre älter als ich, den ich in der Zeit vor meinem Eintritt ins Kloster zufällig kennengelernt hatte. Danach war der Kontakt wieder versandet. Es war ein langer Nachmittag mit einem intensiven Gespräch, das irgendwann auch auf das Thema Zölibat kam. Er erzählte mir von seinen Schwierigkeiten und Zweifeln. Ich weiß im Detail gar nicht mehr, worum es ging. Aber mir ist das Gefühl noch präsent, das sein Reden bei mir auslöste. Da war zunehmend ein Gefühl von Überforderung. Mir als einer jungen Frau, als „einer Frau an sich", kam ein Tsunami an Erwartungen in all diesen Wünschen, Träumen und Bedürfnissen entgegen. Ich fühlte mich von seinen Erwartungen an eine Partnerschaft und Ehe oder dem, was er zu entbehren meinte, förmlich erschlagen. Da wurde von einer Frau geradezu so etwas wie „Erlösung" erwartet, so mein Erleben. Und ich dachte: Diese Erlösungserwartungen an eine Partnerschaft möchte ich nicht erfüllen müssen …

Zwei Fragen drängen sich im Kontext dieser Erfahrung auf, die zentral scheinen: Ist die Suche nach romantischer Liebe eine Ersatzreligion? Das ist die eine Frage, die sich mir in dieser Situation aufdrängte. Die zweite Frage ist, ob und inwieweit ich als zölibatär lebender Mensch in meiner Idee, meinem Wunschbild von Sexualität, Liebe, Partnerschaft, Ehe, eigenen Kindern … weiterreife – oder aber auf dem Niveau eines Teenagers stehenbleibe. Jeder Lebensentwurf hat Licht und Schatten, Gewinn und Verzicht. Und jeder Lebensentwurf, soll er gelingen, fordert ganzen Einsatz. Idealisierung oder Abwertung verhindern einen gesunden Reifungsprozess und sind Ausdruck einer bedenklichen Abwehr.

Eine dritte Situation, die mich ins Nachdenken brachte: Nach der Veröffentlichung der MHG-Studie hatte ich dazu ein Gespräch mit einem befreundeten Priester, der bereits mehr als fünfzig Jahre im Dienst ist. Als wir auf das Thema Zölibat zu sprechen kamen, sagte er spontan: „Da bleibt einem gar nichts anderes, als sich total zu verkrampfen." Darüber war und bin ich betroffen. Was bleibt nach einem langen Leben in einem ehrlich gelebten Zölibat? Einsamkeit und ein Gefühl der Trauer über den Verlust einer wichtigen Dimension menschlichen Lebens? Wenn es sich bei dieser Lebensform um ein „Charisma" handelt, eine besondere Gabe Gottes, dann muss doch am Ende ein real erlebtes „Mehr" bleiben und kein „Weniger"?

Was sich aus meinen drei Erlebnissen ergibt, sind für mich Kriterien für ein gelungenes zölibatäres Leben: Kann ich frei und zugewandt dem anderen begegnen, ohne Abwehrhaltungen, der jeweiligen Situation angemessen? Sind meine Bilderwelt, meine Emotionen und meine Fantasie reif geworden und in meine Gesamtpersönlichkeit integriert? Bleibt in meiner persönlichen Bilanz von Verlust und Gewinn ein „Plus" übrig, das mein Leben erfahrbar bereichert, und worin besteht es?

Mich stört schon immer, dass wir kein positives Wort für die „zölibatäre" Lebensform haben: „Ehelosigkeit" oder „ehelose Keuschheit" sprechen primär von dem, was fehlt. Das Wort „Zölibat" vom lateinischen *caelebs* – „alleinlebend" ebenfalls. Für das klösterliche Leben zumindest stimmt das einfach nicht: Ich lebe nicht allein, bin also weder Single noch „Zölibatär". Den Begriff „Jungfräulichkeit" fand ich schon als Novizin eher peinlich. Er ist rein weiblich konnotiert und mit dem Ballast der patriarchalen Gesellschaft behaftet. Es ging darum, in einer krassen Ungleichbehandlung von Mann und Frau sicherzustellen, dass ein gezeugtes Kind auch wirklich das Kind des offiziellen Vaters ist. Bis sich dies im 20. Jahrhundert nachweisen ließ, konnte kein Mann seiner Vaterschaft wirklich sicher sein, eine Frau war sich ihrer Mutterschaft aber immer sicher. Außerdem ist das Wort missverständlich; denn es geht nicht um „Jungfräulichkeit" im konkreten Sinne von „Unberührtheit". Viele, die sich heute für das Ordensleben interessieren, bringen Beziehungserfahrungen auf allen Ebenen mit. Warum also ist es uns bis heute noch nicht gelungen, einen positiven allgemeinverständlichen Begriff für diese Lebensform zu finden?

Ein gesundes, ja überzeugendes zölibatäres Leben kann es, so glaube ich, nur auf der Basis einer freien Wahl geben. Es reicht nicht, es als auferlegtes, „notwendiges Übel" zu übernehmen. Meiner Meinung nach wäre die Kirche gut beraten, stattdessen ein dauerhaft zölibatäres Leben nur mit einer speziellen „Erlaubnis" zu gestatten, wenn eine persönliche Neigung und Eignung da sind. Die Folgen des Scheiterns sind in allen ihren Formen zu schwerwiegend. Wunibald Müller, der jahrzehntelang Priester und Ordenschristen therapeutisch begleitet hat, schreibt: „Die Missbrauchskrise offenbart an dieser Stelle besonders deutlich, wie sehr es sich rächt, wenn ganz normale menschliche Eigenschaften und

Sehnsüchte aus idealen Motiven heraus einfach übergangen werden. Man dabei den Boden der Realität verlässt, indem man nicht ernsthaft bedenkt, dass man damit die meisten überfordert …"[56] Wie viele „zölibatär Hochbegabte" mag es aktuell wohl geben? Die biblische Erzählung von Abraham und Sara als Paar und als „Vater und Mutter des Glaubens" zeigt eindrücklich, dass eine menschliche Liebesbeziehung und Partnerschaft und eine intensive, im wahrsten Sinne des Wortes „Weg weisende" Gottesbeziehung in keinem Gegensatz zueinander stehen.

SCHULD UND SCHULDBEKENNTNIS

Die Frage nach der Schuld und nach einem Schuldbekenntnis ist in der Kirche derzeit hoch aktuell. Und zwar nicht in der vielen von uns bekannten Form des Unbehagens, wenn das Thema „Beichte" angesprochen wird. Nein, diesmal ist es exakt umgekehrt: Öffentlichkeit wie Kirchenmitglieder warten darauf, dass die Bischöfe, Generalvikare, Personalchefs, die persönlich in die Vertuschung von Missbrauch verstrickt sind, endlich ein klares *Mea culpa* sagen und daraus auch Konsequenzen ziehen, die einen neuen Anfang ermöglichen …

Schuld und schuldhafte Verstrickungen gibt es übrigens auch bei Sara und Abraham. Sara hat dunkle Seiten. In der Geschichte von Hagar und Ismael zeigt sich wahrscheinlich am deutlichsten die Schuld, die Sara und Abraham auf sich laden. Und darin offenbart sich das je eigene Schatten-Profil beider. Hagar, die Sklavin, so nennt sie der biblische Text –

und es ist aus unserer heutigen Sicht schon schlimm genug, dass es Sklaven gibt –, wird zunächst einmal missbraucht. Ob sie will oder nicht, sie soll anstelle der unfruchtbaren Sara für Abraham und Sara ein Kind, und zwar einen Sohn und Erben zur Welt bringen. Was wäre eigentlich geschehen, wenn es ein Mädchen geworden wäre?

Als die schwangere Sklavin es an Respekt gegenüber ihrer Herrin fehlen lässt, antwortet Abraham der klagenden Sara: „Siehe, sie ist deine Sklavin, sie ist in deiner Hand. Tu mit ihr, was in deinen Augen gut erscheint!" (Gen 16,6) Auf den sexuellen Missbrauch folgen also Willkür und Misshandlung – ein starkes Beispiel für Machtmissbrauch. Hagar flieht in die Wüste, wird aber von einem Engel gerettet. Danach heißt es lapidar: „Hagar gebar dem Abram einen Sohn. Und Abram gab seinem Sohn, den ihm Hagar geboren hatte, den Namen Ismael." (Gen 16,15)

Wie an dieser Situation abzulesen ist, neigt Sara zu Neid und Eifersucht, hat vielleicht auch eine herrschsüchtige Seite. Oder aber ihr Selbstwertgefühl ist durch die lange Kinderlosigkeit so belastet, dass sie den Stolz der Sklavin angesichts der Schwangerschaft, die ihrer Herrin versagt blieb, nicht erträgt. Sara übernimmt in dieser Situation jedenfalls keine Verantwortung für die Entscheidung, die sie selbst gefällt hat, sondern lässt sich dazu hinreißen, die Sklavin zu misshandeln. Abraham wirkt dagegen konfliktscheu und auch leicht zu beeinflussen. Mag es nun Bequemlichkeit oder Unsicherheit sein: Er erfüllt Saras Wünsche, steht aber nicht wirklich dahinter. Dass er die schwangere Sklavin Saras Willkür aussetzt, zeugt von Gleichgültigkeit sowie von mangelndem Gerechtigkeitssinn.

Sehr viel schlimmer noch wird es, als Sara, die nun selbst einen Sohn geboren hat, von Abraham fordert, die Sklavin und ihren Sohn zu vertreiben. (Gen 21,9–21) Sara reagiert so, nachdem sie beobachtet hatte, „wie der Sohn, den die Ägypterin Hagar Abraham geboren hatte, spielte und lachte." (Gen 21,9) Sie reagiert mit heftiger Eifersucht, die für Hagar und Ismael leicht tödliche Folgen haben könnte. Abraham erkennt das Böse darin: „Die Sache war sehr böse in Abrahams Augen, denn es ging um seinen Sohn." (Gen 21,11) Und dennoch tut er es – und er tut es auf ein Wort Gottes hin. Hier zeigt sich eine Verwandtschaft zur Opferszene. Abraham handelt beide Male gegen sein eigenes Gewissen.

Es ist mir schwergefallen, einen Weg zu finden, um mit Saras Reaktion auf Hagar und Ismael umzugehen. Ich kenne natürlich die Gefühle von Schmerz, Verlustangst, Eifersucht oder gekränktem Stolz. Aber die Reaktion – sie tut „es" wirklich – nachzuvollziehen, mit der Sara dann ja auch selber leben muss, fand ich schwierig. Die Lösung lag für mich darin, dass Sara erkennt, auch sie hat gegen das Gebot „Du sollst nicht töten" verstoßen. Und vor allem, dass sie ihre Schuld eingesteht: „Und da stehe ich nun unausweichlich vor einem dunklen Abgrund. Dem Abgrund meiner eigenen Schuld!" Dankbar erkennt Sara, dass Gott aus ihrer Schuld Heil gewirkt hat, indem er verhindert, dass ihre böse Absicht Hagar und Ismael das Leben kostet. Es hätte sehr viel schlimmer ausgehen können. Aber es bleibt Schuld.

Neben dieser persönlichen Schuld stellt sich die Frage, ob es in der Geschichte von Abraham und Sara auch so etwas wie „systemische Schuld", einen „kollektiven Schatten" gibt.

Davon, dass es in der Sippe von Abraham und Sara Sklaverei gab, war schon die Rede. Entschuldigt die Tatsache, dass dies in jener Zeit und Kultur als normal galt und dass Sklaven als Besitz und nicht als Personen betrachtet wurden, die beiden? Entschuldigt die Tatsache, dass es im Umfeld von Sara und Abraham immer mal wieder vorkam, dass Menschen ihre Kinder ihren Göttern opferten, die Bereitschaft Abrahams, seinen Sohn Isaak seinem Gott zu opfern? Damit verbunden ist, so meine ich, auf jeden Fall auch persönliche Schuld. Sichtbar wird dies in Saras Aggressionen gegen Hagar und Ismael sowie in den mutwilligen Täuschungen und Verschleierungen Abrahams, in denen sich hinter seinem „Gehorsam" Unehrlichkeit und Feigheit zeigen.

Diese Frage nach der kollektiven Schuld ist gegenwärtig für die Kirche zukunftsrelevant. Mehr noch, sie ist eine brandaktuelle Frage an uns als Gesellschaft in vielen Bereichen. Womit entschuldigen wir uns? Gibt es zum Beispiel eine Entschuldigung für die Ausbeutung der Ressourcen der Erde, die Zerstörung der Umwelt oder aber Kinderarbeit, Flüchtlingselend, soziale Ungerechtigkeit? Oder auch für (Macht-) Missbrauch jeglicher Art, Vertuschung oder fehlende Geschlechtergerechtigkeit? Es hängt stark von unseren persönlichen Werten, aber auch von denen unserer Gesellschaft ab, was wir als Unrecht wahrnehmen und was nicht. Es ist eine schmerzliche Erfahrung: Aber wir werden unserem Schatten, sei er nun persönlich oder kollektiv, wieder und wieder begegnen, wenn wir nur bereit sind, ehrlich hinzuschauen.

Die Frage der Schuld und des Umgangs damit muss daher in den unterschiedlichsten Kontexten gestellt und beantwortet werden. In unserer Gemeinschaft haben wir dafür unter anderem eine Tradition, die auf den ersten Blick überrascht. Denn eigentlich ist es eher seltsam, dass in unserer Tradition der *Benediktinerinnen vom Heiligsten Sakrament* der Wechsel des bürgerlichen Jahres eine große Rolle spielt. Beginnt doch das neue Kirchenjahr schon mit dem ersten Advent. Möglicherweise liegt es einfach daran, dass unsere Gründerin Mechtilde Catherine de Bar (1614–1698) am 31. Dezember ihren Geburtstag hatte. Für ihre Gemeinschaften sieht sie für diesen Tag ein „Friedenskapitel" vor. Ich habe noch eine lebhafte Erinnerung daran, wie dieses Friedenskapitel zu Beginn meines klösterlichen Lebens ablief. Besonders erinnere ich mich an den abschließenden Satz der Priorin, sie sagte nämlich: „Ich vergebe allen alles im Namen aller." Zuvor hatte die Subpriorin im Namen aller Schwestern ein Schuldbekenntnis gesprochen, dann die Priorin eines für sich selbst. Und dann kam dieser Satz: „Ich vergebe allen alles im Namen aller." Ich finde diesen Satz immer noch wunderbar und ganz fürchterlich zugleich. Mir bleibt, wenn ich daran denke, fast die Luft weg: Kann das so gehen mit der Vergebung? Wenn ja, wie? Kann und darf die Priorin – oder wer auch immer – so etwas für alle sagen?

In einer Krise der Gemeinschaft Mitte der Neunzigerjahre haben wir dann gemerkt: Bei allem guten Willen, so einfach geht das nicht mit der Vergebung. Aus dieser Situation heraus entstand ein neues Schuldbekenntnis, das wir seitdem im Friedenskapitel gemeinsam sprechen und das mir heute aktueller denn je erscheint. Es beginnt mit folgenden Worten:

Gott, unser Vater, wir stehen vor dir
und bitten dich um dein Erbarmen
für all unser Tun und Lassen,
unser Bemühen und Erleben.

Wir bringen vor dich
unsere Dunkelheiten, Grenzen und Ängste,
die, um die wir wissen, und jene,
die wir noch nicht zu sehen wagen.

Wir bekennen vor dir und voreinander
unsere Ohnmacht angesichts der Wunden,
die wir erlitten und die wir geschlagen haben.

Wir kommen zu dir mit unserer Sehnsucht
nach Vergebung und Heil.

Wir bekennen, dass wir trotz unseres guten Willens
vieles schuldig geblieben sind,
dir, einander,
den Menschen, die du uns anvertraut hast …
und unserer Berufung im Dienst an der Kirche.

Wir bekennen, dass wir – in uns selbst gefangen –
es an Weite und Hingabe,
an Wachsamkeit und Engagement,
an Treue und Selbstlosigkeit,
an Liebe und Erbarmen haben fehlen lassen …

Diese Worte kommen mir in den Sinn, wenn ich über die Schuld von Sara und Abraham nachdenke. Das Faszinierende: Am Ende der biblischen Geschichte von Sara, Abraham, Ismael und Isaak steht Versöhnung. Dies erfahren wir an einer Stelle des Buches Genesis, die leicht zu überlesen ist. Abraham stirbt nach einem erfüllten Leben und wird von seinen beiden Söhnen Isaak und Ismael begraben – im selben Grab wie Sara. Das ist umso bemerkenswerter, als der biblische Text unmittelbar zuvor berichtet, dass Abraham nach dem Tod Saras mit einer zweiten Frau, Ketura, noch sechs Söhne zeugt, die er aber alle noch zu Lebzeiten mit Geschenken wegschickt.

„Das ist die Zahl der Lebensjahre Abrahams: Hundertfünfundsiebzig Jahre wurde er alt. Dann verschied er. Er starb in glücklichem Alter, betagt und lebenssatt, und wurde mit seinen Vorfahren vereint. Seine Söhne Isaak und Ismael begruben ihn in der Höhle von Machpela gegenüber Mamre, auf dem Feld des Hetiters Efron, des Sohnes Zohars, auf dem Feld, das Abraham von den Hetitern erworben hatte. Dort sind Abraham und seine Frau Sara begraben." (Gen 25,7–10)

PROTEST GEGEN DEN TOD

Als Teenager fand ich bei einem Umzug die Tagebücher meines verstorbenen Vaters (geboren 1923), darunter ein Kriegstagebuch aus den Jahren 1942/43 vom Kampf an der Front in Russland. Ich war fasziniert. Es dauerte aber noch lange, bis ich die Tagebücher abschrieb. Erst da verstand ich, dass mein großzügiger, liebevoller Vater mit Überzeugung in den Krieg gezogen ist und dort mit großer Wahrscheinlichkeit andere Menschen getötet hat. Auf jeden Fall hatte er die Absicht, das zu tun. Wie viele andere junge Männer seiner Generation war er als 18-Jähriger als Freiwilliger und mit jugendlicher Begeisterung in den 2. Weltkrieg gezogen – bereit, sein Leben zu opfern:

(13.3.42) Ein Semester habe ich hinter mir. – Wann ich zum zweiten komme, das weiß wer? In den nächsten Tagen erhalte ich meinen Einberufungsbefehl. Wahrscheinlich werde ich nach Wuppertal zur motorisierten Artillerie eingezogen. Jetzt wünsche ich mir selbst viel Glück und Erfolg. Was gibt es Schöneres, als später sagen zu können: Auch ich war dabei. Ich habe meine Pflicht getan. Falle ich, dann ist es der Wille Gottes. Das Opfer, das mein Freund Ferdi gebracht hat, werde ich wohl auch bringen können. Er ist mein Vorbild …

(12.6.43) Das Bild meiner Mutter. Ich trage es immer bei mir. Wenn ich in Mutters Augen schaue, wird mir warm ums Herz. Sie ist mir Mahnerin und gibt mir das Ziel für mein Leben …

(2.8.43) An der Straße ziehen sich lange Gräberreihen hin von gefallenen Kameraden, die beim letzten Angriff ihr Leben ließen. Es sind ihrer viele. Sie mögen ruhen in Frieden …

(30.10.43) Mit dem heutigen Tage mache ich eine Woche Vorgeschobener Beobachter, eine schöne, verantwortungsvolle, aber auch gefährliche Tätigkeit. Ich bin mein eigener Herr. Ich glaube nicht, dass viele Gefreite so viel geschossen haben wie ich …

(29.5.50) Genau vor einem Jahr, am 29. Mai abends, setzte sich in Kiew unser Zug in Bewegung, der mich in die Heimat brachte. – Es ist, als wäre alles nur ein böser Traum gewesen.

Wie so viele meiner Generation begriff ich erst als Erwachsene, dass unter der dünnen Decke der Geborgenheit und Normalität, unter der ich aufgewachsen war, tief traumatisierende Erfahrungen meiner beiden Eltern, ihrer Familien und einer ganzen Generation lagen. Die Erfahrung von Gewalt, Todesangst und Tod haben diese Generation geprägt, und nicht nur sie. Inzwischen wissen wir, dass die seelischen Folgen des 2. Weltkriegs mehrere Generationen weit reichen. Wir sprechen inzwischen von Kriegskindern und Kriegsenkeln[57], deren Leben durch den Krieg immer noch beeinflusst und oft genug auch beeinträchtigt ist. Und auch hier, aus den Zeilen meines Vaters ist zu lesen: ein Opferbegriff, der fatal sein kann.

Die Bibel wusste schon vor langer Zeit, dass Gewalt, Schuld, traumatisierende Erfahrungen lange weiterwirken, und interpretiert dies auf ihre Weise. In einer zentralen Szene im Buch Exodus (34,6 f.), als Mose ein zweites Mal die zehn Gebote auf die Gesetzestafeln schreibt, heißt es: „Der HERR ging vor seinem Angesicht vorüber und rief: Der HERR ist der HERR, ein barmherziger und gnädiger Gott, langmütig und reich an Huld und Treue: Er bewahrt tausend Generationen Huld, nimmt Schuld, Frevel und Sünde weg, aber er spricht nicht einfach frei, er sucht die Schuld der Väter bei den Söhnen und Enkeln heim, bis zur dritten und vierten Generation." Der hier genannte Zeitrahmen von drei bis vier Generationen zur Verarbeitung von

Ereignissen wie dem 2. Weltkrieg ist absolut realistisch. Was aber bringt einen jungen Mann wie meinen Vater dazu, die Möglichkeit seines frühen gewaltsamen Todes als „Opfer" und als „Wille Gottes" zu akzeptieren? Und wie kommt er dazu, im Namen kaum reflektierter Ideale und aufgrund des vermeintlichen „Willen Gottes" auf Befehl zu töten?

In immer neuen Aspekten und Assoziationen umkreist Sara in ihrem inneren Monolog das Thema Tod und Leben. Als Mutter erfasst sie intuitiv, dass Isaaks Leben in Gefahr ist, dies wird in der jüdischen Auslegungstradition stärker wahrgenommen als in der christlichen:

„Allein die Erzählperspektive der Mutter gewähre den skeptischen Blick auf die Kriegsspiele der Männer, so der israelische Autor (David Grossmann), weil Mütter von Natur aus einen direkteren Zugang zu ihren Kindern hätten und eher Fragen stellten. Dabei erinnerte er sich an die Geschichte aus dem Buch Genesis: Gott sei zu Abraham gekommen, nicht zu Sara, um den Sohn Isaak als Opfer einzufordern, wohl wissend, dass Sara das nicht zugelassen hätte."[58]

Einer der Gedankengänge Saras befasst sich mit dem Tod durch Gewalt. Sara denkt darüber nach: Ja, Abraham hat getötet, nicht nur Tiere beim Opfer. Ein Opfertier zu töten, gehörte einfach zur religiösen Praxis der Zeit und auch zur alltäglichen Ernährung. Keine Frage, Abraham und wahrscheinlich auch Sara haben Tiere getötet. Abraham ist aber außerdem fähig, einen anderen Menschen zu töten. Sara hat dies bereits erlebt, als Abraham aus dem Kampf mit irgendwelchen feindlichen Stämmen kam. Der biblische Text lässt keinen Zweifel daran, dass Abraham und seine Sippe wiederholt in blutige Auseinandersetzungen verwickelt waren.

Was macht das mit einem Menschen? Welche Spuren hinterlässt das? Sara ist mit dieser Gewalt ganz und gar nicht einverstanden. Mehr und mehr werden Saras Gedanken, trotz ihrer eigenen Schuld, zu einem leidenschaftlichen Appell, zu einem Kampf für das Leben – und schließlich zum Gebet.

Das Töten im Kampf bleibt doch grauenhaft. Hatte Gott denn nicht bereits zu Noach und seinen Söhnen gesagt: „Wenn aber euer Blut vergossen wird, fordere ich Rechenschaft für jedes eurer Leben. Von jedem Tier fordere ich Rechenschaft und vom Menschen. Für das Leben des Menschen fordere ich Rechenschaft von jedem, der es seinem Bruder nimmt. Wer Blut eines Menschen vergießt, um dieses Menschen willen wird auch sein Blut vergossen. Denn als Bild Gottes hat er den Menschen gemacht"? Warum handeln wir Menschen nicht danach? Mich graut jetzt schon vor dem Tag, an dem ich wissen werde, auch Isaak hat einen anderen Menschen getötet. Du unbegreiflicher Gott! Willst du wirklich das Leben? Dann töte du doch einfach den Tod! Oder gebiete wenigstens allen Menschen: „Du sollst nicht töten!"

Es mag naiv erscheinen, was Sara da formuliert: „Dann töte du doch einfach den Tod!" Aber dies trifft den Kern der Botschaft von der Auferstehung. Genau dies feiern wir Christen an Ostern und besingen es in unseren Osterliedern: „Der Tod ist tot, das Leben lebt. Halleluja."[59] Auch die berühmte Ostersequenz singt davon: *„Mors et vita duello, conflixere mirando. Dux vitae mortuus, regnat vivus."*[60] – „Tod und Leben duellieren sich in einem wundersamen Kampf. Der tote Fürst des Lebens herrscht lebend."

DIE VERHEISSUNG

In diesen Gedanken zeigt sich, dass Sara zu einer eigenen Beziehung zu Gott gefunden hat. Bei beiden, Sara und Abraham, entwickelt sich diese Gottesbeziehung im Laufe der Geschichte. Auch für Sara spielt die Verheißung, die Abraham von Gott empfangen hat, eine zentrale Rolle, denn sie verändert ihr Leben fundamental und zwingt sie zum Aufbruch in eine neue Welt. Sara hat keine andere Wahl, als mit Abraham aufzubrechen in ein fremdes Land. Sie versucht das Beste daraus zu machen, nicht nur für sich selbst, sondern für alle, die zu ihr gehören. So haben es ungezählte Frauen vor ihr und nach ihr getan. Zugleich haben ungezählte Frauen gehofft und gewünscht, ein Aufbruch wäre möglich, obwohl es nicht in ihrer Macht lag, das zu entscheiden. In der Kirche hoffen sie ganz aktuell darauf.

In ihrem Glauben an Gott und seine Verheißung gibt es jedoch einen zentralen Unterschied zwischen Abraham und Sara. Abraham glaubt primär der Verheißung Gottes. Genau genommen glaubt er aber nicht im üblichen Sinne an Gott. Das hat er gar nicht nötig; denn er hört ihn. Gott spricht mit ihm und der biblische Text erzählt dies ganz natürlich und ohne jeden Zweifel. Die Frage, ob es diesen Gott gibt, ob es wirklich Gottes Stimme sei, die Abraham gehört hat, stellt sich ihm gar nicht.

Das ist bei Sara anders. Sara, so wie sie hier ihre Stimme erhebt, legt einen Weg zurück, um einen Zugang zu Abrahams Verheißung und dann zu einem eigenen Glauben zu finden. Darin ist sie uns viel näher als Abraham, der „Vater des Glaubens". Sie ist eine moderne Glaubende. Schließlich glaubt sie an den Gott Abrahams, nachdem sie Abraham zunächst skeptisch zuhört, seiner Aussage zögernd mehr und mehr glaubt und endlich eigene Erfahrungen mit Gott macht. An Saras Glaubensweg zeigt sich, wie sich Glaube entwickeln kann.

Mit fünfzehn, in meinen ersten von der Schule verordneten „Exerzitien" war ich die Einzige in meiner Klasse, die bei einer zu malenden „Fieberkurve", wie gerne ich in die Messe gehe, auf dem Nullpunkt angelangt war. Aber vielleicht war ich auch nur die Ehrlichste. Mit etwa siebzehn wurde mir bewusst, dass ich eigentlich nur glaube, weil Menschen, die mir wichtig sind und denen ich vertraue, dies tun. Mir schien das kein echter Glaube zu sein, da fehlte etwas. Ich machte mir Gedanken über meine Vorbilder und dachte mir: Also so ein Kaplan mit Mitte zwanzig hat es leicht, begeistert zu sein. Wie aber sieht das später aus, zum Beispiel beim Pastor mit vierzig? Und ich fing an, mich bei Begegnungen zu fragen, ob „das Feuer noch brennt", und mich stärker an „älteren" Vorbildern zu orientieren. Sie hatten in meinen Augen die größere Glaubwürdigkeit.

Das ist alles sehr normal. Aber es kann eben auch etwas geschehen, wodurch Gott und der Glaube immer mehr Raum beanspruchen und beginnen, das Leben spürbar zu verändern. Das führt dann zu Irritationen und Widerständen in der Umwelt, wie zum Beispiel Saras Empörung:

„Meinen Gott? Aber nein! Zunächst war es ausschließlich Abrahams Gott. Ich kannte ihn nicht und wollte ihn auch nicht kennen, diese unberechenbare Störung! Er hatte mein Leben durcheinandergebracht! Er nahm mir meine Heimat! Ich wollte und brauchte ihn nicht! Ich war wütend. Und wohl auch eifersüchtig. Bis Abraham anfing von seinem Gott zu sprechen, hatten die Götter ihren klaren, vorhersehbaren Platz in einer Nische unseres Zeltes und unseres Lebens. Nun sprach Abraham von fast nichts anderem mehr … Und auch er selbst war auf einmal anders."

Eine Schulfreundin, die später ebenfalls ins Kloster eingetreten ist, stellte einmal lakonisch fest: „In einer gut katholischen Familie ist es ein Problem, wenn du sonntags nicht mehr zur Messe gehst, aber richtig schwierig wird es erst, wenn du montags gleich nochmal gehst."

Um diese Zeit saß ich einmal in einer offiziellen Betstunde um „Berufe der Kirche" mit anderen Jugendlichen in unserer Pfarrkirche. Eine solche Veranstaltung war Ende der Siebzigerjahre noch recht gut besucht. Irgendwann dachte ich, als ich von Berufungserfahrungen hörte, die mich irgendwie beeindruckten: Also das würde bei mir nicht klappen. Besorgnis regte sich plötzlich in mir. Ob ich ein Ohr dafür hätte, ob ich einen solchen „Ruf" denn überhaupt wahrnehmen würde? Da betete ich spontan still für mich: „Gott, wenn Du mich rufen willst, dann aber bitte so laut, dass ich es nicht überhören kann." Er hat mich wenige Jahre später beim Wort genommen.

Auch Sara reicht es nicht, nur auf Abrahams Wort hin zu glauben. Sie bleibt ihren eigenen Überzeugungen treu, bis eine eigene Erfahrung ihr eine neue Dimension erschließt. In der Szene bei den Eichen von Mamre erfährt Sara schließlich eine eigene Berufung. Gott nennt sie beim Namen und er hat eine Verheißung für sie: Sie wird Mutter werden. Sara ist eine Frau, die Gott erfahren hat. Der berühmte Satz von Karl Rahner (1904–1984): „Der Fromme von morgen wird ein ‚Mystiker' sein, einer, der etwas erfahren hat, oder er wird nicht mehr sein"[61], hat in den vergangenen fünfzig Jahren seit seiner Veröffentlichung nichts von seiner Provokation verloren. Er erscheint heute treffender denn je, ist doch die Möglichkeit, es könne geschehen, dass es den „Frommen von morgen" nicht mehr gibt, zu einer realistischen Erfahrung geworden.

DER SCHREI DES GEBETES

Wie tragfähig Saras Gottesbeziehung ist, zeigt sich immer deutlicher. In ihrer Angst und ihrem Ringen kündigt sie diese Beziehung nicht auf, sondern macht Gott zu ihrem „Verbündeten". Sara ist in diesem Ringen ganz davon bestimmt, Leben zu schützen. Aktuell das Leben ihres Sohnes und ihres Mannes, in der ganzen Geschichte aber auch das Leben aller Menschen ihrer Sippe. Ja, Leben an sich.

Darin zeigt sich meine persönliche „Kernfrage": Nach bald vierzig Jahren im Kloster fällt es mir eher leicht, ins Wort zu bringen, worauf es für mich persönlich im Kern ankommt. Ich habe mich dies auf dem langen Weg oft gefragt. Und nein, es kommt jetzt kein Glaubensbekenntnis im üblichen Sinn. Der Kern ist klar und einfach.

Die Suche nach dem Leben, nach „Leben in Fülle", war und ist für mich Kern meiner Suche nach Gott. Darunter verstehe ich für mich selbst und für alle: mich lebendig zu fühlen, mich entfalten und meine Gaben leben zu können, Sinn zu erleben und Lebensfreude, gemeinsam zu leben, Leben weiterzugeben … Außerdem ist in mir ein starkes Bedürfnis nach Freiheit. Ist all dies in einem Kloster zu finden? Meine Antwort lautet ganz schlicht: Ja.

Gerne gestehe ich, dass Saras Protest gegen das Opfer mir ganz leicht „aus der Feder" gesprungen ist. Das lief wie von alleine; reflektiert habe ich es erst hinterher. So als habe sich da längst etwas in mir aufgestaut, was nur die richtige Gelegenheit brauchte, um ins Wort gebracht zu werden.

Was mir jetzt, im Nachhinein noch mehr auffällt: Ähnlich wie einige Propheten des Alten Testamentes übt Sara heftige Opferkritik und scheut sich nicht, ihren Widerwillen gegen die gängige Praxis ihrer Zeit in starke Worte zu bringen. Sie denkt und redet sich förmlich in Rage. Sie wirft Gott Schwäche vor und Käuflichkeit. Sie stellt die Frage nach rein menschlichen Motiven, wie die Frage des Machterhalts durch Angst und Gewalt. Sie protestiert gegen den Schmerz, der den Opfern angetan wird, und sie schüttelt sich förmlich vor Abscheu angesichts der vollständigen Zerstörung beim Brandopfer:

„Aber Brandopfer?! Ich verabscheue Brandopfer! Und kann sie einfach nicht verstehen. Hast du denn wirklich Freude an purer Zerstörung, die nichts mehr übriglässt als Rauch und Asche? Das Feuer schenkt uns Licht, Wärme und Nahrung. Ist nicht das seine heilige Seite? Entweihen wir diese Gabe nicht in deinen Augen, wenn wir damit vernichten? Und müssen die Opfer für dich denn immer blutig sein? Wann nimmt das endlich ein Ende? Liegt das an dir oder an uns? Immer wird einem lebendigen Wesen Schmerz zugefügt, muss es leiden. Wofür? Was gefällt dir daran?"

Sara protestiert mit all ihrer Leidenschaft für das Leben. Als Frau und Mutter fühlt sie sich dem Leben intensiv verbunden. Für sie ist das Leben an sich heilig, ein Selbstzweck, der zu nichts instrumentalisiert werden kann, und möge der Zweck eines Opfers noch so heilig sein. „Eva", der Name der ersten Mutter der Bibel bedeutet „Leben" oder „die Leben Spendende". Sara, die die Not und das Ringen einer Mutter um das Leben ihres Kindes durchleidet, solidarisiert sich mit allen Müttern, die je diese Erfahrung machen mussten. Ein modernes jüdisches Gedicht entfaltet diese Dimension im Weinen der Mutter, im Weinen aller Mütter, die ihre Kinder verloren haben. Das Bild der *Pietà*, der Mutter, die ihren toten Sohn hält, ist nicht nur im Christentum ein Urbild dieses Weinens:

Der Vater erhob seine Augen und ein Weinen
wandert, wandelt, endlos, anonym;
der Sohn erhebt sein Herz: das Weinen der Mutter
durchflammt das Firmament wie Feuer.
Generationen erklommen den Scheiterhaufen
und wurden von ihm genommen;
vergessen ist der Geschlachtete
und auch der Schlächter, –
doch das Weinen der Mutter
hält ewiglich an.[62]

Sara spricht in ihrem Ringen Gott unmittelbar an. Unmerklich hat sich ihre innere Auseinandersetzung längst in ein immer intensiveres Gebet gewandelt, ein Gebet an den einen Gott Abrahams, dem Sara immer noch und immer mehr vertraut: „Warum verlangen die Götter, dass wir das weggeben, was wir am meisten lieben? Haben sie denn kein

Herz? Verschließen sie ihre Ohren vor den Schreien der unschuldigen Opfer? Bist du, Gott, denn nicht anders als sie?!" Sie fordert ihn heraus mit ihrem Protest und ihrem Appell für das Leben: „Gott, wir Menschen finden aus diesem Teufelskreis der Gewalt nicht heraus! Du willst, dass wir dir vertrauen und deiner Verheißung glauben. Vertraust du auch uns? Ohne dass wir das wieder und wieder durch Opfer beweisen müssen? Ist das nicht ohnehin eher ein Beweis unserer Angst als unseres Glaubens!"

Auf einmal stößt Sara auf die grauenvolle Möglichkeit, die auf dem Berg Morija gerade Wirklichkeit wird. In diesem Moment wandelt sich ihr Beten. Es besteht jetzt nur noch in wenigen Worten und einer starken Geste. Statt von Gott weg, flieht sie auf ihn zu. Sie legt Kopf und Hände auf den Altar, den Abraham gebaut hat, in ihr ein einziger Schrei um Erbarmen – der Schrei des Gebetes: „Das Gebet gräbt in uns einen Schrei frei, dem es noch nicht gelingt, herauszukommen; doch eines Tages wird er hervordringen. An dem Tag werden wir alles erhalten. Es gibt keinen anderen Weg …"[63] Ist das die Macht des Gebetes? Hat Saras Gebet bewirkt, dass die Situation sich wandelt, Gott oder Abraham sich besinnen, das Opfer Isaaks nicht stattfindet?

ABRAHAM: ~~UN~~GEHORSAM

Isaak, mein Sohn.

Weil wir Menschen sind, brauchen wir Begründungen, und ich muss dir sagen, das ist es, was ich dir im Moment nicht geben kann. Wie sollte ich dir eine Begründung geben, die dich überzeugt und der du zustimmen könntest? Es geht doch um dein Leben.

Du fragst mich viel und du tust es zu Recht. Wie soll ich dir erklären, wie es zu dem hier gekommen ist, wie ich mit dir bis an diese Stelle gekommen bin und du auf dem Opferaltar liegst?

Doch bevor ich weiterspreche, will ich dich losbinden, denn solange du ein Gebundener bist, wirst du mir nicht zuhören können und wollen. Solange deine Hände und Füße gebunden sind, werden auch deine Ohren nicht offen sein für das, was ich dir sage.

Komm, ich setze mich zu dir auf das Opferholz. Auch wenn du es bis hierher getragen hast, habe ich es in meinem Herzen mitgetragen und dich obendrein. Nie in meinem Leben ist mir ein Weg schwerer gewesen als dieser. Auch nicht der, als ich aus meiner Heimat aufgebrochen bin. Ich habe dir zugehört, jetzt höre du mir zu. Ich will alle Geschichten und Gegebenheiten aufgreifen, die du genannt hast. Meine Sicht werde ich versuchen dir zu erklären und werde dafür weit ausholen müssen

Wir waren schon immer eine unruhige Sippe. Schon mein Vater Terach ist mit mir und meinem Bruder Nahor aufgebrochen aus Ur in Chaldäa. Mein zweiter Bruder Haran war schon gestorben und sein Sohn Lot, der erste Enkel deines Großvaters Terach, zog mit uns.[1] Wir sind bis Haran gekommen. Dort ist dein Großvater gestorben. Eigentlich wollte er schon bis Kanaan ziehen, aber daraus wurde nichts. Als wir nach Haran kamen, beschloss er, dass wir dort siedeln sollten. Ausgezogen aus Ur sind wir aus unterschiedlichen Gründen. Es gab immer wieder Streit mit anderen Sippen und es gab Ernten, die so schlecht waren, dass Mensch und Tier ums Überleben kämpfen mussten. Die Not ließ meinen Vater Terach einen so großen Schritt tun, die Heimat aufzugeben. Er sprach davon, nach Kanaan zu ziehen, aber als wir in Haran ankamen, da waren die Umstände so gut für uns, dass wir dort blieben, auf halber Strecke zwischen Ur und Kanaan. Um erneut aufzubrechen, brauchte es schon etwas Besonderes. Der erste Aufbruch war den Umständen geschuldet, der zweite einer Verheißung. Deswegen war der auch so viel schwerer zu verstehen und zu erklären. Es ging uns doch gut in Haran. Wir hatten ausreichend Platz für Mensch und Tier gefunden und auch genügend Nahrung. Das sollte jetzt ohne Not wieder aufgegeben werden? Und wofür? Für so etwas Vages wie eine Verheißung! Was ist das schon im Vergleich zu Platz für Zelt oder Wasser für Mensch und Tier?

Der Glaube, mit dem ich damals aufgebrochen bin, er ist nicht immer stark geblieben. Noch in der letzten Nacht, die Sachen waren schon gepackt und ich hatte mich von allen verabschiedet, da habe ich kein Auge zugemacht. Rastlos habe ich mich hin und her gewälzt. Soll ich diesen Schritt wirklich gehen? Ich war mir sicher, Gottes Stimme gehört zu haben, doch gesehen habe ich ihn erst später. Aber ich war überzeugt von dem, was ich gehört hatte und dass die Verheißung von Gott kam: „Geh fort aus deinem Land, aus deiner Verwandtschaft und aus deinem Vaterhaus in das Land, das ich dir zeigen werde! Ich werde dich zu einem großen Volk machen, dich segnen und deinen Namen groß machen. Ein Segen sollst du sein. Ich werde segnen, die dich segnen; wer dich verwünscht, den werde ich verfluchen. Durch dich sollen alle Sippen der Erde Segen erlangen"[2].

Ich war fünfundsiebzig Jahre alt und hatte Lebenserfahrung. Es war keine Flucht und es gab keine Notwendigkeiten, denn es ging uns doch gut. Ich war schon lange mit deiner Mutter verheiratet und unser einziger Kummer war unsere Kinderlosigkeit. Was hatte man mich gewarnt vor dem Schritt: Das ist ein Fehler! – Du wirst enttäuscht zurückkehren! – Du wirst auf dem Weg alles verlieren! – Niemand wartet auf dich in Kanaan! – Es wird kein Platz für euch sein in einem anderen Land! – Du hast dir das alles nur eingebildet! – Du läufst einem Traum hinterher, einer Chimäre! – Dein Vater hatte doch gute Gründe, aus Ur in Chaldäa aufzubrechen und dann hierzubleiben und nicht bis Kanaan weiterzuziehen! – Glaubst du denn, du wärest besser als wir, die wir hierbleiben? – Welcher Gott hat denn zu dir gesprochen und warum nicht auch zu uns? Alle haben auf mich eingeredet und hinter meinem Rücken getuschelt. Die verstohlenen und geringschätzigen Blicke waren noch auszuhalten, aber jede Diskussion setzte mir zu und nährte den Zweifel. Wie peinlich würde es sein, wenn die Mission scheitern sollte? Würde ich je zurückkehren? Eine Heimkehr im wahrsten Sinne des Wortes würde es nur geben, wenn es ein Weg ins Verderben gewesen ist und ich mit leeren Händen wieder bei den Meinen um Aufnahme bitten müsste. Da wäre sogar Sklaverei besser gewesen als die Abhängigkeit im Alter von den Menschen, die mich gewarnt hatten und von deren Gnadenbrot ich abhängig würde.

Mir war es eine große Erleichterung, als sich Lot mir anvertraute und vorsichtig zu erkennen gab, dass er Interesse daran habe, mit mir zu ziehen. Wir hatten schon immer einen guten Draht zueinander und nach dem Tod seines Vaters Haran wurde er noch enger. Bevor ich Sara von meinem Traum erzählte, hatte ich ihn ins Vertrauen gezogen. Seine erste Reaktion war totale Entgeisterung, absolutes Unverständnis. Das könne nicht mein Ernst sein! Natürlich seien Träume wichtige Wegweiser für unser Leben, aber wir könnten doch nicht unser Leben und das der Sippe nur auf einen Traum hin aufs Spiel setzen. Mit Lot habe ich die ersten Diskussionen geführt. Er hatte eindeutig die besseren Argumente auf seiner Seite. Was konnte ich dagegen sagen? Allein das Wort Gottes konnte ich ins Feld führen, eines Gottes, den die anderen noch gar nicht kennengelernt und erfahren hatten. Lot musste also allein auf mein Wort hin sich mir anschließen. Er musste letztlich mir glauben, so wie ich meinem Gott Glauben schenkte. Als ich dann Sara von meinen Visionen berichtete, da war ich schon etwas vorbereitet auf die kommenden Fragen und Bedenken. Auch deine Mutter war nicht begeistert, aber sie liebte mich und sagte: „wo du hingehst, dahin gehe auch ich, und wo du bleibst, da bleibe auch ich. Dein Volk ist mein

Volk und dein Gott ist mein Gott."[3] Sie bemühte sich, meinen Gott als ihren Gott anzunehmen, wenn sie auch noch eine ganze Weile die alten Götter versteckt in ihrer Habe und ihrem Herzen mitgenommen hat. Ich konnte es ihr nicht verdenken.

So sind wir losgezogen aus Haran. Einen winzigen Moment habe ich gezögert, bevor ich das Zeichen zum Aufbruch gab. Doch es war nicht nur Zweifel in mir, nein, es war auch viel Zuversicht, Spannung, Abenteuerlust und Hoffnung! Es gab eben auch diese Phasen, in denen ich mir absolut sicher war, dass ich mit dem Segen Gottes unterwegs bin. Er würde mit uns ziehen und seine Verheißung wahr werden lassen! Manchmal war mir, als würde ein Engel neben mir gehen, als würde ich seine physische Existenz förmlich spüren und als könnte ich seine Stimme hören die zu mir sagt: „Ich will mit dir reisen, ich kenne den Weg."[4]

Wir ließen unsere Heimat zurück, die Familie, Verwandte, Freunde, einiges an Grund und Boden, das wir nach Vaters Ankunft auch dort schon erworben hatten. Aber wir ließen auch geliebte Orte und Aussichten zurück. Wie gut schmeckte das Wasser aus den Quellen, das Obst von unseren Bäumen, das Getreide aus der fruchtbaren Ebene des Euphrats. War Vater gleichsam gegen den Strom des Euphrats von der Mündung zur Quelle gezogen, so brach ich jetzt auf, weg von den fruchtbaren Ufern in ein unbekanntes Land, und mehr noch, in eine unbekannte Zukunft. Es dauerte Tage, in denen wir immer noch durch uns vertraute Gegenden zogen und bis wir die gewohnten Landschaften hinter uns ließen. Immer und immer wieder blickten wir zurück. Es gab wohl keinen Moment, an dem nicht irgendjemand von uns den Blick über die Schultern warf und ein wehmütiger Zug sich auf sein Gesicht legte. Gleichzeitig zogen wir voraus und wir mussten doch mehr nach vorne schauen als zurück, denn sonst hätten Menschen oder Tiere stolpern, stürzen und sich verletzen können. Es war beides in jedem von uns, der Blick zurück ins Bekannte, Gewohnte, Geliebte und der Blick voraus ins Unbekannte, Spannende, Verheißene. Ganz gleich wohin wir blickten, die Blicke der anderen kreuzten sich mit den eigenen. Wer in die Augen der Zurückblickenden sah, der konnte die Wehmut verstehen, und umgekehrt wurden diese ermutigt durch das Feuer in den Augen derer, die das Zukünftige erahnten.

Die Jungen liefen uns oft voraus und wir machten uns Sorgen um sie. Doch sie, die noch keine lange Lebensgeschichte hatten und deren Bindung an die Eltern größer war als alles andere, sie gingen dahin, wo wir hingingen. Sie kannten weder Angst noch Furcht. Sie vertrauten uns. Sie, die Kinder, musste ich anschauen, wenn mein Vertrauen in Gottes Verheißung schwankte. So wie sie musste ich meinen Weg gehen! Doch je älter jeder Einzelne von uns war, desto schwerer fiel ihm Abschied und Aufbruch. Einige blickten zuversichtlich nach vorne, andere, und darunter besonders die Frau von Lot, blickten immer wieder zurück. Und ich? Ich ging am Abend, wenn wir das Lager aufschlugen, oft noch alleine ein Stück des Weges zurück und mit dem Blick in die Vergangenheit bat ich Gott immer wieder um sein Geleit. Er möge mir

Zeichen seiner Nähe und Gegenwart geben, denn es hing doch so viel von meinem Glauben an ihn ab. Hing nicht das ganze Unternehmen, das Leben aller, unsere Zukunft von meinem Glauben ab? Ich glaubte ihm! Aber die meisten in unserer Gruppe glaubten nicht an Gottes Verheißung, sondern sie gingen, weil ich es gesagt hatte. Die ganze Verantwortung lastete auf meinen Schultern, auch wenn ich dies die anderen nicht spüren ließ. Nur in den Abendstunden gönnte ich mir den Blick zurück und ein tiefes Durchatmen. Morgens rief ich dann alle wieder zum Aufbruch und übersah geflissentlich die Blicke derer, die sich von mir das Zeichen zur Rückkehr erhofften.

Mein Junge, das muss ich dir sagen, wer aus dem Gewohnten aufbricht, der geht einen schweren Weg. Anfangs kann er noch mit seinen Visionen von einem Gelobten Land begeistern, aber wenn dieses nicht bald nach dem Aufbruch in Sicht kommt, dann werden immer mehr Menschen murren. Sie werden sich zurücksehnen nach den Fleischtöpfen und dem Brot, das sie kannten, und sei es ihnen auch noch so hart geworden.[5] Menschen sind vergessliche Wesen. Manchmal ist es gut, vergessen zu können. Doch wir vergessen auch schnell die Not, vor der wir geflohen sind, und verklären das Vergangene. Im Rückblick verblassen Unterdrückung, Verfolgung, Vergeblichkeit. Selbst wenn man Eltern ihre Kinder wegnähme und tötete,[6] selbst dann halte ich es für möglich, dass diese Eltern in das Land zurückkehren wollten, das ihnen ihre Kinder genommen hat. Wenn sich Schwierigkeiten zeigen auf dem Weg in die Freiheit, dann vergessen die Menschen nicht nur die Verheißung auf ein besseres Leben, sondern sie kehren um und laufen erneut in ihr Verderben. Das Bekannte und Gewohnte, und sei es noch so bedrückend und traurig gewesen, es hat für manche Menschen eine größere Anziehungskraft als jede unbestimmte Verheißung! Liegt diese jenseits des Horizontes und ist noch unerfüllt, liegt jenes tief verankert in der Erinnerung und entwickelt einen immer größeren Sog, je weiter man sich davon entfernt. Dagegen muss eine Vision erst einmal bestehen.

Als wir im Land ankamen, war es an der Orakeleiche, einem von vielen Erzählungen umwobenen Ort, da erschien mir der Herr und sagte: „Deinen Nachkommen gebe ich dieses Land"[7]. Daraufhin baute ich ihm einen Altar. Es sollte der erste sein von vielen, die ich meinem Gott errichtete. Immer wieder habe ich ihm Kultstätten errichtet als Zeichen meiner Treue und Dankbarkeit. Ja, ich hatte mich nicht getäuscht. Er war mit mir auf dem Weg, er, mein Herr und Gott. Es lief gut, auch wenn es noch viele andere Völker gab, die dort siedelten.

Mir war doch vorher schon klar, dass niemand auf uns gewartet hat oder freiwillig das Feld räumen würde. Wir würden Zeit brauchen, um wirklich anzukommen und zu siedeln. Aber ich war mit Gott unterwegs, ich hatte alle Zeit dieser Welt, denn der Schöpfer der Welt war mit mir, und wer oder was konnte dann gegen mich sein? Gott und ich, wir sind immer die Mehrheit![8]

Irgendwann kam natürlich auch der erste Rückschlag. Wir waren im Gelobten Land angekommen und hatten allen Widrigkeiten zum Trotz unser Ziel erreicht. Gottes Verheißung schien sich erfüllt zu haben. Die Spannung, die auf dem langen Weg mein fester Begleiter war, sie wich von mir. Die Last auf meinen Schultern wurde leichter. Ich war da, wo Gott mich haben wollte! Jetzt warteten Sara und ich darauf, dass der zweite Teil von Gottes Verheißung sich erfüllen sollte, Nachwuchs, denn ich sollte doch der Vater eines großen Geschlechtes werden. Der erste Teil der Verheißung war in Erfüllung gegangen, warum sollte da der zweite sich nicht auch erfüllen? Doch stattdessen taten sich Schwierigkeiten auf. Die Ernte war schlecht, das Vieh hatte nicht genug zu fressen und auch uns Menschen ging es schlecht und schlechter. Nun gut, es würde nicht gleich beim ersten Anlauf alles gelingen. In der Sippe begannen Einzelne zu murren und ich hörte, wie sie einander zuraunten: „Wozu hat er uns überhaupt hier heraufgeführt, um uns, unsere Kinder und unser Vieh hier sterben zu lassen?"[9] Und die, die nicht murrten, an deren Blicken konnte ich ablesen, was sie dachten. Am Ende half es nichts. Wir mussten wieder aufbrechen und zogen erst einmal weiter, diesmal nach Ägypten. Im Vergleich mit dem Zug aus Haran war das fast um die Ecke. Für uns gab es kein Bleiben in dem Land. Wir waren als Letzte gekommen, und auch wenn Gott es mir und meinen Nachkommen verheißen hat, wir mussten erst einmal weiterziehen und gingen nach Ägypten. Ich dachte, ich sei am Ziel, doch ich musste wieder aufbrechen. Wie habe ich diesen Aufbruch gehasst, ja wirklich gehasst! Weißt du, wie das ist, wenn du ein Wagnis auf dich genommen hast und denkst, du seiest nach allen Diskussionen, Abwägungen, Anfeindungen, Risiken und Schwierigkeiten endlich angekommen – und dann musst du wieder weiterziehen? Der Aufbruch von Haran nach Kanaan war getragen von einer Verheißung. Aber, mein Junge, brich einmal auf aus dem verheißenen Land. Diese Entscheidung ist mir schwergefallen und ich habe Gott mein Schicksal mehr als einmal nicht nur vorgehalten, nein, ich habe es ihm vorgeworfen. Habe ich denn nicht schon alles für ihn riskiert? Bin ich nicht ohne Sicherheiten losgegangen und habe alles aufgegeben, und das nur auf sein Wort hin? In Ur und in Haran habe ich als gerechter Mensch gelebt und mein Denken und Streben ging in allen Handlungen darauf hin, gerecht vor Gott zu leben. Doch meinen Weg gegangen bin ich allein aufgrund des Glaubens an ihn.[10] Anscheinend wollte er meinen Glauben noch einmal prüfen. Ich sollte nicht sesshaft werden im Gelobten Land. Noch nicht! Deswegen schickte Gott uns die Hungersnot. Wir hätten auch zurückgehen können nach Haran oder Chaldäa und nicht wenige aus meiner Sippe warteten darauf, dass ich einen Befehl in diese Richtung geben würde. Das konnte ich an ihren Blicken ablesen. Diese fragenden Blicke und leisen Bemerkungen. Geflüsterte Worte wie ‚Haran‘ oder ‚Euphrat‘. Da klang alles mit, diese Sehnsucht nach dem Damaligen, dem Früheren. Aber das kam für mich nicht in Frage. Es gab kein Zurück! Nicht, weil es eine Schande und Schmach gewesen wäre, sondern weil ich wusste, dies ist das verheißene Land und ein zweites Mal würde auch ich nicht aus der Vergangenheit in die Zukunft aufbrechen. In diese Gefahr durfte ich mich und meine Verheißung nicht bringen. Dieses Risiko war einfach zu groß. Daher gab ich den Befehl, den Weg nach Ägypten einzuschlagen. Die Nachrichten, die uns von da erreichten, waren gut und wir konnten Wasser und Nahrung für alle erwarten. Unser Zug war diesmal jedoch ein ganz anderer als der vorherige. Der Weg nach Kanaan war wie ein Weg in eine uns noch unbekannte Heimat – der Weg nach Ägypten wurde von uns gegangen als ein Weg in die Fremde! Nie hatte ich vor, dort mehr zu sein als ein Fremder! So schön, wie Ägypten auch sei, so sicher das Land, so fruchtbringend der Nil, es war nicht der Ort, an dem Gott mit mir sein wollte. Nach Kanaan bin ich gezogen, um zu bleiben, diesmal zog ich aus, um so bald wie möglich zurückzukehren.

Du hast Recht mit dem, was dann geschah, und hast doch auch Unrecht. Ich hatte Angst um mein Leben und fürchtete, man könnte mich töten um Saras willen. Stell dir vor, so etwas wäre wirklich passiert? Nicht auszudenken! Natürlich habe ich Gottes Verheißung nicht vergessen, aber die Angst um deine Mutter war zu groß. Ohne mich wäre sie ganz schutzlos gewesen. Auch wer auf Gottes Wort hin und unter seinem Segen geht, der kann auf gefährliche Wege geraten. Gott hat mir nicht jeden Schritt vorgeschrieben. Ich musste schon selber die meisten Entscheidungen fällen. Im Übrigen kamen wir ja geradewegs aus dem Land, das Gott mir verheißen hatte und aus dem wir wieder aufbrechen mussten. Es war wie ein kleines Scheitern, es fühlte sich wie ein Rückschlag an.

Wer konnte ahnen, dass Pharao sich in Sara verlieben, sie in sein Haus aufnehmen, mir als ihrem vermeintlichen Bruder Schafe, Ziegen, Rinder, Kamele, Esel, Knechte und

Mägde schenken würde? Wir hätten gewarnt sein müssen bei all den Geschenken und der überaus freundlichen Aufnahme! Es gefiel uns doch auch, dass man uns hofierte und wohlwollend begegnete. Es war kein eindeutiger Tauschhandel zwischen Pharao und mir. Vielmehr war es ein Willkommen, als wir ins Land kamen. Freundlichkeit begegnete uns und wir hatten keinen Argwohn. Erst als die Plagen auf das Haus Pharaos niedergingen, da dämmerte es mir, dass dies mit uns zu tun haben könnte. Wie war das unangenehm! Was haben wir uns geschämt! Man konnte doch den Eindruck gewinnen, wir hätten aus Absicht so gehandelt. Nein, wir wollten Pharao kein Leid zufügen. Es ergab sich einfach, Schritt für Schritt, ohne den einzelnen Schritt zu überdenken. Wir hatten aus vermeintlicher Klugheit gehandelt und plötzlich hatte das Blatt sich gewendet. Dann ging alles ganz schnell. Pharao verwies uns des Landes und wir waren auch froh, dass wir ihm nicht mehr unter die Augen treten mussten, war er doch durch unser Verhalten in Gefahr geraten.

Hätte Pharao uns ein Leid zugefügt, dann hätte ich verstehen können, dass Gott ihn und sein Volk bestraft hätte. Nicht mit einer, nein mit zehn Plagen hätte er ihn strafen sollen, wenn er sich seinem Willen widersetzte und sein auserwähltes Volke unterdrückte.[II] Mir wurde auf einmal bewusst, wie mächtig mein Gott ist! Bisher hatte er zu mir gesprochen und ich habe ihm geglaubt. Doch dann erwies mein Gott in einem so großen Land auf einmal seine Macht an Pharao.

Den Göttern Ägyptens haben die Menschen gewaltige Tempel errichtet und Pharao selbst sieht sich als

Nachkomme der Götter. Was ich meinem Gott bisher errichtet habe, sind nur einfache Altäre. Für die vorbeikommenden Hirten nicht mehr als bloße Steinhaufen, wenn sie sie überhaupt wahrgenommen haben. Doch dieser Gott, für alle anderen Menschen bisher nicht wahrnehmbar, er war stärker als Pharao und alle Götter Ägyptens in ihren wundervollen Tempeln. Das hat Eindruck auf mich gemacht! Mein Sohn, lass uns dies nie vergessen in alle Ewigkeit. Wir konnten von Ur nach Haran ziehen und auf Gottes Verheißung hin weiter nach Kanaan, weil wir ihm gerade keine Tempel errichtet haben. Deswegen sind wir auch der Hungersnot entkommen, weil uns nichts Äußerliches in Kanaan zurückgehalten hat. Das habe ich auf dem Wege nach Ägypten damals gelernt: Gott muss zuerst in uns wohnen und nicht in Tempeln, die man ihm baut. Haben die Menschen ihren Göttern erst einmal Bauwerke errichtet, lassen sie sie irgendwann mehr in diesen wohnen als in ihren Herzen. Wenn dann die Not kommt, die Notwendigkeit einer Veränderung, dann können die Menschen darauf nur schwer reagieren, sich verändern und weiterziehen, so wie wir es damals getan haben nach Ägypten. Das habe ich mir geschworen, ich will meinem Gott Altäre errichten, überall, wo er mir begegnen wird. Doch niemals möchte ich mich der Gefahr aussetzen, ihm ein festes Haus zu bauen und bitten, darin Wohnung zu nehmen. Wenn es dazu kommt, dann steigt die Gefahr, dass wir Menschen so sesshaft werden, dass wir Gottes Verheißung nicht mehr folgen können oder wollen. Das gelobte und verheißene Land kann nicht nur zu einem bewohnten, sondern schnell auch zu einem gewohnten Land werden! In Ägypten waren Pharao und sein Volk stolz auf die Tempel, die sie ihren Göttern errichtet hatten, und mehr als einmal hatte ich den Eindruck, dass sie auf die selbst errichteten Gebäude stolzer waren als auf die Götter, die sie darin verehrten. Unbemerkt, ganz langsam hängen die Menschen ihre Herzen mehr an die Steine als an die Verheißung. Meine Steinhaufen kann man übersehen, aber sie geben meinem Gott und mir die Freiheit, dass wir jederzeit weiterziehen können. Tempel, die zu Ehren der Götter errichtet wurden, sie schließen diese irgendwann ein und dann sind auch die Menschen in ihnen gefangen. Gott lässt sich nicht einmauern, es sind die Menschen, die sich einmauern in ihren Tempeln und Traditionen. Mit dieser Lehre bin ich zurückgekehrt ins Land Kanaan. Wir sind wegen des Hungers fortgezogen und mit einer reichen Erkenntnis heimgekehrt.

So kamen wir wieder nach Bet-El, an die Stätte, wo ich Gott schon früher einen Altar errichtet hatte. Mein Neffe Lot hatte inzwischen so viele Schafe, Ziegen, Rinder und Zelte, dass wir nur langsam wandern konnten und es zum Streit zwischen unseren Hirten kam. Wir beschlossen, uns zu trennen. Ich ließ Lot die erste Wahl bei der Entscheidung, hatte ich doch die Zusage Gottes im Herzen. Was er auch wählen würde, mein Anteil war der mir von Gott gegebene. Lot wählte die Jordanebene und brach nach Osten auf, Richtung Sodom und Gomorra. Ich hingegen wandte mich nach Hebron und baute Gott bei den Eichen von Mamre gleich wieder einen Opferalter.

Rundherum hatten Völker und Städte ihre Könige und ständig gab es Streit und Krieg zwischen ihnen. Wir hatten schon Glück, wenn wir einigermaßen unbeschadet weiterziehen und zelten konnten. In all diesen unübersichtlichen Streitereien traf es auch Lot. Ich hörte durch fliehende Menschen aus Sodom, dass man ihn und die Seinen gefangen genommen hatte. Augenblicklich nahm ich mit dreihundertachtzehn Mann die Verfolgung auf bis nach Dan und Damaskus. Die anderen waren geschwächt und ich konnte Lot mit all seinem Hab und Gut befreien. Auf dem Rückweg bin ich dann Melchisedek, dem König und Priester von Salem begegnet. Er war ein weiser Mann und sah mehr, als Augen sehen. Er erkannte, dass ich ein vom Höchsten Gott, dem Schöpfer des Himmels und der Erde, Gesegneter bin.

Oft saß ich mit Sara zusammen vor unseren Zelten. Wir sprachen über Nachkommenschaft, und wenn wir es nicht taten, dann lastete das Schicksal der Kinderlosigkeit unausgesprochen schwer auf uns. Gott selbst versicherte mir: „Fürchte dich nicht, Abram, ich selbst bin dir ein Schild; dein Lohn wird sehr groß sein".[12] Damals fragte ich Gott, wie es denn weitergehen solle. Ich würde immer älter und entweder werde mich Elieser aus Damaskus beerben oder mein Hausklave. Doch Gott sagte mir: „Nicht er wird dich beerben, sondern dein leiblicher Sohn wird dein Erbe sein. Sieh doch zum Himmel hinauf und zähl die Sterne, wenn du sie zählen kannst! So zahlreich werden deine Nachkommen sein".[13] Ich vernahm Gottes Wort, aber ich hatte auch meinen Zweifel, wie das denn noch geschehen könne. Da ließ mich Gott in einen tiefen Schlaf fallen und ich hatte einen Traum. Es war ein furchtbarer Traum, denn ich sah nicht nur meine Zukunft, sondern auch die meines Volkes, und der Herr sagte: „Du sollst wissen: Deine Nachkommen werden als Fremde in einem Land wohnen, das ihnen nicht gehört. Sie werden dort als Sklaven dienen und man wird sie vierhundert Jahre lang unterdrücken. Aber auch über das Volk, dem sie als Sklaven dienen, werde ich Gericht halten und nachher werden sie mit reicher Habe ausziehen. Du aber wirst in Frieden zu deinen Vätern heimkehren; im glücklichen Alter wirst du begraben werden."[14]

Isaak, noch nie lagen Freud und Leid in meinem Leben so nah beieinander wie damals, als ich diesen Traum hatte. Welch einen Weg wird das Volk gehen müssen, dessen Stammvater ich sein soll? Wäre es da nicht besser, wenn Sara und ich ohne Kinder blieben? Vierhundert Jahre Sklaverei, wer kann und wer will sich das vorstellen? Wie viele Generationen von Vätern, Müttern und Kindern, die solch ein Schicksal erleiden müssen? Ich habe gezögert, Sara von diesem Traum etwas zu sagen. Kein Vater und keine Mutter möchte im Vorhinein eine solche Geschichte ihrer Kinder und Kindeskinder kennen. Wer weiß, was meinem Volk dann noch alles zustoßen kann? Es wird vierhundert Jahre Sklaverei überleben, also ein Volk sein mit einem unbezwingbaren Überlebenswillen. Doch wer weiß, ob nicht gerade so etwas andere Völker nur reizen wird, diesen Überlebenswillen einmal endgültig zu bezwingen?

So wie ich in Ägypten nicht auf die Zusage Gottes zweifelsfrei vertraut hatte, so kam Sara jetzt die Idee, ich möge mit Hagar ein Kind zeugen. Hagar wurde schwanger, es kam zum Streit zwischen ihr und Sara, sie floh in die Wüste, kehrte zurück und gebar mir den Ismael. Ich war damals sechsundachtzig Jahre alt. Bis dahin hatte ich vieles in meinem Leben erreicht und manche Gefahr gemeistert, aber ich wurde das erste Mal Vater. Welch ein Gefühl, welch eine Freude! Auf einmal sah ich in Ismael meine eigene Zukunft! Eines Tages würde ich sterben, aber es würde von mir etwas weiterleben. Wieder sah ich Gottes Verheißung als erfüllt an. Die Erfüllung sah zwar anders aus, als ich sie mir vorgestellt hatte, aber Ismael war mein Sohn. Hagar war eine stolze Mutter. Immerhin hatte ich, das Oberhaupt der Sippe, sie zur Mutter gemacht! Sara hingegen verbarg ihre Enttäuschung. Es war ihre Idee gewesen, doch jede Bewegung dieses Kindes bewegte auch sie innerlich, allerdings schmerzhaft und traurig. Er war mein Sohn, aber sie nicht seine Mutter. Er würde meinen Namen weitergeben, jedoch nicht ihren.

Ismael wuchs heran und er war meine ganze Freude. Der Junge machte sich und es war nicht schwer, in ihm den zu sehen, der mir verheißen war. Es waren gute Jahre und auch Sara gewöhnte sich an den Gedanken und war ihm eine gute Mutter.

Bis zu jenem Tag, diesem so denkwürdigen und wieder alles verändernden Tag. Du stehst am Morgen auf, alles geht seinen Gang und dann stand er plötzlich vor mir: der Herr! Seitdem ich Lot aus der Gefangenschaft befreit hatte, war mir der Herr nicht mehr erschienen. Ich verehrte ihn und betete ihn an, aber warum sollte er mir auch noch einmal erscheinen? Seine Verheißungen hatten sich erfüllt, wenn auch auf Umwegen. Wir waren im verheißenen Land und sind einen Umweg über Ägypten gegangen. Wir waren Eltern und hatten den Umweg über Hagar gewählt. Alles hatte sich erfüllt. Und dann stand er überraschend vor mir. Gänzlich unerwartet, denn ich erwartete nichts mehr von ihm. Was auch? Es haute mich um. Ich fiel augenblicklich auf mein Angesicht nieder. Was würde jetzt kommen? Warum war er wieder erschienen? Hatte ich einen Fehler gemacht oder bekam ich eine neue Verheißung? Ja, so war es. Gott wiederholte seine Zusage, ich werde Stammvater einer Menge von Völkern werden. Doch diesmal verband er sie mit zwei Zeichen, die mich ganz und gar verändern sollten! Zunächst gab er mir einen neuen Namen. Nein, nicht einen neuen Namen, sondern vielmehr veränderte er meinen Namen: „Man wird dich nicht mehr Abram nennen. Abraham, Vater der Menge, wird dein Name sein, denn zum Stammvater eine Menge von Völkern habe ich dich bestimmt."[15] Doch nicht genug damit. Er bot mir diesmal etwas Ungeheures an: einen Bund! Gott wollte nicht nur über mir sein und auf dem Weg vor mir, nein, er wollte mit mir sein. Noch heute muss ich sagen, dass ich es kaum begreifen kann, als er damals sagte: „Ich richte meinen Bund auf zwischen mir und dir und mit deinen Nachkommen nach dir, Generation um Generation, einen ewigen Bund: Für dich und deine Nachkommen nach dir werde ich Gott sein."[16] War das möglich? Sollte sich der Schöpfer des Himmels und der Erde an einen Menschen binden? Nichts anderes konnte dies doch heißen, wenn er selber sagte: „Ich richte meinen Bund auf zwischen mir und dir".

Das Zeichen des Bundes tragen wir an unserem Leib, ich und du und alles, was männlich ist und zu meinem Haus gehört, denn Gott trug mir auf: „Alles, was männlich ist, muss bei euch beschnitten werden. Am Fleisch eurer Vorhaut müsst ihr euch beschneiden lassen."[17] Mir gab Gott einen neuen Namen und das Zeichen des Bundes. Doch auch deiner Mutter gab er einen neuen Namen: „Du sollst deine Frau nicht mehr Sarai nennen: Sara, Herrin, soll ihr Name sein. Ich will sie segnen und dir auch von ihr einen Sohn geben. Ich segne sie: Völker gehen von ihr aus; Könige von Völkern werden ihr entstammen."[18] Der erste Gedanke, der mich in diesem Augenblick durchzuckte, war, was soll mit meinem Sohn Ismael geschehen? Dreizehn Jahre sah ich in ihm die Erfüllung der Verheißung und mit einem Schlag wurde dieser Gedanke zunichtegemacht. Kannst du verstehen, dass ich irritiert war? Diese Jahre und Gedanken lassen sich nicht einfach wegwischen, auch nicht mit der Freude über das, was mir Gott weiter sagte: „Deine Frau Sara wird dir einen Sohn gebären und du sollst ihm den Namen Isaak geben. Ich werde meinen Bund mit ihm aufrichten als einen ewigen Bund für seine Nachkommen nach ihm."[19] Dass Gott auch dem Ismael eine gute Zukunft verheißen hat, das ließ die Freude über deine Ankündigung in mir groß werden. Nicht nur unsere Namen hat Gott in dieser Begegnung verändert, auch deinen Namen hat er uns gesagt und dass er seinen Bund, den er mit mir geschlossen hat, auf dich übertragen wird.

Jetzt konnte ich mir sicher sein, dass es kein Jahr mehr dauern werde, bis wir dich in unseren Händen tragen würden. Ich berichtete deiner Mutter von meiner Gottesbegegnung, von der Namensgebung Gottes und von seinem Bund – doch von dir sagte ich ihr nichts! Warum? War es Zweifel? Ja, wahrscheinlich war es ein tief sitzender Zweifel. Wie lange hatte sie auf Nachkommenschaft gewartet? Vergeblich! Wieder und wieder hatten wir uns Hoffnung gemacht und was, wenn sie sich diesmal wieder nicht so erfüllte, wie wir es uns vorstellten? Deine Mutter war inzwischen so alt geworden, dass es ihr nicht mehr so erging, wie es Frauen zu ergehen pflegt. Daher beschloss ich, ihr nichts zu sagen. Sollte es tatsächlich dazu kommen, dann würde sie es schon selber merken. Dann sogar eher als ich und welche Freude wäre es für sie, wenn sie mir von ihrer Schwangerschaft berichten könnte und nicht ich ihr davon im Voraus.

Kaum war Gott von mir geschieden, da habe ich die Beschneidung an allen männlichen Personen meines Hauses noch am selben Tage vorgenommen.

Wir hatten unsere Zelte noch immer bei den Eichen von Mamre aufgeschlagen, da erschien mir Gott wiederum, diesmal jedoch anders als vorher, überhaupt ganz anders als bisher. In der flirrenden Hitze des Mittags standen plötzlich drei Männer da. Gott war mir inzwischen so oft begegnet, dass ich sofort wusste, er ist es! Er war wieder da und erschien mir in drei Personen. Sofort lief ich ihm entgegen, denn ich bin ohne Furcht vor meinem Gott. Warum auch? Ich hatte nur Gutes durch ihn erfahren. Ganz deutlich standen drei Männer da, doch ich sprach sie gemeinsam als meinen einen Herrn an. Nie wäre es mir in den Sinn gekommen, den einen Gott in der Mehrzahl anzusprechen, und wen ich auch ansah, ich sah alle drei immer gleichzeitig. Ich lud sie zu mir ein, ließ ihnen die Füße waschen und schnell Brot für sie holen. Das beste Kalb ließ ich schlachten und ihnen zubereiten. Es war die erste Gottesbegegnung, in der ich der Gastgeber Gottes war. Was für eine Ehre, ist doch die Gastfreundschaft uns heilig und nie war sie heiliger als in diesem Moment, als der Heilige selber bei mir zu Gast war. Dann wiederholte Gott die Verheißung noch einmal, in der er Sara eigene Nachkommenschaft versprach. Ich hatte es ihr nicht sagen können und wollen. Doch nun erfuhr sie es aus Gottes Munde, denn sie konnte seine Stimme im Zelt vernehmen. Während der Herr sprach und die Verheißung von Nachkommenschaft wiederholte, da ging mir auf, welche Ehre er Sara zuteilwerden ließ. Mir war ja nicht neu, was er sagte. Demnach war er doch noch einmal gekommen, um seine Verheißung ausdrücklich nur für Sara zu wiederholen. Ja, ihretwegen war er gekommen. Der Gott, der bisher ausschließlich zu mir gesprochen hatte, er sprach jetzt für Sara. Und was tat deine Mutter? Sie lachte! Zwar leise, doch laut genug, dass es der Herr hören konnte. Wie sollte sie noch Mutter werden, in ihrem Alter, und dann von mir, einem ebenfalls schon hochbetagten Mann? Im selben Moment schämte sie sich für ihr Lachen, und als mein Herr sie darauf ansprach, da hat sie es spontan geleugnet. Doch Gott war die Freundlichkeit in Person. Er schmunzelte und raunte ihr durch die Zeltplane zu: „Doch, du hast gelacht."[20] Was für eine Szene, Gott und ich und Sara im Zelt, seine wiederholte Zusage von Nachkommenschaft innerhalb eines Jahres und ihr Lachen darauf, dann ihr Leugnen und seine liebevolle Reaktion. Sie wurde so rot, rot vor Freude über die Verheißung und dann auch vor Scham, weil sie ihr Lachen verleugnete. Es war eine Gottesbegegnung der besonderen Art, die uns beiden da zuteilwurde.

Das, mein Sohn, geschah zwischen dem Bundesschluss und dem Untergang von Sodom und Gomorra. Ich habe dich acht Tage nach deiner Geburt beschnitten, so wie Gott es gewollt hat. Ich habe dir den Namen gegeben, den Gott für dich ausgesucht hat. Und ich habe dir von der Verheißung Gottes erzählt, die er dir gegeben hat, noch bevor du im Schoße deiner Mutter empfangen wurdest. Die Verheißung, die älter ist als du selber, die schon war, bevor du wurdest und in der Gott über dich sagte: „Ich werde meinen Bund mit ihm aufrichten als einen ewigen Bund für seine Nachkommen nach ihm."[21]

Ich habe dich beschnitten, aber ich werde dir niemals die Kehle durchschneiden. Nach all dem, was der Herr mir verheißen hat und selbst dir, kann dies nicht sein Wille sein! Seine Worte habe ich auch diesmal sehr deutlich vernommen, nicht als Verheißung, sondern jetzt als Probe: „Nimm deinen Sohn, den du liebst, Isaak, geh in das Land Morija und bring ihn dort auf einem Berge, den ich dir nenne, als Brandopfer dar."[22]

Drei Tage sind dies her und ich kann nicht in Worte fassen, was in diesen Tagen mit mir geschehen ist.

Wollte Gott wirklich alles zunichtemachen, was er selber geschaffen hat? Schon einmal hat er Vernichtung über diese Welt gebracht, so kennen wir es aus der Geschichte des Noach. Ihn und seine Sippe wollte er retten mit der Arche aus Holz. Wie kam er jetzt dazu, mich aufzufordern, wieder Holz zu sammeln. Doch diesmal sollte das Holz nicht zusammengefügt werden, um Leben zu retten, es war diesmal dazu bestimmt, um es zu zerstören. Die Menschen in der Zeit des Noach haben durch ihre Gewalttaten, ihr Sinnen und Trachten ihren eigenen Untergang heraufbeschworen. Es war die Strafe, die über sie gekommen ist aufgrund ihrer Taten. Doch was sollte dies hier? Welche Strafe hat er mir zu Last gelegt, um mir eine solche Buße aufzuerlegen? Mir schwanden die Sinne, als ich ihn so zu mir reden hörte.

Mein Sohn Isaak, ich werde es nicht tun! Ich habe dich auf sein Geheiß hin beschnitten und du trägst das Zeichen des Bundes. Ich kann, ich will und ich werde es nicht tun! „Gott hat den Tod nicht gemacht und hat keine Freude am Untergang der Lebenden. Zum Dasein hat er alles geschaffen"[23] und nicht für den Tod.

Wir haben auf unserem Zug von Völkern gehört, die ihren Göttern Menschen, sogar ihre eigenen Kinder opfern. Unser Gott ist jedoch ein Gott des Lebens und er will nicht den Tod. Unser Gott ist ein Gott der Gerechtigkeit und er will nicht den Tod des Gerechten. Wir haben seinen Bund bis heute nicht gebrochen und ich werde ihn auch heute nicht brechen, auch wenn ich dich nicht töte. Ich will den Bund mit ihm heute wie an jedem Tag erneuern, denn auf dem Weg der vergangenen Tage, die in Zahlen nur drei waren, in denen ich aber mit jedem Schritt mein ganzes Leben getragen und durchmessen habe, ist mir etwas deutlich geworden: Du bist mir als die Erfüllung aller Verheißungen Gottes wichtiger geworden als Gott selber. Du warst die gestillte Sehnsucht und in meinem Herzen ist darüber eine gefährliche Stille eingekehrt. Sie war nach all den langen und schwierigen Wegen meines Lebens, nach den Gefahren und Prüfungen eine ersehnte und erwartete Ruhe. War es eine Ruhe und Stille, wie ich sie mir für mein Alter gewünscht habe, so ist sie doch auch von Jahr zu Jahr unmerklich zu einer Gefahr für mein Verhältnis zu meinem Gott geworden. Was brauchte ich ihn noch, wo ich dich doch habe? Du bist nicht nur vor meinen Augen gewachsen, sondern auch in meinem Inneren so groß geworden, dass mein Gott in deinen Schatten trat. Das alles ist nicht deine Schuld und es war nie meine Absicht, dass es dazu kommt. Es war vielleicht vielmehr das Ergebnis einer langsamen Ermüdung. Ja, ich bin geistlich müde geworden.

Gott hätte mir auch auf andere Art und Weise zeigen können, wie es in mir aussieht, wie es um meinen Glauben an ihn bestellt ist, was ich an diese Stelle gerückt habe. Ich hätte sicher auf ihn gehört und mich ihm wieder eifriger zugewandt. So aber hat er mich und dich in diesen Tagen in eine harte Schule genommen angesichts der Zukunft, die vor dir liegt und was auch jedem Menschen zustoßen kann, der sein Leben mit Gott leben will. Die Stunden der grausamen Ahnung, dich zu verlieren, sie haben mich gelehrt, dass mein Gott ein eifersüchtiger Gott ist. Nichts und niemanden dürfen wir an seinen Platz stellen, denn er ist der Herr, mein Gott, und neben ihm darf ich keine anderen Götter haben.[24] Du, mein Sohn, bist in meiner Seele zu groß geworden. Du wurdest mir in all den Jahren wichtiger als er. So musste ich in diesen drei Tagen durch die Hölle des Todes gehen, um zu erkennen, dass er ein Gott des Lebens ist, ein eifersüchtiger, ein leidenschaftlicher und ein liebender.

Als er mir in drei Personen erschienen ist, da habe ich über diese Erscheinung Gottes nachgedacht. Wenn er so ist, dann ist er ja nie alleine. Dann ist er ein Gott, der in Beziehung steht mit sich selber, und das voller Liebe.[25] Wenn die Liebe in ihm ist, dann kann er sich auch nur in Liebe mir und den Meinen zuwenden. Doch dann erwartet er von denen, die in Beziehung treten mit ihm, nicht nur Worte, ja nicht einmal in erster Linie Taten. Das Erste, was er von mir will, ist mein Herz! Die Liebe zu Sara und dir, zu Ismael und Hagar, zu allen, die mir anvertraut sind, nichts darf ich ihm vorziehen. Er fordert für sich den ersten Platz in meinem Herzen[26] und mit ihm kann ich dann alle und alles lieben, aber erst mit ihm wird mir dies gelingen, erst mit ihm!

Gott hat mich auf die Probe gestellt und mir diesen Weg der drei Tage zugemutet, damit ich zur Einsicht gelange. Ich habe erkannt, dass er von mir nicht verlangt, dich zu opfern, sondern dass ich mein Herz reinigen musste durch das Feuer, das in diesen Tagen in mir brannte. Gott verlangt nicht, dass ich meinen Sohn opfere. Er verlangt dies nicht von mir und von niemandem. Aber er verlangt von uns, dass nur er unser Gott ist und sonst niemand! Nicht einmal mein eigener Sohn darf an diese Stelle treten!

Wenn Gott einen Sohn hätte, würde er ihn opfern? Doch warum sollte er dies tun? Was würde er uns damit beweisen wollen? Er liebt uns, aber könntest du dir vorstellen, dass Gott die Welt so sehr liebt, dass er seinen einzigen Sohn hingäbe? Und warum sollte er dies tun? Damit jeder, der an ihn glaubt, nicht verloren geht, sondern das ewige Leben hat? Damit die Welt durch ihn gerettet wird?[27]

Ich bin in diesen drei Tagen durch die Hölle gegangen, um Gott in meinem Leben neu zu entdecken. Und wer weiß, ob mein Gott nicht auch dich wieder zum Leben erweckt hätte? Sollte er jemals einen Menschen wieder zum Leben auferstehen lassen, dann wird dieser ins Reich des Todes hinabgestiegen sein, so wie ich in diesen drei Tagen durch das Reich meines Todes gewandert bin.

Nach uns werden Generationen mit unserem Gott leben, ihn lieben und verraten, verstecken und verleugnen, finden und verkündigen, doch wir, ich und du, wir stehen am Anfang der Geschichte mit ihm.

Du fragtest mich, ob ich mit ihm um dich gefeilscht hätte, so wie ich es um Sodom und Gomorra getan habe? Nein, ich tat es nicht. Ich war starr vor Schrecken, nachdem er mit mir gesprochen hat. Damals, als er mir von seinem Plan erzählte, da erahnte ich nur, was er vorhat. Gesagt hatte er nur: „Das Klagegeschrei über Sodom und Gomorra, ja, das ist angeschwollen und ihre Sünde, ja, die ist schwer. Ich will hinabsteigen und sehen, ob ihr verderbliches Tun wirklich dem Klagegeschrei entspricht,

das zu mir gedrungen ist, oder nicht. Ich will es wissen."[28]
Ich ahnte nur, was dies heißen könnte für die Menschen
in den beiden Städten. Gott würde nicht nur hinabsteigen und sehen, er würde auch sein Angesicht abwenden,
wenn die Gerüchte der Wahrheit entsprechen, und die
Abkehr von Gottes Angesicht wäre der Untergang für
die Menschen. Da wagte ich es, so zu feilschen, wie ich
es auf den Viehmärkten tue, und Gott merkte, wie gut
ich darin bin. So wie ich auf die Vorzüge meiner Schafe,
Ziegen und Rinder hinweise, um die Nachteile und Makel gering erscheinen zu lassen, so wies ich auf die Gerechten in den Städten hin, damit die Ruchlosen hinter
deren Glanz verblassen. Doch schon als ich anfing, merkte ich, dass ich nicht viel Gutes aufweisen konnte. Was
sind schon fünfzig Gerechte unter so vielen Menschen.
Es war ein Geringes, das ich ins Feld führte, aber ich hatte noch zu hoch gegriffen. Doch mich hatte das Feuer
des Händlers gepackt und ich legte nach: fünfundvier-
zig – vierzig – dreißig – zwanzig – zehn. Noch nie hatte
ich den Preis so weit runtergedrückt, aber er war immer
noch zu hoch. Nachdem ich für zehn Gerechte gesprochen hatte, ging mein Herr fort und ich ahnte, dass ich
verloren hatte. Mehr noch, dass die Menschen in Sodom
und Gomorra verloren waren. Fünf hätte ich noch sagen
können, und selbst wenn mein Herr auch dazu noch Ja
gesagt hätte, mein Neffe Lot sowie seine Frau und seine
zwei Töchter, sie waren gerecht, aber nur vier.

Was dann in Sodom und Gomorra geschah, ich weiß es
nur aus Lot's Erzählungen. Er, seine Frau und seine Töch-

ter sind dem Untergang entronnen. Doch seine Frau konnte den Blick nicht von der Katastrophe wenden. Wir dürfen unsere Blicke nicht abwenden vom Elend unserer Tage, aber wir müssen aufpassen, dass es nicht Macht über uns gewinnt. Denn dann erstarren wir und unser bemächtigt sich das Gefühl der Ohnmacht und wir erstarren zur Salzsäule.

Nach dem Untergang der beiden Städte wollte ich nicht mehr in Mamre bleiben und wir zogen weiter in das Land des Negeb.

Und, mein Sohn Isaak, du erinnerst mich an eine weitere Schuld, die ich auf mich geladen habe. Wieder ergriff mich die Furcht um mein Leben und wieder gab ich Sara als meine Schwester aus. Es wiederholte sich, was wir schon in Ägypten mit Pharao erlebt hatten. König Abimelech fand Gefallen an ihr und ließ sie in seinen Palast holen. Doch diesmal waren die Wege Gottes anders als beim vorherigen Male. Diesmal offenbarte sich mein Gott, der bisher allein nur zu mir und Sara gesprochen hatte, auch dem König Abimelech. Nun gut, er erschien ihm nicht von Angesicht zu Angesicht, aber immerhin gab er sich ihm doch im Traum zu erkennen. Liebevoll und freundlich offenbarte er sich ihm, bevor dieser sich Sara nähern konnte: „Auch ich weiß, dass du es mit arglosem Herzen getan hast. Ich habe dich ja auch daran gehindert, gegen mich zu sündigen. Darum habe ich nicht zugelassen, dass du sie anrührst."[29] Eine kleine Warnung schloss mein Herr im Traum des Abimelech jedoch noch diesen Worten an: „Jetzt aber, gib die Frau dieses Mannes zurück! Denn er ist ein Prophet. Er wird für dich beten, sodass du am Leben bleibst. Gibst du sie aber nicht zurück, dann sollst du wissen: Du musst sterben, du und alles, was dir gehört."[30]

Die Begegnung mit dem König und Sara am kommenden Tag war natürlich nicht angenehm, für keinen von uns. Wir hatten gedacht, dass es keine Gottesfurcht an diesem Ort und bei diesen Menschen geben würde, und nun das. Mein Gott, der nur mir sich offenbarte, er erschien dem König des Volkes, das wir für gottlos hielten. Kannst du dir vorstellen, wie beschämend diese Erkenntnis für mich war? Mein Gott spricht auch zu anderen Völkern! Ich hatte inmitten eines Volkes gesiedelt, das ich zunächst für gottlos hielt, bei dem es aber sehr wohl eine Offenheit für Gott gab, und zwar für meinen Gott. Er schien uns selber dorthin geleitet zu haben, damit er sich auch dort bekannt machen konnte, und ich war sein Bote bei diesen Menschen, sein Prophet. Wer weiß, wohin Gott uns und unsere Nachkommen noch führen wird, damit immer mehr Menschen ihn als den wahren Gott erkennen. Bevor ich von ihm erzählen konnte, hat er selber durch den König zu diesen Menschen gesprochen. Daher hüte dich, ein anderes Volk vorschnell als gottlos anzusehen.

Anders als nach der Begegnung mit Pharao, der uns schleunigst außer Landes bringen ließ, lud Abimelech uns nach der Aussprache ausdrücklich ein, in seinem Land zu bleiben und uns niederzulassen wo immer wir wollten. Wir blieben also und schlossen sogar einen Vertrag mit ihm und seinem Feldherren Pichol.

Dort bist du dann geboren! Das Unglaubliche wurde wahr. Gottes Verheißung hatte sich erfüllt, trotz all unserer Zweifel und Sorgen, unserer eigenen Überlegungen und Umwege. Was war ich voller Freude und erst recht deine Mutter. Sie kam aus dem Lachen gar nicht mehr heraus. Acht Tage nach deiner Geburt habe ich den Bund Gottes mit dir geschlossen und dich beschnitten, so wie er es mir aufgetragen hatte.

Die Freude hielt viele Tage, Wochen und Monate, bis auch bei uns der Alltag langsam wieder Einzug hielt. Und zu diesem Alltag gehören die alltäglichen Probleme und Schwierigkeiten und manchmal auch die ganz normale kleine Eifersucht, die jedoch ein gefährliches Ausmaß annehmen kann. Sara wurde so dermaßen eifersüchtig auf Hagar und Ismael, dass sie mit dem ungeheuerlichen Vorschlag zu mir kam, ich solle die beiden doch vertreiben. Vertreiben hatte sie ausdrücklich gesagt. Ich war fassungslos! Sie hatte Ismael doch mit großgezogen und ihn dreizehn Jahre als den möglichen Erben von all unserem Hab und Gut gesehen, als Träger der göttlichen Verheißung. Es riss mir das Herz aus der Brust! Ismael war doch auch mein Sohn und ich liebte auch ihn. Ich fand die ganze Angelegenheit unglaublich und wollte nichts davon hören! Es gab einen Streit zwischen uns, wie es ihn noch nie gegeben hatte. Böse Worten hingen in der Luft, zwischen unseren Zelten und auch über unseren Nachtlagern. Niemals würde ich diesem Ansinnen nachgeben! Die Fronten zwischen uns verhärteten sich von Tag zu Tag und alle bekamen es zu sehen und konnten es spüren. Die Augen Hagars waren voller Furcht, wenn sie Sara nur hörte, und sie waren voller Hoffnung, wenn sie mich flehentlich anschauten. Ich hatte bei der Ankündigung deiner Geburt um das Leben von Ismael gebeten und Gott hatte mir auch für ihn eine große Zukunft verheißen. Was sollte nun daraus werden? Ich würde doch Gottes Verheißung für ihn aufs Spiel setzen. Ich würde sie mit Füßen treten, wenn ich ihn jetzt samt seiner Mutter davonjagte. Die Lösung kam auch diesmal von meinem Herrn. Er sprach zu mir: „Die Sache wegen des Knaben und wegen deiner Magd sei nicht böse in deinen Augen. Hör auf alles, was dir Sara sagt! Denn nach Isaak sollen deine Nachkommen benannt werden. Aber auch den Sohn der Magd will ich zu einem großen Volk machen, weil auch er dein Nachkomme ist."[31]

Ich fügte mich Gottes Urteil und traute seiner Verheißung für Ismael. Aber du kannst dir vorstellen, wie viele Tränen dennoch geflossen sind, als die beiden uns verließen. Sara ist nicht aus dem Zelt gekommen, denn sie spürte, wie sehr mich diese Entscheidung belastete. Ich habe den beiden nachgesehen, bis sie am Horizont verschwunden waren, und mir liefen die Tränen übers Gesicht. Nie mehr würde ich Ismael wiedersehen. Ich handelte so, wie Gott es mir aufgetragen hatte, aber ich war mit meinem Tun nicht einverstanden.

All diese Ereignisse sind dem heutigen vorausgegangen. Es war ein langer Weg mit vielen Umwegen. Ismael habe ich auf Gottes Wort hin weggeschickt. Er ist nicht mehr Teil meines Lebens und er ist nicht Träger des Bundes. Träger des Bundes, das bin ich und das bist du. Dich habe ich beschnitten, aber ich werde nicht noch einmal das Messer an dich legen. Einen Sohn habe ich verloren, meinen zweiten will ich nicht auch noch verlieren.

In der Nacht bevor wir beide hierhin aufgebrochen sind, habe ich vor lauter Weinen kein Auge zugemacht! Ich hatte Gottes Stimme mit meinen Ohren gehört, aber in meinem Herzen habe ich gesagt: „Mein Gott, mein Gott, warum hast du mich verlassen, bleibst fern meiner Rettung, den Worten meines Schreiens?"[32] Und in den Nächten auf dem Weg war es nicht anders. Ich habe die größten Anstrengungen unternommen, es dich bei Tage nicht merken zu lassen, doch ich „rief meinen Gott an bei Tag, und er gab keine Antwort; und bei Nacht, doch ich fand keine Ruhe."[33] Doch jetzt, durch deinen Schrei nach Leben und Gerechtigkeit ist mir, als würde ich die Stimme Gottes vernehmen, nachdem er in den letzten Tagen und Nächten so unerbittlich geschwiegen hat. Dich, meinen Sohn, will ich lieben, aber mein Leben will ich allein bauen auf seine Verheißung und der Gottes-liebe nichts vorziehen. Dein Schreien hat mir die Ohren und Augen geöffnet für mein Leben. Es ist mir, als hätte ein Engel des Herrn zu mir gesprochen und gesagt: „Strecke deine Hand nicht gegen den Knaben aus und tue ihm nichts zuleide! Denn jetzt weiß ich, dass du Gott fürchtest; du hast mir deinen Sohn, deinen einzigen, nicht vorenthalten."[34]

Siehe, mein Sohn, dort den Widder im Gebüsch. Ihn wollen wir schlachten und Gott als Brandopfer darbrin-gen. Auf dem Weg hierher hast du mich nach dem Lamm gefragt, das wir Gott darbringen wollen. Jetzt nehmen wir den Widder hier. Du sollst nicht der Mensch sein, der an Stelle eines Lammes sein Leben hingibt. Wer weiß, ob Gott nicht eines Tages, in ferner Zukunft, einen aus deinen Nachkommen ausersehen wird, um als „das Lamm, das die Sünden der Welt hinwegnimmt"[35], geopfert zu werden? Du hast dich gegen dein Schicksal gewehrt, an Stelle eines Lammes dein Leben hinzugeben. Vielleicht kommt ein anderer, der ‚sich wie ein Lamm zum Schlachten führen lässt, der sich misshandeln lässt, ohne seinen Mund aufzutun.'[36] Einer, der es freiwillig tut.

Wissen wir, was Gottes Wille ist bei diesem Tun? Wenn es je dazu kommen sollte, dann bedarf es eines Menschen, der anders ist, als wir es sind, dann bedarf es eines „Lammes ohne Fehl und Makel."[37] Gott wird mir auch mein Handeln am heutigen Tag als gerecht anerkennen,[38] da bin ich mir sicher. Heute sagen wir: „Sieh den Widder", doch eines Tages wird ein Mensch auf einen anderen weisen und sagen: „Seht, das Lamm Gottes!"[39]

Dieser Ort trägt den Namen Morija, dass heißt ‚Der Herr sieht'. So wie er heute auf uns geschaut hat und uns aus dieser grausamen Situation gerettet hat, so wird unser Herr und Gott dann sicher auch auf den Ort schauen, an dem das Lamm ohne Fehl und Makel geschlachtet wird. Meine letzte und äußerste Hoffnung war, dass er dich mir wieder zum Leben erwecken würde, wenn ich nur seinem Willen gehorsam bin. Diese letzte Prüfung hat er uns erspart, doch er ist der Gott, der als einziger in der Lage wäre, auch dieses Wunder zu vollbringen, jemanden von den Toten auferstehen zu lassen.

Das Holz, das Noach zur Arche zusammenfügte, es wurde denen in der Arche zur Rettung. Das Holz, das wir hier aufgeschichtet haben, es soll nicht deinen Tod besiegeln. Das Holz, auf dem das Lamm Gottes möglicherweise geopfert wird, es wird dann das Heil für alle Menschen sein.[40]

Mein Sohn Isaak, lass uns heimkehren zu meiner Frau und deiner Mutter. Sie wird sich sicher schon Sorgen machen, wo wir nur bleiben und was wir treiben.

Diese Begegnung, die ich heute mit meinem Gott hatte, war verbunden mit einem schweren Ringen mit ihm. Nach mir werden noch viele Menschen mit Gott streiten, denn wir dürfen und können mit unserem Gott ringen und streiten. Wir werden nicht unverletzt aus diesem Kampf hervorgehen, aber doch auch mit seinem Segen.[41]

Eines Tages werden deine Mutter und ich nicht mehr sein. Wir haben ein langes Leben hinter uns, doch diese Zeit erscheint uns im Alter wie eine kurze Vergangenheit. Du aber hast eine lange Zukunft vor dir. Eines Tages wirst auch du dir eine Frau auserwählen und vielleicht werden Sara und ich das noch erleben. Welche Freude wird es sein, wenn du selber Kinder bekommst und wir unsere Enkelkinder auf den Armen halten können. Solltest du mehr als einen Sohn bekommen, wirst du dem Erstgeborenen mit deinem Segen sein Erstgeburtsrecht weitergeben. Auf ihm wird dann der Segen unseres Gottes ruhen. Er wird der Träger der Verheißung sein und den Segen Gottes in diese Welt tragen. Doch wer weiß, wie Gottes Wege mit seinem Volk sein werden, wen er zum Träger seines Segens und seiner Verheißung sich ausersehen wird?[42]

Gott hat zu mir gesprochen und ist mir erschienen, doch was wissen wir Menschen schon vom Ewigen?

Es ist ein weites Feld, das sich vor uns auftut, und wir stehen erst am Anfang des Weges mit ihm. Es wird Generationen um Generationen dauern, bis wir Menschen Gottes Gedanken und Wege mit uns erahnen können. ‚Seine Gedanken sind nicht unsere Gedanken und seine Wege sind nicht unsere Wege. So hoch der Himmel über der Erde ist, so hoch erhaben sind seine Wege über unsere Wege und seine Gedanken über unsere Gedanken.'[43]

Wir werden in hundert und tausend Jahren an kein Ende kommen mit unserer Suche nach Gott und unserem Denken über ihn. ‚Wir werden ihn anrufen und wir werden zu ihm beten. Wir werden ihn suchen und er wird sich finden lassen, wenn wir nach ihm fragen von ganzem Herzen.'[44]

Bei allem Suchen und Denken, Beten und Finden, wird er doch der Geheimnisvolle bleiben.

Er lässt sich finden, aber nicht fassen.

Komm, wir gehen.

VASALLENGEHORSAM

Wie kam es zu den Monologen von Isaak und Abraham? Seit vielen Jahren hatte ich den Entwurf eines vehementen Widerspruchs seitens des Isaak in der Schublade liegen. Als diese Geschichte in den Texten des Sonntages vorgesehen war und ich an dem Tag bei den Benediktinerinnen in Köln-Raderberg den Gottesdienst feierte, da war die Zeit gekommen. Hier gab es eine Gemeinschaft, die biblisch so versiert ist, dass die Vorgeschichte zitiert werden konnte, ohne sie erklären zu müssen. Die Sprachlosigkeit des Sohnes gegenüber dem Vorhaben des Vaters hatte mich schon lange irritiert. Warum lässt er alles mit sich machen und über sich ergehen. Diese Person war es, in der ich mich und meine Geschichte am ehesten wiederfinden konnte, und ich wollte Isaak meine Stimme geben. Er war derjenige, mit dem ich mich identifizierte, selbst wenn Abraham der alles überstrahlende Übervater und das Vorbild im Glauben schlechthin ist. Also lieh ich Isaak meine Gedanken und Worte, die Antwort des Abrahams entwickelte sich dann daraus. Zusammen waren es knapp vier Seiten. Nach dem Gottesdienst kam Schwester M. in die Sakristei und bedankte sich ausdrücklich für die Predigt. Endlich habe sie einen Zugang zu der Geschichte bekommen. Am Abend fand ich dann eine Mail der Priorin, Schwester Emmanuela vor, die sich ebenfalls bedankte und diesen Dank mit der Bemerkung versah: „Typisch Mann – Du hast Sara vergessen. Als ob eine Frau und Mutter nicht mitbekommen würde, was der Mann vorhat, selbst wenn er sie nicht eingeweiht hat!" Und sie fügte den Entwurf des nächtlichen Ringens der Sara schon bei. Aus den wenigen Seiten sind dann drei ausführliche Monologe geworden, in denen die Protagonisten miteinander, mit ihrer Geschichte und mit ihrer Position in der Gesellschaft (Sohn, Vater, Mutter, jung, alt, Kind, Mann, Frau) ringen. Die Geschichte von der Bindung des Isaak, das Bild eines Gottes, der von Abraham etwas Furchtbares einfordert, und dass dieser glaubt, das auch noch zur Ehre Gottes tun zu müssen, ist nicht nur eine exegetische Provokation. Es ist eine Ungeheuerlichkeit, die konkrete Auswirkungen hat, die tief eingedrungen ist in das kirchliche System und das Selbstverständnis von Dienen und Gehorsam.

Nicht in einer so drastischen Form wie in dieser Szene, aber als gewisse mentale Grundlage, die sehr sichtbar an einem Punkt wirkt, den ich selbst erlebt habe: der Priesterweihe. Die geistig überhöhte Verfügbarkeit durch den Gehorsam auf der einen Seite, dem auf der anderen Seite die bischöfliche Fürsorge entspricht, ist eine jahrhundertealte Praxis, die in der Priesterweihe ihren besonderen Ausdruck findet. Zur Weiheliturgie gehört es, dass der Kandidat sich vor den Bischof kniet und seine gefalteten Hände in dessen Hände legt. Dann folgt der ritualisierte Dialog: „Versprichst du mir und meinem Nachfolger Ehrfurcht und Gehorsam?" – „Ich verspreche es." – „Gott selber vollende das gute Werk, das er in dir begonnen hat."

Als ich vor über 33 Jahren vor meinem Bischof kniete, die Hände in die seinen legte und jene Worte gesagt habe, war ich durchdrungen von dem Gedanken, mich ganz und gar in den Dienst einer großen, einer hohen, ja einer heiligen Sache zu stellen. Für mich war das selbstverständlich und klar. Die Erhabenheit ließ mich die Problematik nicht erkennen. Umso mehr hat mich die Frage meiner Schwägerin überrascht, wie ich denn so etwas tun und versprechen könne. Man liefere sich damit doch auf Gedeih und Verderb einem anderen Menschen und sogar dem zu diesem Zeitpunkt noch unbekannten Nachfolger aus. Alles bei der Weihe sei durchaus beeindruckend gewesen; doch sein ganzes Leben so dermaßen „aus den Händen" zu geben, das sei für sie schlichtweg nicht nachvollziehbar. Zum damaligen Zeitpunkt war diese Frage für mich unverständlicher als die des Bischofs nach Ehrfurcht und Gehorsam. Meine damaligen Argumente für ein Versprechen im Sinne einer Verfügbarkeit für eine größere Sache sind auch heute noch gut, doch haben die Krisen der letzten Jahre diesen tragenden Pfeiler des Systems schwer in Schieflage, wenn nicht gar unhaltbar oder untragbar gemacht. Das Versprechen des Gehorsams wird keineswegs abgegeben gegenüber der Institution Kirche, sondern es wird einem Menschen „in die Hand" versprochen. Die Heiligkeit der Kirche lässt sich für einen gläubigen Menschen noch begründen mit der Heiligkeit ihrer Herkunft in Jesus Christus und dem in ihr wirkenden Heiligen Geist. Doch nicht Gott, nicht dem Evangelium oder der Kirche, d. h. den Menschen in der Glaubensgemeinschaft, wird der Gehorsam gelobt, sondern einem konkreten Menschen und seinem noch unbekannten Nachfolger. Genau besehen bricht in diesem Moment die Hierarchie durch alle Heiligkeit der Feier durch und manifestiert sich. Das Vertrauen, das sich im Gehorsamsversprechen ausdrückt, gilt weniger der Person, in dessen Hände es gelegt wird, sondern dem Amt, völlig losgelöst davon, wer es innehat und haben wird. In diese Form gegossen kann das eingeforderte Gehorsamsversprechen auch verstanden werden als Zeichen eines tiefsitzenden Misstrauens des Systems gegenüber dem meist jungen Nachwuchs.

Die geistliche Überhöhung dieses Tuns hat eine nicht nur lange, sondern auch eine theologisch begründete Tradition. Steht auch der Gehorsam des Abraham gegenüber seinem Gott am Anfang der biblischen Geschichten, ist doch der Gehorsam Jesu gegenüber seinem Vater und seinem Auftrag, mit dem er in die Welt gekommen ist, der Urgrund eines solchen Tuns. Doch der Gehorsam Abrahams gehört wesentlich zur Wirkungsgeschichte, mit ihren entsprechenden Folgen. Mit dem Versprechen des Gehorsams stellt der Priester sich in eine alt- und in eine neustamentliche Tradition. Gilt der Gehorsam in der Heiligen Schrift immer Gott selbst, so wird er jetzt auf einen konkreten Menschen übertragen. Derjenige, dem man mit diesem Versprechen das eigene Leben zur Verfügung stellt, nimmt dies entgegen mit der Bemerkung: „Gott selber vollende das gute Werk, das er in dir begonnen hat." Die Berufung zum Priester wird als Wirken Gottes gesehen und alles, was damit seitens der Kirche verbunden wird, erfährt so auch die Aura des Göttlichen, sei es der Gehorsam oder der Zölibat. Die umgekehrte Verpflichtung des Bischofs, eine Fürsorgepflicht für denjenigen zu übernehmen, der vor ihm kniet, wird weder in der Feier ausgesprochen noch schriftlich in einem Vertrag festgehalten. Wenn ein Priester später aus dieser Verbindung aussteigen will, hat dies einen nicht unerheblichen finanziellen Nachteil zu Folge.

Wer also nach Jahrzehnten seinen Dienst beendet, der wird mit einer Rente leben müssen, die nicht vergleichbar ist mit dem bisherigen Gehalt, wird doch nur der Arbeitgeberanteil in die Rentenkasse nachgezahlt. Ich wage die Behauptung, dass die Zahl derer, die wegen des Geldes im deutschen steuerfinanzierten System Priester werden, vernachlässigend gering ist. Es bleibt zu hoffen, dass niemand aus finanziellen Gründen bleiben muss.

Ende der Achtzigerjahre habe ich nichts in Frage gestellt und alles fügte sich für mich in ein großes und stimmiges Ganzes. Damals war es eine spannende und inspirierende Herausforderung, mich dieser Idee zu (unter-)stellen mit all dem, was man bewusst und unbewusst mit einem solchen Schritt verbindet: Wohin werde ich in den kommenden Jahren und Jahrzehnten versetzt und werde ich dort mit den Menschen und Umständen zurechtkommen? Was, wenn deine eigenen Wünsche und Möglichkeiten gänzlich ignoriert werden? Es gab aber auch das Gefühl, bei einem möglichen Scheitern an einer Aufgabe dafür nicht die letzte Verantwortung zu tragen, wurde sie doch im Gehorsam übernommen.

Heute stellen sich mir Fragen, die ich vor Jahr und Tag noch für undenkbar gehalten habe, zum Beispiel: Was muss das für ein Mensch sein, der ein solches, ihm persönlich gegebenes Versprechen, entgegennimmt? Was musste ein Bischof damals und was muss ein Bischof heute mitbringen, um so etwas anzunehmen? Wie muss das Leben eines solchen Menschen nicht nur in der Öffentlichkeit, sondern auch im Privaten, nicht nur vor den Kulissen, sondern auch hinter ihnen aussehen, dass er sich Ehrfurcht und Gehorsam in die Hände versprechen lässt? Und immer öfter denke ich: Entlastet der gegebene Gehorsam schwache Persönlichkeiten von mancher Verantwortung auf dem weiteren Lebensweg, stellt er höchste Erwartungen und Bedingungen an denjenigen, der ihn entgegennimmt?

Über die sogenannten evangelischen Räte Ehelosigkeit, Armut und Gehorsam ist viel geschrieben worden an geistlicher Literatur. Theologische Poetik und pastorale Lyrik zu diesen Themen füllen ganze Regale in geistlichen Bibliotheken. Die Armut wird dabei recht stiefmütterlich behandelt. Eine gewisse Scham scheint es diesbezüglich in der deutschen Kirche noch zu geben, lebt es sich doch sehr komfortabel als Priester. Mir ist auch nie der Fall zu Ohren gekommen, dass ein Priester wegen seines Lebensstiles zur Rechenschaft gezogen wurde. Aus einem Palais oder dem Fond einer Limousine würde dies auch nicht besonders glaubwürdig klingen. Anders ist es da schon bei den beiden anderen Räten: Ehelosigkeit/Zölibat und Gehorsam. Wie sehr gerade Letzterer zum Fundament des Systems gehört wird sichtbar durch die Form, in der er versprochen wird: in die Hand. Die theologische Poetik zu diesem Tun konzentriert sich jedoch sehr einseitig auf denjenigen, der das Versprechen gibt. Erwartungen und Forderungen ergehen anscheinend nur an ihn und nicht an denjenigen, der es entgegennimmt. Anders als in einem Kloster, wo der Gehorsam auf die Regel abgelegt wird, wird er innerhalb des Klerus der Hierarchie versprochen.

Die aus der Geschichte des Opfers Abrahams resultierende Haltung eines vollkommenen Gehorsams ist fast zu so etwas wie einer katholischen Grundhaltung und Erwartung geworden innerhalb des Systems und der Hierarchie.

Als ‚conditio sine qua non' wird er von den Geweihten erwartet und dem Bischof in die Hand versprochen. Unausgesprochen gewünscht wird er jedoch auch von den Getauften, und zwar spätestens dann, wenn die Geweihten entscheiden und die Getauften gehorchen sollen. In der Pfarrgemeinde ist das Gremium des Pfarrgemeinderates stets nur mit beratender Funktion versehen und da, wo ein Pfarrer die Mehrheitsentscheidungen als bindend betrachtet, ist dies immer nur ein persönliches Zugeständnis, das vom Nachfolger keineswegs übernommen werden muss. Beim Synodalen Weg der katholischen Kirche in Deutschland ist zum Beispiel in den Statuten festgelegt, dass die ca. 23.000.000 Getauften nicht mehr Stimmen haben als die 69 zu Bischöfen Geweihten. Auch bei römischen Synoden haben Laien nur eine beratende Stimme. Selbst bei der Synode „Die pastoralen Herausforderungen der Familie im Kontext der Evangelisierung" im Jahre 2014 in Rom waren nur die 191 Bischöfe stimmberechtigt.

Nicht nur Abraham ist das Ideal in Sachen Gehorsam, sondern auch Isaak fügt sich im wahrsten Sinne des Wortes ‚stillschweigend' in das Bild ein. So ist nicht nur jener ein Gebundener an Gottes Befehl, sondern ebenso dieser, für den der Gehorsam in der direkten Ansprache durch Gott nicht einmal gilt. Übertragen auf das System der Kirche könnte man analog sagen, dass nicht nur die Geweihten durch den Gehorsam aneinander gebunden sind, sondern die Getauften im übertragenen Sinne ebenfalls. Letztere sind es so wie Isaak, denn sie sind Teil eines Systems, in dem sie selten gefragt werden und nicht entscheiden können. Abraham ist Vorbild im Gehorsam, Isaak im Erdulden und so wird der Gehorsam auch von demjenigen erwartet, der ihn nicht versprochen hat!

Abraham gelobt Gott seinen Gehorsam, in der Kirche geloben die zu weihenden Männer ihn dem Bischof, ihrem Vorgesetzten, der ihn ebenfalls versprochen hat. Würde der Gehorsam Gott gegeben, dem Evangelium, oder warum nicht auch der Gemeinschaft der Getauften, in denen Gottes Geist gegenwärtig ist und wirkt, dann wäre dies ein zutiefst geistliches Geschehen. Doch dem ist nicht so. Er wird einem konkreten Menschen versprochen sowie dem noch unbekannten Nachfolger, und als ob das nicht schon ausreichen würde, wird er noch gekrönt mit dem Versprechen der Ehrfurcht. Das mittelalterliche Bild eines Vasallen und seines Dienstherren ist da naheliegend. Dies dann geistlich aufzuladen und zu überhöhen, bindet nicht nur die Hände, sondern auch den Geist, heißt es doch nach dem „Ja" auf die Frage „Versprichst du mir und meinem Nachfolger Ehrfurcht und Gehorsam?" – „Gott selber vollende das gute Werk, das er in dir begonnen hat." Ist es wirklich Gottes Werk oder ist es mehr menschliches Mach(t)werk? Einen Vasallengehorsam kann man einfordern, doch muss man diesen auch noch geistlich aufladen und überhöhen?

„NEIN, ES IST MEINE LUST!"

Gibt es überhaupt einen Weg, das Unbegreifliche dieses Opfers zu verstehen, im Ungeheuerlichen wenigstens so etwas wie einen Sinn zu finden? Søren Kierkegaard (1813–1855), dänischer Philosoph, Theologe und Schriftsteller, hat es als junger Mann in seinem 1843 erschienenen Buch *Furcht und Zittern* versucht. Er beschreibt darin, dass er als Junge von dieser biblischen Szene der Opferung des Isaak zutiefst fasziniert gewesen sei. Das erhabene Gefühl, das diese bei ihm auslöste, und seine „Begeisterung" wuchsen mit der Zeit noch, aber „dennoch wurde ihm das Verständnis der Erzählung schwerer und schwerer." [45] Wie Isaak fragt er nach dem Warum. Er stellt sich wieder und wieder vor, er wäre dabei gewesen. Im einleitenden Kapitel „Stimmung" schildert er so die Opferszene in vier verschiedenen Varianten. Es lohnt sich, diesen kurzen Texten zu folgen. Sie sind entlarvend, nicht nur für diese Geschichte, sondern für eine bis heute prägende religiöse Kultur.

(1) Es war früher Morgen. Abraham stand zeitig auf; er ließ die Esel satteln und verließ seine Hütte. Isaak mit ihm. Sara aber blickte aus dem Fenster ihnen nach, das Thal hinab, bis sie ihren Blicken entschwunden waren. … Abraham sprach zu sich selber. „Ich will es Isaak doch nicht verhehlen, wohin dieser Gang ihn führt." Er stand stille: er legte seine Hand segnend auf Isaaks Haupt, und Isaak beugte sich, den Segen seines Vaters zu empfangen. Väterliche Liebe sprach aus Abrahams Angesicht, sein Blick war sanft und mild, seine Worte ernst und mahnend. Doch Isaak konnte ihn nicht verstehen, seine Seele konnte sich nicht erheben. Er umfasste Abrahams Knie, flehte zu seinen Füßen. Er bat für sein junges Leben, … Da hob Abraham den Knaben auf, ging mit ihm Hand in Hand. Seine Worte waren voll Trost und Ermahnung. Aber Isaak konnte ihn nicht verstehen. Er bestieg den Berg Morija, aber Isaak verstand ihn nicht. Da wandte er sich einen Augenblick von ihm; und da Isaak das

Antlitz seines Vaters wieder erblickte, war es verändert. Sein Blick war wild, seine Gestalt Schrecken. Er fasste Isaak an der Brust, warf ihn zu Boden und sagte: „Dummer Knabe, glaubst du, ich sei dein Vater? Ich bin ein Götzendiener! Glaubst du, es sei Gottes Befehl? Nein, es ist meine Lust." Da zitterte Isaak und rief in seiner Angst: „Gott im Himmel! Habe ich keinen Vater auf Erden, so sei du mein Vater!" Und Abraham sprach leise bei sich selbst: „Herr des Himmels, ich danke dir; es ist doch besser, dass er glaubt, ich sei ein Unmensch, als dass er den Glauben an dich verlieren würde".[46]

In seinem ersten und längsten Versuch stellt sich Kierkegaard Abraham als einen „liebenden" Vater vor, der in dieser Situation ganz souverän und mit sich im Reinen ist und seinem Sohn das bevorstehende Opfer zu erklären sucht – wie, erfahren wir nicht. Er hofft, dass dieser es versteht und bereitwillig annimmt. Dreimal schreibt er, dass Isaak nicht verstehen konnte. Bemerkenswert sind in diesem Zusammenhang die Worte „seine Seele konnte sich nicht erheben". Was für eine Vorstellung! Das religiöse Gefühl der „Erhebung" soll Isaak über seine eigene Todesangst und die Brutalität des Opfers hinwegtragen? Unglaublich, und doch sagt es viel über die Macht religiöser Gefühle. Das ist der Stoff, aus dem religiöser Fanatismus gemacht ist! Wie von Kierkegaard zu Beginn selbst beschrieben, trägt ihn diese „Stimmung" der Begeisterung auf der Gefühlsebene, bis wachsendes Unverständnis auf der Ebene der Reflexion ihn dazu bringt, Fragen zu stellen. So weit ist Abraham in diesem Versuch aber (noch) nicht.

Es kommt zu einem Bruch im Geschehen und die Situation wandelt sich abrupt. Abraham nimmt in einer erschreckenden

Verzerrung seiner selbst die Verantwortung für das Opfer auf sich, um Gott, oder besser sein Gottesbild, zu schützen. Das Opfer Isaaks stellt er jedoch nicht in Frage. Er ist und bleibt damit einverstanden. Stattdessen opfert er seine Integrität und die vertrauensvolle Beziehung zu seinem Sohn zusammen mit dem Leben des Sohnes. Die Szene bleibt so stehen. So vordergründig anrührend dieser Versuch Abrahams sein mag, er zeigt die scheinbare Zuwendung und Barmherzigkeit des religiösen Fanatikers gegenüber seinem Opfer. Abraham zeigt hier eine kognitive Verzerrung, wie sie auch bei Tätern im Bereich des sexuellen Missbrauchs von Kindern zu finden ist.[47] Er redet sich ein, dass das Opfer unvermeidbar, ja „gut" ist, und dass er Isaak mit seinem Verhalten etwas Gutes tut.

Der zweite Versuch Kierkegaards, sich in die Situation hineinzudenken und -zufühlen, zeigt einen ganz anderen Abraham.

(2) … Er schlug seine Augen wieder zu Boden. Schweigend legte er das Holz zurecht und band Isaak. Schweigend zog er das Messer. Da sah er den Widder, welchen Gott ausersehen hatte. Diesen opferte er und zog wieder heim --- Von dem Tage an wurde Abraham alt; er konnte nicht vergessen, dass Gott dies von ihm gefordert hatte. Isaak wuchs heran wie vorher. Abrahams Auge war dunkel geworden; er sah keine Freude mehr.[48]

In diesem Versuch ist Abraham völlig erstarrt und verstummt. Er zeigt keinerlei Gefühle und es findet keine Kommunikation zwischen Vater und Sohn statt. Abraham tut alles, was ihm von Gott aufgetragen wurde, wie eine Marionette, einschließlich der „Rettung" Isaaks, indem er den

Widder opfert. Isaak geht hier unversehrt zurück in sein gewohntes Leben, aber Abraham ist innerlich tot. Abraham hat seinen Gehorsam in dieser Variante mit seinem (seelischen) Leben bezahlt. Abraham hat es nicht geschafft, sich von seinen religiösen Vorstellungen zu lösen oder sie wenigstens in Frage zu stellen, sondern er ist darin so gefangen, dass weder das Leben seines Sohnes noch sein eigenes ihn daran hindern können, wie ein Roboter das zu tun, was er für den Willen Gottes hält. Da kann dann auch Gott selber nicht mehr retten. Isaak bleibt am Leben, Abraham nicht.

In Kierkegaards drittem Versuch steht das Erleben des inneren Konfliktes bei Abraham im Mittelpunkt:

(3) … Und Abraham ritt gedankenvoll seines Weges. Er dachte an Hagar und ihren Sohn, die er einst in die Wüste hinausjagte. Er bestieg den Berg; er zog das Messer – Es war ein stiller Abend. Abraham ritt einsam hinaus, er ritt zum Berge Morija. er warf sich auf sein Angesicht und bat Gott, ihm die Sünde zu vergeben, dass er Isaak hatte opfern wollen, dass der Vater die Pflicht gegen seinen Sohn vergessen hatte. Er ritt öfter seinen einsamen Weg, aber er hatte keine Ruhe. Er konnte nicht begreifen, dass es Sünde sei, dass er Gott das Beste, was er besaß, hatte opfern wollen, das, was er tausendmal höher schätzte als sein eigenes Leben. Und doch – wenn es eine Sünde war, wenn er Isaak nicht so geliebt hatte, wie er sollte – dann konnte er nicht verstehen, dass sie vergeben werden könnte. Denn gab es eine schrecklichere Sünde? [49]

In diesem Versuch erinnert sich Abraham auf dem Weg zum Opfer an Hagar und Ismael, die er in die Wüste geschickt hat.

Schuldgefühle quälen ihn. In beiden Situationen tut er zwar, was er für Gottes Willen hält, aber Abraham findet aus seinen Schuldgefühlen nicht mehr heraus. Wieder und wieder kehrt er als Täter an den Tatort zurück, unfähig sein Dilemma zu lösen. Ist es eine Schuld oder nicht? Werte und Prioritäten stehen gegeneinander; die Liebe zu seinen Söhnen gegen die Liebe oder zumindest den Gehorsam gegenüber Gott. Wieder stellt Abraham das Opfer selbst nicht in Frage.

In der vierten Variante wird Abraham zum Schauspieler. Er versucht so zu tun, als wäre er von seiner Sache überzeugt.

(4) … Und Abraham bereitete alles zum Opfer, ruhig und mild; aber als er sich abwandte und das Messer zog, da sah Isaak, dass Abrahams Linke sich in Verzweiflung ballte, dass ein Zittern seinen Körper durchzuckte, – doch Abraham zog das Messer. – Da zogen sie wieder heim, und Sara eilte ihnen entgegen. Aber Isaak hatte den Glauben verloren. Es ist niemals ein Wort darüber gesprochen worden. Isaak redete zu keinem Menschen von dem, was er gesehen, und Abraham ahnte nicht, dass jemand es gesehen.[50]

Hier erfahren wir von der Konsequenz, die Abrahams sichtbarer, aber nicht kommunizierter innerer Zweispalt und Widerstand in Isaak auslösen. Isaak verliert seinen Glauben an Gott.

Alle vier Versuche Kierkegaards, sich in die Situation der Opferung Isaaks hineinzudenken und -zufühlen, sagen viel darüber, was sich abspielen kann, wenn ein Mensch in einen schweren inneren Konflikt gerät. Eine Lösung finden sie freilich alle nicht. Sie zeigen stattdessen bekannte psychologische Abwehrmechanismen:

- Verleugnung: Abraham will seinen inneren Konflikt lösen, indem er die Realität der Situation leugnet und verzweifelt an seinem Gottesbild festhält.
- Dissoziation: Abraham versucht dem inneren Konflikt zu entkommen, indem er sich aus dem Leben und seinem Körper zurückzieht.
- Wiederholungszwang: Durch seine ständige Rückkehr an den Tatort und die Wiederholung der Bitte um Vergebung versucht Abraham seinen inneren Konflikt zu lösen.
- Verdrängung: Abrahams innerer Konflikt bleibt unbewusst und wird so auf den Sohn übertragen.

Nicht nur psychologisch, sondern auch spirituell zeigen sich in Kierkegaards Versuchen lebensfeindliche Muster:

- Im ersten Versuch wird Abraham zum Fanatiker, dessen religiöse Vorstellungen unanfechtbar sind und deshalb tödliche Folgen haben,
- im zweiten zu einem von seinen religiösen Vorstellungen gelähmten Menschen, der sich selber verloren hat.
- Im dritten Versuch wird er von Schuldgefühlen zerrissen, die ihre Wurzeln in falschen oder zumindest überhöhten Idealen haben,
- und im vierten zum Heuchler, der seine Fragen und Zweifel nicht zulassen kann.

Letztlich kommt auch Søren Kierkegaard zu dem Ergebnis, dass es für den tragischen Konflikt, in dem Abraham sich befindet, keine Lösung im Rahmen ethisch verantwortbaren Handelns gibt. Da Kierkegaard sich nicht von der Interpretation lösen kann, das Opfer des Isaak wäre ein Ausdruck der Liebe Abrahams zu Gott und deshalb nicht zulässt, dass es eine Wahl für Abraham geben könnte, indem er einfach Nein sagt, kann er nur hoffen, dass es irgendwie eine höhere Dimension gibt, in der der Konflikt sich auf eine für den Verstand nicht nachvollziehbare Weise löst: „Aber es gab keinen Menschen, der Abraham verstand. Und doch, was erreichte er? Dass er seiner Liebe treu blieb. (…) Entweder gibt es also ein solches Paradox, dass der Einzelne in einem absoluten Verhältnis zu dem Absoluten steht – oder Abraham ist verloren."[51]

Im Judentum gibt es deutlich mehr kritische Kommentare zur Opferung des Isaak, als wir das in der christlichen Reflexion gewohnt sind. Ist Abraham wirklich für seinen „Glaubensgehorsam" zu loben? Ist das auf jeden Fall der höchste, nicht mehr in Frage zu stellende Wert wie bei Kierkegaard? Ist die Bereitschaft Abrahams, seinen Sohn zu opfern, tatsächlich ein Ausdruck höchster Gottesliebe? Oder ist er nicht vielmehr ein religiöser Fanatiker? Ein Wahnsinniger? „Die traditionellen Kommentare loben Abraham für seine Selbstlosigkeit und die Bereitschaft, sogar sein eigenes Kind umzubringen, wenn es von Gott so verlangt wird. Aber ist seine Bereitschaft wirklich so lobenswert? Glaubte Abraham an einen Gott, der einem Vater befehlen würde, sein eigenes Kind zu töten, auch wenn es nur ein Test gewesen sein sollte? War der jüdische Stammvater so sehr im Gotteswahn und so fanatisch, dass er eine solch obszöne Tat überhaupt in Erwägung zog?"[52]

Was hier in Frage gestellt wird und – so meine ich – auch unbedingt in Frage gestellt werden muss, sind Abrahams

Ideale und sein Gottesbild. Ist es Selbstlosigkeit, wenn ich bereit bin, mein einziges Kind zu opfern? Glaubt Abraham an eine solchen, lebensfeindlichen „dunklen", „bösen", „dämonischen" Gott, der sich in Willkür über seine eigenen Gebote und Ideale hinwegsetzt: „Warum hörte Abraham auf die Stimme, die ihm befohlen hatte, seinen Sohn zu opfern? Vielleicht sollte der Patriarch an dieser Stelle Nein sagen. Denn ein solcher Befehl konnte auf gar keinen Fall von dem Gott stammen, von dem er predigte."[53]

Woher aber kommt der Befehl, dem so zwingend Folge zu leisten ist, wenn nicht von Gott? Ist Abraham selbst ein Opfer? Opfer eines tragischen Missverständnisses oder spiritualisierter Gewalt? Abraham handelt auf die Weisung Gottes hin – oder das, was er dafür hält – mindestens zweimal gegen seine eigene innerste Überzeugung und sein tiefstes Empfinden, nämlich als er Ismael und seine Mutter wegschickt und als er sich aufmacht, Isaak zu opfern.

Mit welchem Gottesbild ist Abraham unterwegs, dass er es als Gehorsam oder gar als Hingabe und Gottesliebe versteht, seinen Sohn auf den „Befehl" Gottes hin zu töten und als Opfer zu verbrennen? Nicht alles, was uns als „Gotteserfahrung" oder als der „Wille Gottes" erscheint, hat mit Gott zu tun. Unser Bild von Gott ist stark durchmischt mit Erfahrungen und Menschlichkeiten aller Art – und eben auch mit allen menschlichen Schatten. „Dämonische Gottesbilder" nennt Karl Frielingsdorf dies in seinem 1992 erschienenen Buch. C. G. Jung fragt in *Antwort auf Hiob* nach einem „Dunklen Gott" und Tilmann Moser titelt sein berühmtes Buch *Gottesvergiftung*. Auch wenn diese Formulierung seit *Starwars* nur allzu besetzt ist: Es geht um die Frage nach der „dunklen Seite".

IM FREIEN FALL

Eine Kirche, die mit dieser inneren Struktur mehr oder weniger gut durch die Zeiten gekommen ist, befindet sich aktuell in einer massiven Krise. Diese drückt sich aus in drei Symptomen, die miteinander verschränkt sind: immer weniger Mitglieder und Berufungen, ein verheerender Verlust an Vertrauen und Glaubwürdigkeit, vor allem durch die Missbrauchsfälle, sowie ein großer Relevanzverlust in unserer Gesellschaft.

Die Realität, wie sie die katholische und auch die evangelische Kirche in Deutschland über Generationen erlebt hat, sei es durch aktives Gestalten oder durch passives Erdulden, war immer geprägt von einer großen Relevanz nicht nur für ihre Mitglieder, sondern auch für die Gesellschaft. Als gesellschaftliche Größe war sie nicht zu ignorieren. Das Ende der weltlichen Herrschaft zu Beginn des 19. Jahrhunderts beantwortete sie mit einem enormen Einsatz im caritativen Bereich. Als die katholische Kirche im Kulturkampf desselben Jahrhunderts als Minderheit verfolgt wurde und zahlreiche Bischöfe ins Gefängnis oder Exil gingen, nahmen die Laien in Politik und in den Gemeinden das Heft in die Hand. Im Nachkriegsdeutschland waren beide Kirchen eine Größe mit außerordentlichem sozialen und politischen Einfluss, in Westdeutschland selbstbewusst gestaltend, in Ostdeutschland selbstbewusst aushaltend. Kirchentage, Wallfahrten, Verbände, Gruppierungen und Gemeinschaften vermochten Massen zu mobilisieren. Was für ein Schwergewicht in der Gesellschaft die Kirche wirklich war, lässt sich vielleicht sogar am besten daran ermessen, dass ihr Schwinden sich über Jahrzehnte hinziehen konnte, ohne dass eine wirkliche Notwendigkeit bestand, am eingeschlagenen Weg und an der Erscheinung etwas zu ändern, weder seitens der Kirche noch der Gesellschaft.

Inzwischen und gerade erst in Corona-Zeiten mussten die Kirchen sich der Frage stellen, ob sie noch system-relevant seien. Inwiefern Kirche relevant für ein System sein muss oder für die Menschen, sei einmal dahingestellt. Doch allein die Empörung, ja die Verletztheit einiger kirchlicher Akteure zeigt, wie weit weg die Realität für sie ist. Und wenn, flüchtet man gerne in eine Ghettoisierung oder in Reservate der Rechtgläubigkeit, die die einzigen Schutzzonen vor dem viel beschworenen „Zeitgeist" seien. Damit ich nicht falsch verstanden werde: Zentrale Glaubensinhalte, Inhalte, die zum Wesen des christlichen Glaubens gehören, stehen nicht zur Diskussion, wenn es um Zustimmungswerte geht. Dazu zählen die Menschwerdung Gottes in Jesus Christus oder auch seine Auferstehung von den Toten. Darüber kann nicht abgestimmt werden, wie sehr ein „Zeitgeist" auch bläst, sonst ist der Glaube vom Winde verweht. Manches wiederum hat sich in Jahrhunderten entwickelt wie die Siebenzahl der Sakramente und deren Theologie. Doch es gibt auch Entwicklungen und Formen, die nicht zum Wesen des Glaubens gehören und an denen man dennoch nichts ändern will, wobei der Unwille quer durch die ganze Kirche festzustellen war und ist. Ein Beispiel: Die klassische Pfarrgemeinde entspricht heutzutage immer weniger dem Lebensgefühl vieler Menschen. Für die Gremien wie Kirchenvorstand und Pfarrgemeinderat finden sich nur schwer Kandidaten, die sich zur Wahl stellen, wobei von einer „Wahl" angesichts einer Wahlbeteiligung von wenigen Prozent ohnehin kaum ernsthaft gesprochen werden kann. Mit dem immer weniger werdenden Personal wird händeringend versucht, das Bisherige in irgendeiner Form aufrechtzuerhalten. Der vergangene Glanz eines ehemals bewährten Modells wirft seinen Schein noch in die Gegenwart und die Wiederbelebung desselben ist das Ziel zahlloser Tagungen, Treffen und Projekte.

In einer schnelllebigen Zeit hat eine Institution, die wie kaum eine andere Kontinuität vermittelt, auch ihren eigenen Reiz und besonderen Wert. Es fragt sich jedoch auch, wie sehr sie ein Eigenleben abseits der Gesellschaft entwickeln darf, von der sie doch immer ein Teil ist. So bekommt zum Beispiel keine Gewerkschaft bei der Kirche einen Fuß in die Türe und ein eigenes Arbeitsrecht wurde durch alle juristischen Instanzen erfolgreich verteidigt. Nicht wenige erleben die Kirche und ihr Auftreten wie einen Staat im Staate, als eigenes System.

Erst als deutlich wurde, dass ein nach außen und innen vermitteltes Selbstbild den eigenen hohen moralischen Ansprüchen nicht im Entferntesten standhielt, beschleunigte sich der Relevanzverlust hin zum freien Fall. Was äußere Kräfte der Kirche nicht anzuhaben vermochten, das schaffte die Institution um so gründlicher aus sich selbst heraus. Der Finanzskandal des Bischofs von Limburg war der Auftakt zu einem verstärkten Verlust an Glaubwürdigkeit und einem Exodus von Mitgliedern. Die Verteidigungsbemühungen aus den eigenen Reihen ließen jedoch auch sehr gut erkennen, wie das System Kirche denkt, argumentiert und funktioniert:

- die Presse und die kirchenfeindliche Öffentlichkeit haben doch nur auf eine solche Möglichkeit gewartet und wer ihnen jetzt zustimmt, der spielt den Gegnern nur in die Hände und fällt auf sie rein;
- der damals noch nicht eröffnete Flughafen Berlin-Brandenburg kostet in einem Monat mehr als das Bischofshaus in Limburg, darüber regen sich die Menschen doch viel weniger auf und man kann sehen, dass es überhaupt nicht um Geld geht, sondern nur darum, der Kirche zu schaden;
- es geht doch überhaupt nicht um die Baukosten, sondern vielmehr darum, einen Bischof, dessen theologische Richtung manchen nicht passt, aus dem Amt zu drängen.

Das Kalkül dahinter ist einfach: Die Person und das Amt sind nicht mehr voneinander zu trennen und die Sakralität des Amtes ist so sehr Bestandteil seines Trägers geworden, dass diesem nichts mehr anzuhaben ist, ohne dass das Ganze Schaden nimmt – und das muss um jeden Preis verhindert werden.

Das Bekanntwerden des sexuellen Missbrauchs von Kindern, Minderjährigen und Abhängigen traf die Kirche dann an einem zentralen Nerv, befeuerte den Relevanzverlust und ging zugleich über ihn hinaus. Missbrauch gab und gibt es quer durch die ganze Gesellschaft, doch bei keiner Institution war die moralische Fallhöhe größer und der Aufprall lauter. Nirgendwo ließ sich Missbrauch im Schutze einer Institution besser deutlich machen als bei der Kirche. Nirgendwo sind die Täter auch Amtsträger in einer so geschlossenen Gruppe und in einer mit solch hohem moralischen Anspruch auftretenden Institution. Beim Priester als Täter sind Person und Amt im Selbstverständnis der Kirche nicht mehr voneinander zu trennen. Die Institution und ihr Schutz waren daher das höchste Gut, dem auch die Opfer untergeordnet wurden. Hinzu kommt, dass die Täter und diejenigen, die sie schützten, nicht nur nach außen hin die Repräsentanten der Institution Kirche sind, sondern auch nach innen verbunden sind durch ein Gehorsamsversprechen, das auf Gedeih und Verderb angelegt zu sein scheint.

Wie sehr man als Priester Teil einer auserwählten Gruppe ist, wird deutlich daran, dass die Höchststrafe seitens der Kirche die Entlassung aus dem Klerikerstand ist. Die recht drastische Bemerkung einer sehr der Kirche verbundenen Dame gebe ich hier einmal in abgeschwächter Form wieder, gebrauchte sie doch viel drastischere Worte: „Die Höchststrafe für einen von euch ist es, wieder einer von uns sein zu müssen. Behaltet die Straftäter gefälligst in euren Reihen!"

.

MISSBRAUCH – DAS SYSTEM

Der offenbar gewordene geistliche und körperliche Missbrauch sowie die Vertuschung durch Amtsträger der Kirche hat ein ganzes System und geistliches Gebäude, das in höchstem Maße auf Gehorsam und Zölibat (dazu später mehr) gründet, für viele Menschen in der Kirche ins Wanken, für viele außerhalb gar zum Einsturz gebracht. Die Glaubwürdigkeit der Repräsentanten einer ganzen Institution und damit eines ihrer wertvollsten Güter ist verloren – denn was bleibt von einer Glaubensgemeinschaft übrig, die ihre Glaubwürdigkeit verloren hat?

Wie dramatisch der Glaubwürdigkeitsverlust gerade der katholischen Kirche ist, zeigt ein Blick auf einige Zahlen und dabei nicht nur auf die Austrittszahlen: Die Gemeinwohlstudie 2019 gibt ein Ranking von 138 Institutionen wieder und wie diese in der Bevölkerung gesehen werden hinsichtlich ihres Beitrages zum Gesamtwohl der Gesellschaft. Auf den Plätzen eins bis drei liegen Feuerwehr, Technisches Hilfswerk und Rotes Kreuz. Die evangelische Kirche rangiert auf Platz 19, nach der ARD und vor UNICEF. Die katholische Kirche hingegen belegt Platz 102, nach Vodafone und vor dem Deutschen Fußballbund. Dass es sich dabei nicht um eine einmalige Einschätzung handelt, die man in solchen Fällen gerne als unwichtig vom Tisch wischt, belegt das Vertrauens-Institutions-Ranking 2020 des Forschungsinstitutes Forsa. Dort wird gefragt, wie groß das Vertrauen in 25 Institutionen sei. Auf Platz 1 liegt die Polizei und auf Platz 13 der Zentralrat der Juden als erste geistliche Instanz, gefolgt von der evangelischen

Kirche. Der Papst belegt Platz 17, die katholische Kirche weit abgeschlagen auf Platz 22, noch hinter den Versicherungen und nur knapp vor dem Islam.

Dass es zu einem solchen eklatanten Vertrauensverlust innerhalb weniger Jahre kam, ist nicht etwa das Ergebnis einer kirchenfeindlichen Politik oder Gesellschaft, selbst wenn die Akzeptanz in letzterer ständig abgenommen hat. Das muss sich Kirche eingestehen. Sie muss erkennen: Zu einem Absturz kam es eben nicht durch äußere Einflüsse oder Widerstände, sondern durch das Offenbarwerden einer Diskrepanz von Lehre und Leben, von Schein und Sein. Der durch die Unterdrückung unliebsamer Wahrheiten verursachte Glaubwürdigkeitsverlust der Kirche ist vermutlich um ein Vielfaches größer, als er durch den offenen Umgang mit (sexuellen) Schwierigkeiten von manchen Klerikern je hätte sein können. Und der Missbrauch, gerade von Schutzbefohlenen, lässt das Fundament erodieren. Eine Stelle aus dem Matthäusevangelium scheint exakt die Situation wiederzugeben, in der wir uns befinden: „Und wer ein solches Kind in meinem Namen aufnimmt, der nimmt mich auf. Wer einem von diesen Kleinen, die an mich glauben, Ärgernis gibt, für den wäre es besser, wenn ihm ein Mühlstein um den Hals gehängt und er in der Tiefe des Meeres versenkt würde" (Mt 18,5 f.). Die Aussage Jesu scheint nicht nur eine Metapher zu sein, sondern für die katholische Kirche Realität, hängt ihr doch das Vergehen in den eigenen Reihen und der Umgang damit wie ein Mühlstein um den Hals und reißt sie in die Tiefe. Und weiter heißt es: „Wehe der Welt wegen der Ärgernisse! Es muss zwar Ärgernisse geben; doch wehe dem Menschen, durch den das Ärgernis kommt!" (Mt 18,7). Auf alle möglichen Ärgernisse, Nachstellungen, Verleumdungen und Verfolgungen war die Kirche vorbereitet. Druck von außen schweißt zusammen, doch wenn das Ärgernis aus dem Innersten hervorbricht, dann bedroht dies das System in viel höherem Maße, denn der Feind saß da, wo man ihn nie vermutet hätte: in den eigenen Reihen.

Angesichts dieser Ereignisse fragen sich viele: Wie war so etwas möglich? Was ist da falsch gelaufen? Auch ich frage mich das. Ich bin seit über dreißig Jahren ein Teil des Systems und als Priester gehöre ich zum Inner Circle. Als uns die ersten Meldungen über sexuellen Missbrauch aus den USA erreichten, wurde ein sehr geschätzter und erfahrener Mitbruder der erste Missbrauchsbeauftragte meines Bistums. Ich werde nie vergessen, wie ich ihn wenige Tage nach seiner Ernennung mit den Worten begrüßte: „Ich habe gehört, welche Aufgabe du jetzt bekommen hast. Da will ich mal hoffen, dass du nichts zu tun bekommst." Sein Gesicht war ernst und seine Antwort lautete nur: „Wundere dich nicht!" Ich selbst hatte es schlichtweg für unmöglich gehalten, dass es in meiner Kirche und meinen Kreisen ebenfalls solche Gräueltaten gegeben hatte oder auch nur geben könnte. Erst später erinnerte ich mich, dass ein Mitbruder in der Nachbargemeinde aus genau diesem Grunde im Ausland verhaftet worden war. Die Überzeugung „Weil nicht sein kann, was nicht sein darf" ist auch Teil meines Lebens gewesen.

Wie wird man Teil eines solchen Systems? Durch großes, wenn nicht sogar blindes Vertrauen! Zumindest für mich kann ich das so sagen. Durch das Gehorsamsversprechen habe ich mich auf Gedeih und Verderb gebunden (gefühlt). Wie wenig man als reifer Mann in diesem System gesehen wurde, lässt sich an einer Nuance beschreiben aus den ersten Jahren als Priester. Dreizehn Jahre Schule, fünf Jahre Studium und zwei Jahre Praxisausbildung lagen hinter mir, zusammen zwanzig Jahre Ausbildung. Mit 500 Mark bei freier Kost und Logis wurde die erste Stelle als Kaplan angetreten, selbstverständlich nicht mit einer eigenen Wohnung, sondern mit fast dreißig Jahren im Haushalt eines Pfarrers, damals meist noch mit Haushälterin. Die 500 Mark sind jedoch nicht ganz korrekt, denn nominell bekamen wir 600. Der Differenzbetrag von 100 Mark wurde allerdings einbehalten mit der Begründung, sie würden über die ersten vier Dienstjahre angespart, damit man davon an der zweiten Stelle, dann mit eigenem Haushalt, eine Küche kaufen könne. Das klingt absurd und ist es auch. Was für eine Sicht auf die eigenen, erwachsenen Mitarbeiter zeigt sich darin! Die Seelen der Menschen wurden einem als Priester zwar anvertraut, man hatte jedoch nicht das Vertrauen, dass dieser mit seinem Gehalt verantwortlich umgehen könne. Selbst wenn gute Absicht unterstellt würde, dieses kleine Beispiel offenbart ein Verhältnis von Vorgesetzten und Untergebenen, das Ende der Achtzigerjahre des 20. Jahrhunderts seinesgleichen suchte. Eine gute Mutter(-Kirche) vertraut ihren Kindern. Doch bei uns regierte die alte Losung: Vertrauen ist gut, Kontrolle ist besser.

Einiges hat sich seitdem natürlich geändert, doch geblieben ist ein engmaschiges Netz von Abhängigkeit – und eine veränderte Sicht bezüglich der drei sogenannten evangelischen Räte von Ehelosigkeit, Armut und Gehorsam. Die Armut spielt ohnehin eine untergeordnete Rolle, denn sie lässt sich am leichtesten relativieren und durch Interpretationen aushöhlen. Wie auch sollte sich dieser Begriff in der deutschen Kirche überzeugend darstellen lassen? Die Zahl der Mitbrüder, die dies vermochten, reicht nicht aus, um als Feigenblatt zu dienen – und ich gehöre selber nicht dazu. Ehelosigkeit und Gehorsam stellen jedoch jenseits aller geistlichen Deutung und Überhöhung einen dermaßen weitgehenden und tiefen Eingriff in das Leben eines anderen Menschen dar, dass sie in der Koppelung und als notwendige Voraussetzung für den Zutritt in den Inner Circle eines Systems in unserer Gesellschaft kaum mehr einem Menschen zu vermitteln sind. Ihre „Haltbarkeit" in den Jahren nach dem Versprechen trägt das ihrige bei zur Glaubwürdigkeitskrise.

MISSBRAUCH – OPFER UND TÄTER

Als ich mich ausgehend von der Opferszene in die ganze Geschichte von Abraham, Sara und Isaak, so wie die Bibel sie im Buch Genesis erzählt, vertiefte, um innerlich in die Rolle der Sara zu schlüpfen, stieß ich auf immer mehr Szenen, die Erfahrungen von Missbrauch auf allen Ebenen ins Wort bringen. Es hat mich sehr getroffen, als mir dies nach und nach bewusst wurde. Ja, ich musste den Text dafür mehr als nur einmal lesen, um wahrzunehmen in welchem Ausmaß dieses Thema in dieser biblischen Geschichte präsent ist, die gleich für drei Weltreligionen von großer Bedeutung ist. Am Ende jeder Lesung aus der Bibel in der Liturgie der Messe sagt der oder die Lesende: „Wort Gottes", und alle antworten „Dank sei Gott!". Diese Geschichte gehört für mich in weiten Teilen zu den Texten, bei denen ich an dieser Stelle immer zusammenzucke.

Im Mittelpunkt steht natürlich Isaak als Opfer im allerkonkretesten Sinne: Er soll von seinem eigenen Vater getötet und verbrannt werden. Im Verlauf der Geschichte ist es jedoch zunächst Sara, die gleich zweimal als Sexualobjekt an einen anderen Mann, der sie begehrt, weitergegeben wird – an Pharao und den König Abimelech. Bei Letzterem verhindert Gott selber, dass es zur sexuellen Nötigung oder Vergewaltigung kommt, bei der Geschichte mit dem Pharao ist das nicht so klar. Von Hagar als Opfer von Missbrauch war schon die Rede. Sprachlos machte mich dann die Geschichte mit Lots Töchtern, die ich so noch nie wahrgenommen hatte. Da geht es zunächst um offene sexuelle Gewalt von Männern an anderen Männern mit dem Ziel der Demütigung des Feindes.

Um dies zu verhindern, bietet Lot dem aufgebrachten Mob seine beiden jungfräulichen Töchter zur Vergewaltigung an (vgl. Gen 19,5–8). Diese Töchter wiederum missbrauchen später ihren Vater, indem sie ihn betrunken machen und zum Inzest verführen, um von ihm Kinder zu bekommen (Gen 19,30–38). Was für ein Sumpf! Wie damit umgehen?

In dieser Geschichte im Buch Genesis tritt Gott selber gleich mehrfach als Retter aus bzw. vor sexualisierter Gewalt auf. Sara wird gerettet, indem die Täter bestraft werden – Pharao durch „Plagen“, der König Abimelech durch die Unfruchtbarkeit seiner Frauen (vgl. Gen 20,17). Außerdem verhindert Gott selbst die Tat des Königs Abimelech, der sich einer unverheirateten erwachsenen Frau gegenüber, wie Sara ihm präsentiert wurde, auch keinerlei Schuld bewusst ist, durch massive Strafandrohungen bis hin zur Androhung des Todes (vgl. Gen 20,3–8). In der Geschichte der Töchter Lots verhindert Gott ebenfalls die Tat, und zwar dadurch, dass er die Täter mit Blindheit schlägt, „sodass sie sich vergebens bemühten, den Eingang zu finden.“ (Gen 19,11) – ein faszinierendes Bild für die Rettung. Durch ihre rasende Wut und ihre gewalttätige Absicht, die sie völlig empathielos ihren Opfern gegenüber machen, sind die Täter längst „blind“. Nun kehrt sich diese Blindheit wie ein Bumerang gegen sie selbst statt gegen die Opfer und macht sie handlungsunfähig … Die beiden „Anstifter“, Abraham und Lot, bleiben unbestraft, ebenfalls ein bemerkenswerter Aspekt der Geschichte. Warum werden sie nicht zur Rechenschaft gezogen für ihre Feigheit? Bei beiden spielt Feigheit eine Rolle – und bei Abraham auch Lüge, denn er hat Pharao und Abimelech wissentlich getäuscht.

Noch erstaunlicher ist, dass Gott, der sich so klar gegen Missbrauch und sexualisierte Gewalt positioniert, zugleich selbst eine Gewalttat, das Opfer des Isaak, fordert. Auch wenn er den Vollzug des Opfers in letzter Minute durch einen Engel verhindert, bleibt Gott doch der Anstifter zu dieser Tat. Ist Gott bei der Opferszene beides, Täter und Retter in einer Person? Hier tut sich ein Abgrund auf, eine schier unerträgliche Spannung, die jedes Bild eines guten Gottes, der das Leben will und schützt, in Frage stellt. Wenn Gott aber nicht der Anstifter ist, wer dann? Wie sollen die Betroffenen mit all dem weiterleben und weiterglauben? Isaak, aber auch die Töchter Lots und möglicherweise auch Sara habe Erfahrungen machen müssen, die normalerweise tiefe seelische Wunden hinterlassen. Wie können sie mit den Brüchen in ihrem Leben und der eigenen inneren Gebrochenheit ihren Weg ins Leben finden?

Beim ersten Besuch in meinem Kloster im April 1982 kam ich als Gast zur Mitfeier der Kar- und Ostertage. Diese Tage haben mein Leben dauerhaft verändert, nicht nur weil ich wenige Monate später ins Kloster eingetreten bin. Eine Meditation am Nachmittag des Gründonnerstags brachte mir eine zutiefst existentielle Erfahrung. Wir alle, eine Gruppe von sechs oder sieben jungen Frauen, wurden eingeladen, uns aus einem kleinen Haufen einen Stock auszusuchen. Es waren gut 25 cm lange und vielleicht 8–10 mm dicke Fliederstöcke. In der zugehörigen Bildmeditation, bei der wir uns mit dem Stab identifizieren sollten, ging es um die wachsenden Belastungen des Lebens und der Stab wurde mehr und mehr gebogen. Den Moment, in dem er schließlich brach, kann ich heute noch in meinen Händen spüren. Das fasrige Fliederholz zersplitterte, ohne dass der Stab in zwei Teile zerfiel. Jetzt gab es kein Zurück mehr, dachte ich: Da ist in mir etwas gebrochen und ich kann und muss die Bruchstelle anschauen, eine tiefe Wunde. Sie wirkte zerfasert, nicht mehr zusammenzufügen und ein leichter Duft von frischem Holz verteilte sich im Raum. Dann wurden wir eingeladen, mit unserer Bruchstelle die einer anderen zu berühren. Schiebe ich zwei solche Bruchstellen ineinander und biege die Stäbe wieder gerade, so entsteht ein Kreuz, das gerade an dieser doppelten Bruchstelle von verblüffender Stabilität ist.

An diesem Abend habe ich noch viele Stöcke gebrochen, wieder und wieder diese Erfahrung meiner Gebrochenheit spürend und zulassend, und in der Nacht danach von Gründonnerstag auf Karfreitag habe ich diese Bruchstelle meinem Gott hingehalten. Am Ostersonntag hatten wir eine Austauschrunde. Ich weiß gar nicht mehr, was ich gesagt hatte, aber eine andere Teilnehmerin schaute mich irritiert an und fragte: „Du glaubst doch nicht wirklich, dass jetzt alles anders ist." Ich antwortete aus vollster Überzeugung: „Doch, ich bin sicher, dass nach Ostern alles ganz anders ist!"

Im Sommer 2010 wurde ich von meiner Gemeinschaft zur Priorin gewählt. Das war das Jahr der ersten großen Welle der Missbrauchskrise in der katholischen Kirche in Deutschland. Die Nachrichten waren voll davon, und da wir bei Tisch entweder einer Lesung zuhören oder Sendungen aus dem Radio verfolgen, kam dieses Thema wieder und wieder zur Sprache. Es dauerte nicht lange, bis das Thema in der Gemeinschaft auch in Hinblick auf das je eigene Erleben virulent wurde. Als Frauen haben wir unsere eigenen Erfahrungen überwiegend im Bereich der Opfer gemacht.

Da wir außerdem als kontemplativ-monastische Gemeinschaft in unserer Geschichte nie irgendwelche Einrichtungen hatten und auch fast keine Kinder- und Jugendarbeit gemacht haben, sind uns, was sexualisierte Gewalt betrifft, Erfahrungen mit Täterinnen in der eigenen Gemeinschaft bislang erspart geblieben. Im Rahmen einer Veranstaltung der *DOK* (*Deutsche Ordensobernkonferenz*) hörte ich erstmals, dass etwa 30% aller Ordensfrauen Erfahrungen mit sexualisierter Gewalt haben. Ich war erschüttert und irritiert: Wo waren die Opfer in meiner Gemeinschaft? Heute kann ich bestätigen, dass die Quote der Opfer bei Frauen innerhalb und außerhalb der Klöster in etwa identisch ist. Die meisten davon haben die sexualisierte Gewalt als Kinder und Jugendliche im Kontext der eigenen Familie erlitten.

Die Erfahrungen der Opfer in den eigenen Reihen, die nun in neuer Weise ans Licht durften, haben unseren Umgang als Gemeinschaft mit traumatisierenden Erfahrungen in der eigenen Lebensgeschichte wie auch mit Belastungen und Verletzungen jeder Art nachhaltig verändert. Wir haben tiefer als zuvor gelernt, als christliche Gemeinschaft ein „heilender Raum" zu sein.

„FÜR IMMER MIT SCHWEREN SANKTIONEN GESICHERT"

Wenn ich sage, dass wir als Gemeinschaft, wie die allermeisten anderen monastisch-kontemplativen Gemeinschaften von Frauen auch, im Hinblick auf sexualisierte Gewalt vor allem die Perspektive der Opfer bzw. Betroffenen kennen, heißt das nicht, dass es in den Frauenklöstern, die nie soziale Einrichtungen unterhalten haben, keinerlei Taten des Missbrauchs gegeben hat. Allerdings geschah und geschieht dies meist in einer anderen Form. Es handelt sich dabei um verdeckten Machtmissbrauch in Form von spiritualisierter Gewalt. Die tiefere Reflexion und systemische Auseinandersetzung damit haben erst begonnen.

Erst vor einigen Wochen haben wir nach langer Zeit mal wieder den Film „Geschichte einer Nonne" von 1959 mit Audrey Hepburn angesehen. Darin wurde die Lebensgeschichte der belgischen Ordensschwester Marie Louise Habets (1905–1986) in der romanhaften Fassung des Buches „The Nuns Story" (1956) von Kathryn Hulme verfilmt. Dieser Film schildert in eindrucksvoller Authentizität und Liebe zum Detail das Klosterleben und die Ausbildung zur Nonne in der Zeit bis mindestens zum Zweiten Vatikanum. Auch in meiner Noviziatszeit in den 80er Jahren haben wir ihn angeschaut. Und mir ist in lebhafter Erinnerung geblieben, wie unsere Novizenmeisterin, die nach dem Konzil aus einer tätigen Ordensgemeinschaft zu uns übergetreten war, während dieses Films mit spürbarer emotionaler Erschütterung sagte: „So war es! So und noch schlimmer!"

Anlass für den aktuellen Filmabend war eine Unterrichtsreihe, die ich für unsere derzeit acht Schwestern in Ausbildung zum Thema „Spiritualisierte Gewalt" und deren Prävention gestaltete. Auch zahlreiche andere Schwestern schlossen sich an diesem Abend der Runde an. Wir haben viel gelacht, aber es gab auch viel zum Nachdenken. Wir fragten uns anschließend: Was genau ist da „schiefgelaufen"? Der Film zeigt keineswegs überzeichnete Schwarz-Weiß-Malerei. Was bei mir selbst in dieser angeregten Diskussion den stärksten Eindruck gemacht hat, ist die Erkenntnis, dass die meisten der dargestellten Nonnen, gerade auch die Oberinnen, sympathische und wohlmeinende Frauen sind. Im Film großartig dargestellt, gelingt es ihnen mit mehr oder weniger Geschick, sich Lebendigkeit und Menschlichkeit zu bewahren, trotz eines engen, fast erdrückenden Systems klösterlicher Disziplin, in dem es keine Gestaltungs-, Rückzugs- oder gar Privaträume gibt, voll von kleinlichen Regeln und unreflektierten Idealen – vor allem „Gehorsam" und „Demut".

Wie kann es sein, dass alle Beteiligten, Obere und „untergebene" Schwestern, sich so fraglos gefügt haben? Haben sie denn wirklich an „das System" geglaubt? Erst rückblickend findet nach und nach eine Unterscheidung statt, die den systemischen Schatten offenbart. Ich möchte dies an meinen eigenen Erfahrungen mit dem Thema „Klausur" verdeutlichen – einem Musterbeispiel für die Spiritualisierung eines fragwürdigen Ideals.

Unser Kloster ist eine typische Klosteranlage des 19. Jahrhunderts. Da gibt es bis heute hohe Klausurmauern und eine Menge Gitter. Als ich Novizin war, waren es noch erheblich mehr. Angesichts dieser Gitter kam es bei einem Besuch meiner Familie zu einer Diskussion über das Thema „Klausur". Beim Abschied an der Türe feixte einer meiner Brüder: „Und was passiert, wenn du jetzt einen Schritt weiter gehst?" Ich habe darüber gelacht, bin den Schritt gegangen und natürlich ist nichts passiert ... Wir sind als junge Novizinnen unbefangen, bisweilen auch „respektlos" mit den baulichen Abtrennungen umgegangen – und wenn nötig einfach drübergestiegen. Viel hatte sich seit der

„Geschichte einer Nonne" bereits verändert und noch mehr durch uns. Die Räume sind längst umgestaltet.

Aber in den Erzählungen unserer alten Schwestern und in der Hauschronik ist all das noch präsent. Mit der Priorin wurde noch in der ersten Hälfte des 20. Jhs. beispielsweise nur kniend gesprochen … Empört war ich, als ich von unserer alten Priorin M. Mechtildis Peters (1904–1995) hörte, dass während einer Fastenzeit ihr Vater verstorben war. Über einen letzten Besuch oder wenigstens eine Teilnahme an der Beerdigung durfte damals überhaupt nicht nachgedacht werden. Da in der Fastenzeit keine Post ausgeteilt wurde, blieb der entsprechende Brief bis Ostern liegen, obwohl die damalige Priorin ihn infolge der üblichen „Briefzensur" geöffnet und gelesen hatte. Als die noch recht junge Sr. Mechtildis dann Ostern davon erfuhr, ging sie in die Kirche und betete weinend direkt am Gitter, das sich zwischen Schwesternchor und Altarraum befand. Dabei hielt sie sich am Gitter fest, so dass ihre Finger ein wenig in den Altarraum hineinreichten. Da kam eine Schwester, die auch in der Kirche war und dies sah, zu ihr und tadelte sie mit den Worten: „Schwester, Sie begehen eine Todsünde. Sie verlassen die Klausur."

Ein solches Klausurverständnis ist lebensfeindlich und steht im Gegensatz zur Botschaft des Evangeliums. Das Kontaktverbot mit der eigenen Familie, die Briefzensur, die Verweigerung eines Krankenbesuches beim Vater bzw. der Teilnahme an seiner Beerdigung: Aus heutiger Sicht ist all das ein klarer Fall von spiritualisierter Gewalt. Die Ideologie, die das ermöglichte, stammte keineswegs aus dem Mittelalter, sondern aus dem 20. Jh. So heißt es 1950 in der Apostolischen Konstitution *Sponsa Christi*[54] von Papst Pius

XII., die durch Papst Johannes Paul II. 1999 in *Verbi Sponsa* aktualisiert und erst 2016 durch Papst Franziskus in *Vultum Dei Quaerere* bzw. *Cor Orans* (2018) grundlegend reformiert wurde, über die Klausur der Nonnen:

„Um eine bessere Bewahrung des feierlichen Gelübdes der Keuschheit (…) zu sichern und um den geschlossenen Garten der Klosterfrauen gegen alle Angriffe der Welt zu verteidigen, so dass keine List, kein Attentat ihn verletzen, keine weltliche oder profane Beziehung ihn stören kann, (…) hat die Kirche in ihrer weisen und wachsamen Fürsorge eine strengere Klausur als besondere Institution für die Ordensfrauen geschaffen, sorgfältig ihre Regeln aufgestellt und sie für immer mit schweren päpstlichen Sanktionen gesichert. Diese ehrwürdige Klausur der Klosterfrauen (…) wird (…) bewusst und feierlich bestätigt, ja sogar mit Überlegung auch auf jene Klöster ausgedehnt, die bis jetzt (…) nicht zu ihr verpflichtet gewesen sind."

Ich denke, es ist kein Zufall, dass zu Beginn dieses Zitates die „Bewahrung des feierlichen Gelübdes der Keuschheit" steht und im gesamten Dokument viel von „Jungfräulichkeit" die Rede ist. Wie der Pflichtzölibat der Priester ist die strenge Klausur der Nonnen ein Mittel der Disziplinierung. Sie sind auferlegt, kommen von außen, nicht von innen. Unsere eigene Klosterchronik berichtet darüber. Es war der jeweilige Erzbischof von Köln, der in den ersten Jahrzehnten des 20 Jhs. unser Kloster persönlich visitierte. Auf ausdrücklichen Befehl von Karl Joseph Kardinal Schulte hin wurde die Klausur verschärft, indem zusätzliche Gitter mitsamt Vorhängen angebracht und um den Klostergarten herum hohe Bäume gepflanzt werden mussten. Dieses Konzept von Klausur hat aus den Frauenklöstern geschlossene Systeme gemacht. Der Soziologe Erving Goffman (1922–1982) nennt solche Systeme „totale Institution". Dies hilft zu verstehen, warum „Einrichtungen" wie Internate, Kinderheime, psychiatrische Kliniken, Altenheime, Kasernen und eben auch kirchliche Seminare, Klöster und ordensähnliche Lebensgemeinschaften so leicht zu Stätten des Missbrauchs wurden und auch noch werden.

Dem Machtmissbrauch von außen durch die auferlegte strenge Klausur entspricht dann auch ein Machtmissbrauch von innen. Ein Machtmissbrauch durch völlige Abhängigkeit von denen, die alle Ressourcen und alle Kontakte kontrollieren. Belohnen und Abstrafen werden zu Instrumenten der Macht. Die Besetzung von Ämtern oder der Zugang zu Ausbildungen spielen dabei neben vielen kleinen Dingen eine Rolle.

Verschiedene Reaktionen sind die Folge: die Idealisierung und Spiritualisierung dieser Situation als Gehorsam, Demut, Armut, Hingabe, Verfügbarkeit usw., indem ein mehr oder weniger großer Teil der Nonnen diese Ideale übernimmt. Oder aber verdeckte, seltener auch offene Formen des Widerstands. Ich war erschrocken, als ich erstmalig die Geschichte einer Ordensfrau hörte, in deren Gemeinschaft die Klausur so sehr zum Machtmittel geworden war, dass ich spontan an die Situation in Gefangenenlagern und totalitären Regimen dachte.

Seit wir als Novizinnen fröhlich über die alten Absperrungen in den Sprechzimmern gesprungen sind, ist viel geschehen. Dieser Prozess hat nach dem Zweiten Vatikanum in den meisten mir bekannten Klöstern stattgefunden. Ich selbst war eine von zwei Schwestern, die bei uns als Erste auf eigenen Wunsch hin ein Studium begonnen haben. Bei meinem Eintritt hatte ich zum Entsetzen meiner Familie mein Studium abgebrochen und war deshalb ohne abgeschlossene Ausbildung. Diese neue Möglichkeit bedeutete zu Beginn der 90er Jahre noch, dass wir das Studium irgendwie bei vollem Arbeitspensum für die Gemeinschaft bewältigen mussten: abends, an den Wochenenden, in jeder freien Minute … Inzwischen gibt es längst eine Selbstverpflichtung der Gemeinschaft, dass jede mindestens eine abgeschlossene Ausbildung machen muss, oft sind es auch zweite oder dritte Aus- und Fortbildungen. Dadurch erweitert sich der Horizont der ganzen Gemeinschaft. Auch vieles andere hat sich geändert: Nach und nach erhielten alle Schwestern Hausschlüssel, Telefone, Internetzugang. Wir waren 1990 das erste benediktinische Frauenkloster in Deutschland, in dem es den Schwestern offen erlaubt war, bei passenden Anlässen auch in Zivilkleidung das Haus zu verlassen, etwa bei Reisen, Arztbesuchen, zu Einkäufen, Freizeitaktivitäten …

Ja, aber ist das so denn noch „echtes Ordensleben"? Geht dabei nichts verloren? Natürlich mussten wir uns auch mit diesen Fragen auseinandersetzen. Rückblickend haben wir nichts dabei verloren, im Gegenteil. Eine neue, von innen organisch „gesteuerte" Form und Definition von „Klausur" entstand. Eine monastische Lebensgemeinschaft ist ein lebendiger Organismus. Die Klausur ist wie die Haut, Abgrenzung und Kontaktorgan zugleich. Je mehr Kontakte und Aktivitäten nach außen stattfinden, desto stärker wird das Bedürfnis, die Klausur zu schützen als Raum der Stille und des Gebets und auch des Gemeinschaftslebens. Das will immer wieder neu ausbalanciert werden. Und genau dies hält die Klausur lebendig.

IMMER WIEDER ZÖLIBAT

Gehorsam und Zölibat stehen im Kontext der vorher angesprochenen Glaubwürdigkeitskrise in einer besonderen Verbindung. Ermöglicht der Gehorsam schon eine Verfügbarkeit über das Leben eines anderen Menschen und stellt einen enormen Eingriff in dasselbe dar, so wird diese Verfügbarkeit noch einmal verstärkt und ausgeweitet durch die Kombination mit dem Zölibat. Letzterer wird nicht selten von seinen Gegnern als Zwangszölibat bezeichnet. Umgekehrt wird dies von seinen Befürwortern um so vehementer bestritten, wisse man doch lange im Voraus, worauf man sich einlässt, wenn man Priester werden will. Man werde also keineswegs davon überrascht und könne sich nicht darauf berufen, man habe es nicht vorher gewusst. Ob jedoch ein junger Mann in seiner ganzen Tragweite weiß, worauf er sich damit einlässt, das ist fraglich angesichts des Umstandes, wie viele Priester im Verlauf des weiteren Lebens das gegebene Versprechen inoffiziell nicht einhalten oder offiziell auflösen, wobei damit auch die Aufgabe einer Lebensentscheidung verbunden ist und die finanzielle Lebensgrundlage wegfällt. Von Freiwilligkeit können guten Gewissens auch seine Befürworter nicht sprechen, ist er doch eine *conditio sine qua non*, eine Bedingung, ohne die es nicht geht. Eine wissentliche Entscheidung ist es natürlich in jedem Fall, aber es bleibt ein unangenehmer Beigeschmack, handelt es sich doch in einem so existentiellen Teil des Lebens wie der Sexualität um eine der persönlichsten Entscheidungen über den eigenen Lebensentwurf. Wer in diesem Zusammenhang das Wort „Zwang" ablehnt, der kann umgekehrt das Wort „freiwillig" nicht mit Überzeugung in den Mund nehmen, und wo auf diesem Gebiet die Freiheit nicht gegeben ist, fällt ein dunkler Schatten auf das, was von seinem Grundgedanken her zutiefst positiv und geistlich gedacht ist. Gehorsam und besonders Zölibat werden interpretiert und verstanden als Ideale. Wenn zweifelsohne gute Ideale jedoch zu Bedingungen werden, nimmt man ihnen dadurch nicht auch einen Großteil ihrer Überzeugungskraft? Das Gespür für diesen Verlust scheint noch vorhanden, je stärker sie idealisiert werden (müssen)! Wie klingt die Rede von der Zeichenhaftigkeit des Zölibats eigentlich in den Ohren verheirateter Menschen? Und dabei haben diese sich doch das Sakrament der Ehe gespendet!

Wenn der Zölibat als die Lebensform Jesu gesehen und deswegen gerne als Vorbild zur Bedingung erhoben wird, dann gelingt das nur, wenn ein wesentlicher Aspekt übersehen wird. Jesus ist, anders als zum Beispiel Mohammed im Islam, nicht allein ein Prophet, sondern seinem Selbstverständnis und dem Glauben der Kirche nach der Sohn Gottes. Für Mohammed als Mensch war es kein Problem, Nachkommen zu zeugen, die bis auf den heutigen Tag einen besonderen Platz innerhalb der Glaubensgemeinschaft für sich in Anspruch nehmen können. Doch man stelle sich vor, Jesus hätte ebenfalls leibliche Nachkommen: Welche Konsequenzen hätte dies für die Kirche, gäbe es doch dann Menschen, die für sich nicht nur wie alle Menschen eine allgemeine Kindschaft Gottes in Anspruch nehmen könnten (Joh 1,12 f.; 1 Joh 3,1; Röm 8,16), sondern darüber hinaus auch eine leibliche Abstammung vom Sohne Gottes mit allen Konsequenzen?

Bis in unsere Tage hält sich das Gerücht oder die Vorstellung, Jesus habe mit Maria Magdalena Kinder gehabt. Das reflexhafte Bestreiten dieses Gedankens seitens der Kirche wirkt wenig überzeugend, scheint sie doch der Auffassung zu sein, Sexualität sei eher etwas Notwendiges, das bestenfalls etwas in der Ehe zu suchen habe, und nicht etwas für das ganze Leben Gutes und Schönes. Ich halte eine sexuelle Aktivität Jesu jedoch für kaum zu vereinbaren mit seinem Selbstverständnis, als Sohn Gottes gekommen zu sein, und nicht, weil es unziemlich gewesen wäre. Zu einem solchen Selbstverständnis, das mit einer Liebe zu jedem Menschen einhergeht, passt eine körperliche Liebe zu einem Menschen aus meiner Sicht nicht. Dasselbe gilt dann auch für die Vorstellung, Jesus habe eine homosexuelle Beziehung zu Johannes gehabt, der immerhin fünf Mal bezeichnet wird als der Jünger, den Jesus liebte (Joh 13,23; 19,26; 20,2; 21,7.20). Seine Ehelosigkeit, sein ‚Zölibat‘ resultiert aus seiner Herkunft und seinem Selbstverständnis. Die priesterliche Ehelosigkeit ist im Vergleich mit der Jesu daher eher unterschiedlich als ähnlich!

Kann man bei Ehelosigkeit und Gehorsam noch ernsthaft von Freiwilligkeit sprechen, wenn sie als Bedingung gestellt werden? Die Identität Jesu ist geprägt von der Überzeugung, eins zu sein mit Gott dem Vater: „Ich und der Vater sind eins“ (Joh 10,30). Aus einer solchen Überzeugung und durchdrungen von einem solchen Gefühl sind Gehorsam und Ehelosigkeit weniger Zeichen eines Verzichtes und einer Selbstaufgabe denn Ausdruck einer untrennbaren Einheit. Eine solche von einem Menschen als Zulassungsbedingung für einen Stand in einer Glaubensgemeinschaft zu verlangen, das macht diese Menschen zu einer herausgehobenen und außergewöhnlichen Gruppe in der Gemeinschaft. Dass diese Auserwählten untereinander enger verbunden sind als mit dem Rest der Gemeinschaft, das muss nicht überraschen. Dass aus einem solchen Verhältnis nach innen wie außen ein Sonderstatus entsteht, das muss nicht verwundern. Bei Jesus sind Gehorsam gegenüber Gott und Ehelosigkeit nicht Zeichen eines Verzichtes und einer Selbstaufgabe, sondern Zeichen einer vollkommenen Freiheit in der Welt und gegenüber allen und jedem Menschen. Werden diese jedoch als Bedingung gestellt, dann wird dadurch schon das Zeichen einer möglichen Freiwilligkeit verdunkelt. Darüber hinaus scheint ein über Jahrhunderte auch in äußeren Zeichen filigran entwickeltes Elitebewusstsein ein würdiger Ersatz für den Verzicht geworden zu sein.

Ich will aber auch von einer ausgesprochen positiven Erfahrung berichten, in der ich den Zölibat als große Chance zur Freiheit erlebt und genutzt habe. Vor einigen Jahren bat ich meinen Bischof, mich von meiner Pfarrstelle zu entpflichten und gleichzeitig für ein Jahr zu beurlauben. Einen solchen Schritt konnte ich auch deswegen tun, weil ich auf keine/n andere/n Menschen in meinem individuellen Leben Rücksicht nehmen musste, gab ich doch in der Folge meinen festen Wohnsitz und mein Einkommen ebenfalls auf. Begründet hatte ich meine Bitte mit der pastoralen Entwicklung, die ich aus Überzeugung nicht mehr mitgehen und verantworten konnte. Einige Menschen, die meine Motivation sehr wohl verstanden, machten mir aber die Vorhaltung, dass sie so nicht handeln könnten, denn sie seien verheiratet, hätten Kinder und damit Verpflichtungen. Sie könnten nicht einfach ihren Beruf ruhen lassen, wenn ihnen etwas nicht mehr passe. Darauf habe ich mit zwei Argumenten geantwortet. Zunächst einmal gehe ich davon aus, dass eine Beziehung und ggf. Kinder einem Leben Halt, Sinn und Perspektive geben. Beides Dinge, die es in meinem Leben in der Form nicht gibt. Hingegen gibt mir der Zölibat die Freiheit, meinen Weg zu ändern, wenn mir die Überzeugung fehlt, den bisherigen weiterzugehen. Ich gebe zu, dass diese Form der Freiheit mir bis dahin in den dreißig Jahren vorher nicht in den Sinn gekommen war. Das Argument, ich würde garantiert weiterbezahlt, konnte ich damit entkräften, dass ich ausdrücklich jegliche finanzielle Unterstützung abgelehnt hätte. Nach aller pastoralen Lyrik über die Freiheit, die der Zölibat einem Priester gebe, habe ich sie in dieser Entscheidung sehr konkret erfahren. Wie sehr ich mich dem Gehorsam verpflichtet gefühlt habe, lässt sich daran ablesen, dass ich ohne Erlaubnis des Bischofs nicht gegangen wäre. Dass ein System einen solchen Schritt dennoch nicht verzeiht, stellte sich heraus, als ich nach einem Jahr in den Dienst des Bistums ohne Bedingungen und besondere Wünsche meinerseits zurückkehren wollte. „Wir haben derzeit nichts Passendes für Sie" war eine nicht leicht zu verkraftende Aussage, und selbst diese habe ich damals im Gehorsam entgegengenommen – etwas, das ich heute so nicht mehr mit mir machen ließe!

Wie sehr wir als Glaubensgemeinschaft im Innersten getroffen sind von den Ereignissen, die in den letzten Jahren bekannt wurden, aber eine deutlich längere Geschichte offenbaren, und die so vieles Gute in den Schatten haben treten lassen, wurde mir deutlich, als mir hinsichtlich der Erzählung des Opfers Abrahams die Frage gestellt wurde, ob es sich dabei um einen geistlichen Missbrauch handele. Missbraucht Gott gegenüber Abraham, Isaak und Sara seine Macht? Er verlangt von Abraham bedingungslos Ehrfurcht und Gehorsam, über den Kopf von Sara hinweg und auf Kosten von Isaak. Missbraucht Gott seine Position, seine Macht? Der Mythos von Abraham, der von Gott den Befehl erhält, seinen Erstgeborenen Isaak zu opfern als Zeichen seines Glaubens, findet sich sowohl in der hebräischen als auch in der christlichen Bibel und in leicht veränderter Form auch im Koran. Es ist eine höchst problematische und widersprüchliche Geschichte, vielleicht eine der grausamsten und folgenreichsten, die die Bibel kennt. Sie gehört jedoch zum Kern der Erzähltradition der monotheistischen Religionen Judentum, Christentum, Islam und es verschlug mir bei dieser Frage für einen Moment den Atem … Und doch: Wir müssen diese Frage stellen. Es kann und darf heute nichts mehr unhinterfragt bleiben, wird doch von Menschen außerhalb der Kirche ohnehin längst alles hinterfragt. Einem Denk- oder Frageverbot folgen nur noch die Denkfaulen, die Ängstlichen oder die Bornierten. Das Einfordern eines solch bedingungslosen Gehorsams, das Gott in dieser Geschichte in den Mund gelegt wird, wurde zu lange als vorbildlich für den Glauben postuliert. Dass eine solche Frage gestellt wird, ist überfällig!

Im Monolog des Isaak hält dieser seinem Vater vor, dass er keineswegs immer so vorbildlich gehandelt und an Gottes

Fügung geglaubt habe. Tatsächlich wird Gottes Plan von Abraham immer wieder durch eigenes Überlegen, Handeln und Taktieren in Frage gestellt: Er zeugt mit einer anderen Frau ein Kind, weil er die Hoffnung aufgegeben hat, dass Gottes Zusage auf Nachkommenschaft mit seiner Frau sich erfülle. Er gibt Sara als seine Schwester aus, weil er Angst um sein Leben hat. Oder er feilscht mit Gott um die Menschen von Sodom und Gomorrha. Gerade diesen, an sich lobenswerten Einsatz für Menschen wirft ihm Isaak in seiner Rede besonders vor. Für Fremde, sogar ausgewiesen böse Menschen setzt sein Vater sich ein. Doch immer wieder ist er eben gerade auch kein Vorbild in Sachen Glauben an Gottes Verheißung und ehrfürchtigem Gehorsam. Erst als das Leben seines einzigen Kindes von ihm gefordert wird, zögert Abraham keinen Moment und ist es ihm nicht einmal eine Diskussion mit Gott wert. Dabei hat Abraham einen eigenen Kopf, setzt ihn ein und macht sogar den Mund auf, um mit Gott wie auf einem Bazar zu feilschen. Doch genau die Geschichte, in der er in blindem Gehorsam tut, was von ihm verlangt wird, hat all das gewünschte Potential, um als Urbild des Glaubens zu fungieren. Das sagt viel aus über die Form des Glaubens, die von vielen in der Kirche gewünscht wird.

Der Gehorsam, der zu einer tragenden Säule des Systems Kirche geworden ist, wird jedoch nicht wie in der Abrahamsgeschichte Gott gegeben, nicht einmal einer (heiligen) Institution wie der ganzen Kirche als geistlicher Gemeinschaft, sondern einem Menschen, dem Bischof als Vorgesetztem. Um die Zukunft des Systems so weit wie möglich abzusichern, wird dieses Versprechen gleich mit eingefordert für den noch unbekannten Nachfolger auf der Kathedra. Damit es nicht aber den Anschein von völliger Willkür bekommt, wird von demjenigen, der das Gehorsamsversprechen ablegt, auch noch erwartet, in allem den Willen Gottes zu erkennen. In einer perfekten und idealen Gemeinschaft könnte man einem solchen Tun vielleicht noch etwas Geistliches und sogar Großes abgewinnen, aber würde eine solche Gemeinschaft auf ein derartiges Instrument überhaupt zurückgreifen müssen, ja wollen? Wäre das nicht der erste Schritt weg von der Perfektion und hin zur Kontrolle? Öffnet es in einer nicht perfekten Gemeinschaft, wie die Kirche eine ist, einer möglichen Willkür nicht Tür und Tor? Und: Handelt es sich bei dem als so vorbildlich für den Glauben gepriesenen Gehorsam Abrahams überhaupt um das richtige Verhalten Gott gegenüber, um auf die obige Frage zurückzukommen? Es gehört zum Selbstverständnis Gottes, von einem glaubenden Menschen den Gehorsam gegenüber seinen Geboten zu erwarten. In ihnen offenbart sich sein Wille. Doch über die göttlichen Gebote hinaus den Willen Gottes im Willen eines Vorgesetzten zu erkennen, das kann der Ausdruck eines großen Glaubens sein, zeigt aber auch, wes Geistes Kind ein System ist, das selbst so denkt. Etwas wahrlich Übermenschliches vollzieht sich in einem solchen Verhältnis zweier Menschen zueinander. Doch wehe, wenn sich darin menschliches Kalkül zeigen sollte! Was bleibt von großen Ideen und Gedanken, wenn sie auf Menschliches, oft Allzumenschliches in Personen treffen, die ein Gehorsamsversprechen entgegengenommen haben. Bei einem Vorgesetzten, der sich auszeichnet durch

Persönlichkeit, Kompetenz, Demut und geistliche Weite, kann die Akzeptanz seiner Entscheidungen leichter fallen, selbst wenn sie nicht den eigenen Vorstellungen entsprechen. Was jedoch, wenn sich der Entscheidungsträger auszeichnet durch Inkompetenz, Arroganz, Starrheit oder Ängstlichkeit? Nach Lehre der Kirche werden dem Amtsträger durch die Weihe auch die notwendigen Gaben und Fähigkeiten verliehen. Wo in anderen Institutionen und Firmen eine Ausbildung in Organisation, Finanzen und Personalführung vorausgesetzt wird, da kann man von Glück reden, wenn eine solche in der Kirche nach der Weihe noch folgt. Dass heute Fachleute auf Stellen kommen, die bisher stets von Priestern eingenommen wurden, bedeutet leider noch nicht zwangsläufig, dass dies besserer Einsicht geschuldet ist oder vielleicht doch nur dem Priestermangel. Gehorsam gegenüber Gott und seinen Geboten, das ist eine Selbstverständlichkeit im Glauben und bleibt stets eine Herausforderung. Gehorsam gegenüber einem Menschen jedoch und in seinen Willensäußerungen in geistlicher Überhöhung auch noch den Willen Gottes zu erkennen, das ist riskant und kann der Willkür Tür und Tor öffnen.

Selbstverständlich bedarf jede Institution einer Ordnung. Es gibt eine Hierarchie in allen Systemen und man muss schon eine gehörige Portion Naivität aufbringen, um sich auch die Gemeinschaft der Christen hierarchiefrei vorstellen zu können. Doch zwischen Leiten und Herrschen besteht ein himmelweiter Unterschied. Ist Leiten Zeichen von Persönlichkeit, spricht Herrschen eher von deren Mangel.

Die Entscheidungsebene der katholischen Kirche organisiert sich seit Jahrhunderten durch ein Zusammenspiel von Leitung durch Männer, die einander verbunden sind durch den Gehorsam und eine ehelose Lebensweise. Das alles wird mehr oder weniger als gottgewollt und unauflöslich gesehen. Wer aus dieser Lebensweise ausschert, scheitert, so die Grundprämisse. Einem Mitbruder, der nach über zwanzig glücklichen Jahren als Priester sein Amt aus verschiedenen Gründen aufgab, wurde in einem Abschlussgespräch mit einem Verantwortlichen aus der Bistumsleitung gesagt, dass dieser Schritt auch das Ergebnis von mangelndem Gebet sei. Ich halte eine solche Äußerung nicht nur für erhellend, um eine bestimmte Sicht auf ein Selbstverständnis zu verstehen, sondern darüber hinaus auch für verletzend und weiß zum Glück auch von gelungenen Abschieden. Ist es wirklich so unvorstellbar, dass ein Priester intensiv betet und ringt, bevor er eine dermaßen schwere Entscheidung trifft? Ist es nicht denkbar, dass der Wille Gottes sich auch in einer solchen Entscheidung zeigen kann – und zwar nach reichlicher Zeit im Gebet? Ist das Durchtragen und Durchhalten einer in jungen Jahren gefällten Entscheidung der einzige Maßstab? Ich will keineswegs einer Beliebigkeit das Wort reden, aber ist schon automatisch der Ranghöhere auch der Kompetentere bei der Deutung des Willens Gottes, und wie eng darf dieser Wille Gottes vorgegeben werden: Nur ein Mann kann die Berufung zum Priester haben, die dann verknüpft wird mit der Berufung zum Zölibat und gebunden ist an den Gehorsam. Und sollte auch nur eine dieser Bedingungen fehlen oder sich ändern, dann ist es keine Berufung oder nicht mehr der Wille Gottes?

Ein anderes Beispiel für ein auf Gehorsam gebautes Hierarchiegefälle in der Kirche: Im Jahre 2006 entspann sich in Deutschland eine Diskussion um die Einsetzungsworte der Messe. Papst Benedikt XVI., bekanntermaßen ein Deutscher, hatte diese Diskussion mit dem Hinweis ausgelöst, dass es theologisch korrekt heißen müsse: „Das ist der Kelch des neuen und ewigen Bundes, mein Blut, das für euch und für viele vergossen wird zur Vergebung der Sünden", anstatt des bisher gebräuchlichen „ ... das für euch und für alle ...". An dieser Stelle geht es keineswegs um theologische Argumente, die für die eine oder andere Übersetzung sprechen, sondern allein darum, wie diese Diskussion sich entwickelte und was am Ende daraus geworden ist. In dem im Jahre 2013 erschienenen *Gotteslob* für die deutschsprachigen Diözesen findet sich bereits die Übersetzung „für viele". Offiziell eingeführt wurde sie aber nicht, denn im selben Jahr erklärte Papst Benedikt seinen Rücktritt und es wurde aus dem *Papa* ein *Papa Emeritus*. Danach verlief dieses Thema bei den Bischöfen anscheinend im Sande. Was für einen Eindruck hinterlässt ein solches Verhalten? Wenn der Papa etwas will oder verlangt, begegnet man diesem Wunsch mit der Haltung, ihn zu erfüllen. Gibt es einen neuen Papa, der das Anliegen seines Vorgängers nicht weiterverfolgt, dann geben auch alle nachgeordneten „Söhne" dieses Anliegen auf und lassen es sang- und klanglos unter den Tisch fallen. Gab es denn vorher niemanden, der von der Veränderung überzeugt war, und warum meldet der sich nicht mehr und setzt sich für seine Überzeugung ein? Oder gab es niemanden, der die Veränderung abgelehnt hat, und warum hat derjenige sich nicht vorher gemeldet? So ganz kann man sich nicht des Eindrucks erwehren, dass es den Söhnen in erster Linie darauf ankam, gute Söhne zu sein, und weniger eine eigene Überzeugung zu haben und für diese einzutreten.

Je länger ich Teil dieses Systems bin, desto mehr erkenne ich rückblickend, wie und wo auch ich zu seiner Stabilisierung meinen Beitrag geleistet habe.

WELCHEN GEHORSAM BRAUCHT ES?

Ohne Hierarchie und Weisungsbefugnisse geht es nicht im Zusammenspiel von Menschen – an keiner Stelle und natürlich auch nicht in der Kirche. Auch hier kann nicht jeder machen, was er will. Aber zumindest eine eigene Meinung vertreten, das kann man doch von erwachsenen Männern erwarten. Wie sehr die Krisen der letzten Jahre zumindest in diesem Punkt zu einer Veränderung im positiven Sinne geführt haben, ist daran festzustellen, dass seit einiger Zeit unterschiedliche Meinungen von den Bischöfen zu hören sind. Man stelle sich vor, dass ein Bischof vor zehn Jahren laut ausgesprochen hätte, dass er sich auch Frauen als Priesterinnen vorstellen könne oder die Segnung von homosexuellen Partnerschaften möglich sei. Und als aus Rom Anweisungen kamen, wie die Bistümer in Deutschland ihre Pfarreireformen zu gestalten haben, da protestierten innerhalb weniger Stunden ein halbes Dutzend Bischöfe dagegen – Gott sei Dank! Ich sehe in solchen Äußerungen nicht das Ende der Einheit, sondern vielmehr eine ermutigende Perspektive für die Zukunft. Wir müssen auch in der Kirche nicht mit einer Meinung in jede Diskussion gehen. Das Ergebnis wird vermutlich von mehr Menschen getragen, als wenn es schon vorher feststeht und für alle Zeiten zu gelten hat.

Aber noch einmal: Es braucht eine Ordnung und es braucht einen gewissen Gehorsam in jedem System. Doch welche Ordnung? Und welche Art von Gehorsam? Wie Hierarchie und Entscheidung kombiniert werden mit demokratischen Möglichkeiten und einer letzten Korrekturoption für den Heiligen Geist, das lässt sich an der koptischen Kirche der Christen in Ägypten zeigen. Dass die koptische Kirche bei vielen in der Kritik steht, weil sie sich mit dem Regime arrangiert, sei hier nicht thematisiert. Es geht ausschließlich um das interne Verfahren. Denn wenn diese Kirche ihren Papst wählt, dann geht es dort anders zu als bei der Papstwahl der katholischen Kirche. Das letzte Mal fand eine solche Wahl am 4. November 2012 statt. Nach dem Tod von Schenuda III. gab es eine lange Vakanz, in der Vorschläge gesammelt wurden für einen potentiellen Nachfolger. Dieser muss Mönch sein, älter als 40 Jahre und mindestens 15 Jahre in einem Kloster gelebt haben. Insgesamt waren 2412 Männer und Frauen an der Wahl beteiligt, davon mehr als die Hälfte Laien, Delegierte der Diözesen, koptische Politiker, Wissenschaftler und Journalisten. Der Frauenanteil der Wahlversammlung lag bei (nur) etwa fünf Prozent. Von einer Liste 17 vorgeschlagener Personen blieben am Ende drei übrig. Nach dem Wahlgottesdienst zog ein neunjähriger Junge mit verbundenen Augen aus einem Behälter eines der drei Lose, auf denen die Namen der Kandidaten standen. Menschen haben ihre Erfahrungen und Meinungen eingebracht, diskutiert und dann ausgewählt. Alles Menschenmögliche wurde getan, um die besten drei Personen in die Endrunde zu bringen. Doch dann überlässt man es dem Zufall – oder nennen wir es eine letzte Option für das Wirken Gottes? – und durch das Los und die Hand eines Kindes wird entschieden, wer es werden soll. Freilich: Dass Wahlen unter mehr Beteiligung nicht automatisch die besseren Ergebnisse bringen, davon gibt es in der Welt genügend Beispiele. Aber die

Beteiligung von mehr Menschen bei Entscheidungen gibt diesen auch eine größere Akzeptanz.

Formen und eine Hierarchie muss es geben, denn es bedarf einer Weisungsbefugnis und Entscheidungskompetenz. Doch so wie bisher wird sich das gewohnte System von Leitung kaum mehr aufrechterhalten können, sollte überhaupt noch ein Interesse daran bestehen, als Gesprächs- und Gestaltungspartner in der Gesellschaft ernstgenommen zu werden. Ob die Entscheidungskompetenz jedoch an Ämter gebunden sein muss, deren Zugangsbedingungen mehr geregelt sind durch das Geschlecht sowie tiefe Eingriffe in die Persönlichkeit eines Menschen als durch seine fachliche Kompetenz, das ist mehr als fraglich geworden. Die Zeichenhaftigkeit von Gehorsam und Zölibat leidet durch ihre Koppelung an die Macht bei gleichzeitiger spiritueller Überhöhung und das macht sie eher unglaubwürdig. Losgelöst vom Gemeinschaftsleben wie z. B. in Klöstern wird der Zölibat zum Machtfaktor für den Gehorsam und beide verlieren an Überzeugungskraft.

Der gebundene Isaak begehrt gegen seinen übermächtigen Vater auf und er rettet damit nicht nur sein Leben, sondern auch die weitere Geschichte. Die Einsicht, die Abraham gewinnt, beschädigt weder seine Person noch seine Position. Im Miteinander gewinnen sie ihre Zukunft. Gott spricht zu den Menschen eher durch Einsichten denn durch Engel. Und, ja, diese Form der Kommunikation ist schwerer als klare Ansagen durch Engel, entbindet sie uns doch nicht vom Mittun – und sie stellt Ansprüche an beide Seiten. Schwache Persönlichkeiten sind gerne bereit, ihre Freiheit aufzugeben und andere über sich entscheiden zu lassen, denn der Verweis auf den Gehorsam entbindet sie von Mitverantwortung. Umgekehrt fordern schwache Persönlichkeiten aber auch gerne einen Kadavergehorsam ein, denn der erspart ihnen die Diskussion. Eingeforderte und gewährte Freiheit machen einen Gehorsam erst fruchtbar.

Isaak hat das Recht, aufzubegehren gegenüber seinem Vater, und Abraham hätte es gut zu Gesicht gestanden, auch diesmal mit Gott zu diskutieren oder nach einem Ausweg zu suchen. Ein Einspruch, eine Diskussion oder ein Widerspruch zerstören nicht gleich das ganze Gebilde des Gehorsams. Schwache Persönlichkeiten auf Leitungspositionen werden sich damit natürlich schwertun, ob sie im Kleinen leiten oder im Großen. Mein Gottesbild nimmt weder Schaden am Widerspruch eines Isaak noch an der Einsicht des Abraham.

PRIESTERTUM UND MACHT

In einer Religion wie dem Christentum, in der Selbstlosigkeit, Dienen, Demut und Hingabe zentrale Ideale sind, fällt es schwer, offen über Macht zu sprechen. Sie wird allzu leicht wegidealisiert. In der aktuellen Diskussion ist immer wieder von „Gewaltenteilung" die Rede. Die Orden sind dabei schon lange auf einem Weg, der für viele andere kirchliche Strukturen bis heute kaum denkbar ist. Jeder sogenannte „höhere Ordensobere" muss in freier Wahl von den wahlberechtigten Mitgliedern gewählt werden. In einer monastischen Gemeinschaft wie der, in der ich lebe, zählen dazu alle Schwestern, die durch die Ewige Profess, das Gelübde auf Lebenszeit, die volle Zugehörigkeit zur Gemeinschaft haben. Auch die Gewaltenteilung zwischen dem sogenannten Kapitel und der Priorin ist in unseren Gemeinschaften eine reale. In allen wichtigen Belangen braucht die Priorin die Zustimmung des Kapitels, oft in geheimer Abstimmung, hat aber selbst bei diesen Abstimmungen kein Stimmrecht. Eine Rückbesinnung auf das sehr alte benediktinische Modell der Gewaltenteilung könnte eine Quelle der Inspiration sein bei der Suche nach ausgewogenen Leitungsmodellen.

Abraham und Sara sind als „Herr" und „Herrin" auf dem Weg. Sara bedeutet „Herrin" oder „Fürstin", sie bekommt diesen Namen eigens von Gott verliehen (vgl. Gen 17,15). Ist diese Namensgebung der Ausdruck einer Gewaltenteilung? Wer hat worin das Sagen? Wahrscheinlich ist Abraham eher mit der äußeren Sicherung der Sippe beschäftigt und Sara eher mit deren innerem Zusammenhalt. Das ist einfach die klassische Rollenverteilung in patriarchalen Gesellschaften, in der, bei aller Beschränkung auf den „Innenbereich", Frauen beispielsweise als Regentinnen oder Burgherrinnen durchaus eine echte Rolle spielen konnten. Beides ist für die Sippe von existentieller Bedeutung. Sara hat damit als Frau nicht nur Anteil an der Leitung, sondern ihre ganz eigene Rolle darin. Dieses Thema ist hochaktuell. Von einer echten Gleichberechtigung sind wir in vielen Bereichen des Lebens immer noch weit entfernt, nicht nur in der Kirche. Wie kommt die Gesellschaft und darin besonders die katholische Kirche zu einer überzeugenden Geschlechtergerechtigkeit? Welche Rolle(n) können und wollen Frauen in der Leitung von Kirche einnehmen?

In den letzten Jahren kommt mir immer öfter der Satz über die Lippen: „Also, so langsam werde auch ich zur Feministin!", wenn ich miterlebe, wie zäh Veränderung geschieht und wie unbeweglich kirchliche Strukturen und Rollenverteilungen sein können. Das merken – Deo gratias! – nicht nur die Schwestern, sondern auch die Brüder.

Was macht es so schwierig, wenn doch so viele die Veränderung hin zu mehr Geschlechtergerechtigkeit in der Kirche wollen? Zügige und klare Schritte im Rahmen dessen, worüber jetzt schon Konsens besteht, wäre ja immerhin schon einmal ein guter Anfang. Wenn Kardinal Woelki meint: „Wir brauchen mehr Frauen in kirchlichen Leitungspositionen, die dann auch Vorgesetzte von Priestern sind"[55], ist das auf jeden Fall ein Schritt in die richtige Richtung. Eine Entkopplung von Priestertum und Macht wäre sicher ganz im Sinne Jesu …

Ja, es geht um das Thema „Gerechtigkeit" und es geht auch um das Thema „Macht", damit Abraham und Sara als

„Vater und Mutter des Glaubens" und als „Herr und Herrin" ihrer Sippe, die zum Volkes Gottes wird, wieder gemeinsam auf dem Weg sind. Es scheint, dass wir seit der biblischen Zeit, was die Geschlechtergerechtigkeit angeht, eher etwas verloren als dazugewonnen haben. Da wollen neue Formen entwickelt werden.

Vor allem aber geht es um den, der sich aller Macht und Gewalt entäußerte: wie es uns in Anlehnung an den Philipperbrief (2,5–7) folgendes Weihnachtslied im Gotteslob (Nr. 247) zum Klingen bringt: „Lobt Gott ihr Christen alle gleich, in seinem höchsten Thron, der heut schließt auf das Himmelreich und schenkt uns seinen Sohn. Er kommt aus seines Vaters Schoß und wird ein Kindlein klein; er liegt dort elend, nackt und bloß in einem Krippelein, entäußert sich all seiner Gewalt, wird niedrig und gering und nimmt an eines Knechts Gestalt, der Schöpfer aller Ding."

UNGEHORSAM ALS WILLE GOTTES

„Abraham hat die Prüfung nicht bestanden … Als Er Abraham befahl, Isaak zu opfern, wollte er Abrahams Weigerung. Er wollte nicht ‚Ja‘, sondern ‚Nein‘."[56]

Gibt es das, Ungehorsam als „Wille Gottes"? Mit Sicherheit gibt es den Ungehorsam gegenüber menschlichen Befehlen als „Wille Gottes". Diese Form von Ungehorsam zeigen zum Beispiel die Apostel: „Man führte sie herbei und stellte sie vor den Hohen Rat. Der Hohepriester verhörte sie und sagte: Wir haben euch streng verboten, in diesem Namen zu lehren; und siehe, ihr habt Jerusalem mit eurer

Lehre erfüllt; ihr wollt das Blut dieses Menschen über uns bringen. Petrus und die Apostel antworteten: Man muss Gott mehr gehorchen als den Menschen."[57]

Der Satz „Man muss Gott mehr gehorchen als den Menschen" ist die Handlungsmaxime vieler Widerstandskämpfer, Revolutionäre und auch aller Märtyrer, egal welcher Religion. Bei dieser Form des Ungehorsams spielt – neben den Werten – die Person des Befehlenden eine Rolle. Da gibt es eine Hierarchie der Befehle. Voraussetzung ist, dass die Apostel die religiöse Autorität ihrer Zeit, den Hohen Rat, nicht als „Stimme Gottes" anerkennen, sondern ihrer eigenen Erfahrung mit der Person Jesu Christi die Priorität geben – koste es, was es wolle, einschließlich der eigenen Freiheit und des eigenen Lebens.

Eine zweite Bibelstelle stellt die Grundsatzfrage, ob Menschen, sei es im Namen Gottes oder in ihrem eigenen Namen, überhaupt eine Autorität über andere haben und den Gehorsam einfordern dürfen. Dies ist eine Grundfrage an alle religiösen Institutionen und darin äußert sich die Kritik Jesu am religiösen Establishment seiner Zeit: „Aber ihr sollt euch nicht Rabbi nennen lassen; denn einer ist euer Meister; ihr aber seid alle Brüder. Und ihr sollt niemand euren Vater nennen auf Erden; denn einer ist euer Vater: der im Himmel. Und ihr sollt euch nicht Lehrer nennen lassen; denn einer ist euer Lehrer: Christus."[58] Der Abgleich mit der Geschichte und Gegenwart der Kirche(n) lässt leicht erkennen, wie aktuell diese Bibelstelle ist.

Ein weiteres Motiv für die Gehorsamsverweigerung ist, sogar bei Soldaten, die Frage nach (verbindlichen) Werten. Die Möglichkeit einer solchen Verweigerung aus ethischen

Gründen ist im Gesetz der Bundesrepublik Deutschland garantiert, ja mitunter sogar gefordert: „Allerdings gibt es Fälle, in denen Gehorsamsverweigerung sogar Pflicht ist. ‚Ein Befehl darf nicht befolgt werden, wenn dadurch eine Straftat begangen würde‘, heißt es in Paragraph 11 des Soldatengesetzes. Daher muss der Untergebene auch Befehle verweigern, die einen schweren Verstoß gegen Regeln des Völkerrechts zur Folge hätten."[59]

Wie steht es unter diesen Voraussetzungen mit Gehorsamsverweigerung gegen den Befehl Gottes, Isaak zu opfern? Die Tötung des eigenen Kindes dürfte weitgehend universal als ethisch unverantwortbar und als „Straftat" gelten. So wäre es also Abrahams Pflicht gewesen, diesen Befehl Gottes zurückzuweisen. Warum aber hat Gott den Befehl dann erteilt? Ist es da nicht wahrscheinlicher, dass Abraham falsch gehört hat? Dass er irrte, was den Willen Gottes anging? Hätte er angesichts seiner positiven Erfahrungen mit Gott nicht wissen müssen, dass ein solcher Befehl unmöglich von diesem seinen Gott kommen kann? Und wenn das so ist: Wie hätte Abraham so etwas unterscheiden können?

Als unterscheidende Instanz bleibt für Abraham und für uns unser Gewissen. Das Gewissen und die Gewissensfreiheit des Menschen bilden den Kern der Menschenrechte. Das Gewissen zu definieren, ist jedoch bis heute nicht einfach: „Das Wort ‚Gewissen‘ ist durch die lange Tradition der philosophischen und theologischen Ethik bis in die gegenwärtige humanwissenschaftliche Diskussion hinein einer der rätselhaftesten und umstrittensten Begriffe geblieben. Den meisten geht es damit wie Augustinus (354–430), in dessen Bekenntnissen die schonungslose Selbstanalyse des Gewissens zum ersten Mal literarischen Ausdruck gewinnt, wenn er von sich selbst im Hinblick auf die Zeit bekennt: ‚Wenn mich niemand danach fragt, weiß ich es; wenn ich es erklären soll, weiß ich es nicht.‘"[60] Während die einen das Gewissen „als göttliche Stimme in uns, oder als das Bewusstsein unserer höheren Natur und absoluten Freiheit" (Fichte) verherrlichen, erklären andere (Schopenhauer), „das Gewissen sei ein Fünftel Menschenfurcht, ein Fünftel Aberglaube, ein Fünftel Vorurteil, ein Fünftel Eitelkeit, ein Fünftel Gewohnheit".[61] Das alles macht es nicht leichter. Denn ist es nicht genau diese Unsicherheit des eigenen Gewissens, die es ermöglicht, dass wir Menschen anfällig werden für jede Art von Suggestion und Missbrauch? Was also tun? Es braucht auf jeden Fall Unterscheidung, wenn ich in meinem Leben schwerwiegende Fehlentscheidungen vermeiden will. Schon die Bibel befasst sich mit diesem Thema und der Apostel Paulus zählt die „Gabe der Unterscheidung der Geister"[62] zu den Charismen, den besonderen Gaben des Heiligen Geistes. Die Frage, wie diese Unterscheidung geht, ist komplex und hat die großen Lehrer des spirituellen Lebens, wie zum Beispiel Ignatius von Loyola, intensiv beschäftigt.

Meine persönliche Erfahrung ist, dass ich vor allem auf meine „innere Alarmanlage" zu achten habe, wenn ich keine schwerwiegenden Fehlentscheidungen treffen will. Wenn in meinem Leben irgendetwas schiefgelaufen ist, weiß ich meist hinterher genau, wann und wo ich „rote Ampeln" überfahren habe. Hartnäckige innere und äußere Widerstände müssen angeschaut und ernst genommen werden.

Gute Entscheidungsfindung geht für mich außerdem nie im Alleingang, auch wenn ich selber irgendwann wirklich entscheiden muss und diese Entscheidung mit all ihren Konsequenzen dann auch zu verantworten habe. Es braucht das Mitdenken, das Echo und manchmal auch den Widerstand der anderen. Genau dies aber hat bei Abraham gefehlt; er handelte alleine und heimlich.

KREUZ, TOD UND FREIHEIT

Gibt es außer der Feststellung, dass Abraham hätte „Nein" sagen sollen, gar keine Antwort auf die Frage nach dem Warum, die auch für die Betroffenen tragfähig wäre und bei einer Bewältigung der Situation helfen könnte? Letztlich bleibt nur der Perspektivwechsel, nämlich aus der Perspektive des Opfers zu schauen und nicht nach der Ursache zu fragen, sondern nach dem Sinn … Das ist keine Relativierung des Leides, aber manchmal ein Ausweg aus der Opferrolle. So gelang und gelingt es immer wieder Menschen, wenn alle Versuche scheitern, der Situation zu entkommen, für sich selbst einen Sinn zu finden. Edith Stein beispielsweise sagt zu ihrer Schwester, die mit ihr ins Konzentrationslager gebracht wird: „Komm, wir gehen für unser Volk." Das macht die Schuld der Täter nicht kleiner und das, was Menschen einander anzutun imstande sind, nicht weniger ungeheuerlich. Aber es ermöglicht den Opfern, trotz allem ihre Würde, Selbstbestimmung und Freiheit zu erhalten. Dass das auch unter den lebensfeindlichsten Umständen geht, bezeugt Viktor Frankl (1905–1997), der diese Erfahrung selbst im

Konzentrationslager gemacht hat, nämlich „dass man dem Menschen im Konzentrationslager alles nehmen kann, nur nicht: die letzte menschliche Freiheit, sich zu den gegebenen Verhältnissen immer so oder so einzustellen. Und es gab ein So oder So!"[63]

„Christus factus est ... " – „Christus ist für uns gehorsam geworden bis zum Tod, ja bis zum Tod am Kreuz", so singen wir als Gemeinschaft während der Karwoche insgesamt fünfmal das berühmte gregorianische Graduale. Wie ein Mottolied begleitet uns dieser Gesang durch die heilige Woche. Eine jede kann da mitsingen. Wir singen ihn sogar auf dem Boden kniend zum Ende der sogenannten Karmetten. Das ist für mich immer ein „Gänsehaut-Moment". Und als Tischgebet erklingen diese Worte dann wieder – eine Art Mantra.

Der gesungene Text weicht leicht von der Bibelstelle aus dem Philipperhymnus (Phil 2,8) ab. Er ergänzt zwei Worte, die hoch bedeutsam sind: *„pro nobis"* – „für uns": „Christus war für uns gehorsam". Ist Christus also nicht gehorsam bis zum Tod, um Gott, seinem Vater, seine Liebe und Ergebung zu zeigen? Ich denke, nein; denn was wäre das für eine Liebe, die einem solchen Beweis braucht. Wie schrecklich! Nein, ich bin davon überzeugt, dass Jesus sich der Liebe seines Vaters ganz sicher ist und dass Gottes Liebe zu ihm völlig bedingungslos ist und keinen Beweis braucht – und schon gar nicht einen solch grauenhaften.

Was aber bedeutet dann dieses *„pro nobis"* – „für uns"? Ist es also eher so, dass Jesus sterben muss, um an unserer Stelle den zornigen Vater zu besänftigen. So wie es im Lied *Herzliebster Jesu* heißt:

„Was ist doch wohl die Ursach solcher Plagen? Ach, meine Sünden haben dich geschlagen. Ich, mein Herr Jesu, habe dies verschuldet, was du erduldet.

Wie wunderbarlich ist doch diese Strafe! Der gute Hirte leidet für die Schafe; die Schuld bezahlt der Herre, der Gerechte, für seine Knechte."[64]

Auch bei dieser Vorstellung zucke ich zusammen: Was ist das für ein Gott? Warum reicht es nicht, wenn Jesus einfach für uns bittet? Erfüllt der Vater ihm nicht jede Bitte? So sehr mich das „für mich" dieses Liedes auch berührt: Warum muss Jesus sein Leben opfern? Ist das der Wille Gottes? Auch nach Jahrzehnten im Kloster bleiben da Fragen offen. Und das ist gut so. Wir gewöhnen uns allzu leicht an die immer wieder gehörten Bibeltexte und theologischen Begriffe. Reden vielleicht gar schwärmerisch vom Kreuz, vom Opfer oder von der Stellvertretung. Wenn es dann aber im Alltag konkret wird, wenn beispielsweise mein Stolz angekratzt wird, ich eine Kritik wegstecken muss, mich zurückgesetzt fühle oder etwas tun soll, wozu ich gerade überhaupt keine Lust habe … Oh je!

Wenn der Tod Jesu nicht der Wille des Vaters ist, was ist er dann? Jedes Jahr, besonders am Karfreitag, erschüttert mich beim Hören der Passion immer wieder die grauenhafte Logik, mit der die Situation eskaliert und durch eine Fülle von menschlichen Fehlentscheidungen und Schwächen, von Hass und Gewaltbereitschaft zur Katastrophe führt. Machen wir uns da nichts vor: Genau das geschieht im Kleinen wie im Großen immer wieder. Da haben wir Menschen in den letzten zweitausend Jahren wenig dazugelernt. Und der Blick in die Zeitungen wie in die Geschichte lehrt: So kommen zahllose Menschen brutal ums Leben. Sie alle sind Schwestern und Brüder Jesu. Und immer wieder gibt es darunter Menschen, die ihr Schicksal genauso bewusst annehmen.

Zwei Szenen aus dem Film „Oscar Romero" stehen mir vor Augen: Da ist eine junge Frau des Widerstandes, die sie gefoltert haben. Sie kann nicht mehr sprechen, denn sie haben ihre Zunge herausgeschnitten. Das Gesicht ist blutverschmiert. Bevor ihre Mörder sie erschießen können, dreht sie sich um und schaut ihnen in die Augen. Und da ist Oscar Romero, der mit dem Kelch in der Hand hinter dem Altar von den Kugeln seines Mörders getroffen zusammenbricht. Ob es sich nun um Mahatma Ghandi, Martin Luther King oder Maximilian Kolbe handelt oder um all die Unbekannten, die ihr Leben eingesetzt haben für Freiheit, Gewaltlosigkeit, Menschenwürde oder das Leben anderer ... Ja, es gibt immer wieder Menschen, die in den Extremsituationen des Lebens genau dies tun und dabei ihr Leben wagen und manchmal auch verlieren. Ihr Lebenszeugnis ermutigt viele zum Leben. Der Tod Jesu ist also die letzte Konsequenz seiner Sendung, der er treu bleibt, bis zuletzt, koste es, was es wolle. Darin liegen seine Freiheit und sein Gehorsam. Ich habe diese Erfahrung einmal in einer schwierigen Lebenssituation für mich in eine kleine „Kreuzlitanei" gefasst:

KREUZ-LITANEI

Kreuz,
DU BLITZABLEITER,
an dem
Spannungen,
Konflikte,
heftige Emotionen
sich entladen,
weil endlich
EINER
gelassen standhält.
DU KLÄRANLANGE
für alle
ungeklärten,
unbewussten Schatten
weil endlich
EINER
hinschaut
ohne zu verurteilen

DU FELS IN DER BRANDUNG
an dem
die Wogen
aus
Hass,
Angst
und Verzweiflung
sich brechen,
weil endlich
EINER
dies als Dienst versteht.
DU SPIEGEL
in dem
der Tod
den
Tod
findet,
weil endlich
EINER
keine Angst
um sich selber hat,
Kreuz

Eine unerwartete Wende erhält all dies durch die Auferstehung Jesu. Das ist die Kernbotschaft des christlichen Glaubens. Am Ende steht nicht der Tod, sondern das Leben. Das
„Pro nobis" – „Für uns", die Frage nach dem Sinn des Todes
Jesu wird für mich im folgenden Zitat aus dem Hebräerbrief
(2,15) auf den Punkt gebracht: „Um die zu befreien, die aus
Furcht vor dem Tod ihr Leben lang der Knechtschaft verfallen waren."

GEHORSAM 2.0

Zu meiner Feierlichen Profess, mit der ich mich mit 26
Jahren am 25. März 1988 als Benediktinerin für mein ganzes Leben an Gott und an meine Gemeinschaft gebunden
habe, bekam ich vom Zelebranten ein außergewöhnliches
Geschenk. Es war eine Cassette mit einer Aufnahme von
Fjodor Dostojewskis „Der Großinquisitor" aus dem Buch
„Die Brüder Karamasow", gesprochen von Ernst Ginsberg
(1904–1964)[65]. Diese grandiose historische Aufnahme erweckt das literarische Meisterwerk Dostojewskis zum Leben.

Sevilla zur Zeit der Inquisition. In einer prunkvollen In-
szenierung von Macht werden Ketzer „zu Asche verbrannt".
Jesus erscheint ein zweites Mal. Szenen des Evangeliums
wiederholen sich, die Menschen erkennen ihn und jubeln
ihm zu. Nach der Erweckung eines toten Mädchens lässt
der greise Kardinal, der Großinquisitor, Jesus verhaften.
Niemand leistet Widerstand. Nachts geht der Kardinal in
den Kerker und sagt seinem Gefangenen, dass er ein zweites
Mal sterben muss:

„Bist Du es? Ja?" Ohne eine Antwort abzuwarten, fügt er schnell hinzu: „Antworte nicht! Schweig! Was solltest du auch sagen? Du hast kein Recht, dem etwas hinzuzufügen, was du früher schon gesagt hast. Warum bist du gekommen? Uns zu stören bist du gekommen. Und du weißt das. Und weißt du auch, was morgen geschehen wird? Morgen werde ich dich verurteilen. Und als den schlimmsten aller Ketzer auf dem Scheiterhaufen verbrennen. Der Gefangene schweigt und schaut den Greis an."

Noch heute, nach mehr als 30 Jahren, stellt sich bei mir das „Gänsehautgefühl" ein, das ich beim ersten Hören empfand. In seinem Monolog macht der Großinquisitor Jesus den Vorwurf, die Menschen überfordert zu haben, indem er ihnen Freiheit gab. „Sie selbst haben uns ihre Freiheit gebracht und sie uns gehorsam zu Füßen gelegt. Hast du so eine Freiheit gewünscht?" Ist Gehorsam ein Verzicht auf oder gar ein Ausweg aus der Freiheit? Indem ich mein Denken, meine Entscheidungen und meine Verantwortung an eine Autorität abgebe?

Von den drei Gelübden, die wir als Benediktinerinnen ablegen, war der Gehorsam für mich die größte Hürde. Wir versprechen nicht die sogenannten evangelischen Räte: „Armut, ehelose Keuschheit und Gehorsam", sondern „Beständigkeit, klösterlichen Lebenswandel und Gehorsam". Die beiden ersten Gelübde fand ich fast spontan sympathisch.

Die Beständigkeit, das Bleiben, das Dranbleiben am begonnenen Weg, die Beharrlichkeit als Inhalt eines Gelübdes überzeugten mich genauso wie das Bleiben in einer konkreten Lebensgemeinschaft. Von Natur aus eher entscheidungsfreudig, bereitete mir das wenig Probleme. Ein simples Bild, das Jahre später eine Referentin in einem Vortrag zur Spiritualität des frühen Mönchtums verwendete, bringt dies für mich bis heute treffend ins Wort: „Einen Brunnen von zehn Metern Tiefe gräbt man nicht, indem man zehnmal einen Meter tief gräbt." Das ist für mich eine gute Antwort auf eine Grundfrage des Lebens.

Ähnlich das zweite Gelübde, der „klösterliche Lebenswandel", der für mich nicht nur all das enthält, was einfach zur klösterlichen Lebensweise gehört, sondern gerade auch in der Doppeldeutigkeit des Wortes „Wandel" eine Dynamik anklingen lässt. Mit diesem Gelübde habe ich versprochen, mein Leben lang auf einem Weg des Mich-Wandelns bzw. der Mich-Verwandeln-Lassens zu bleiben.

Aber der Gehorsam? Da regten sich in mir schon immer Widerstände. Was, wenn eine Autorität irrt oder gar von mir etwas einfordert, was gegen meine Überzeugung und mein Gewissen ist? Sätze wie „Man muss Gott mehr gehorchen als den Menschen" (Apg. 5,29) oder „Er stürzt die Mächtigen vom Thron und erhöht die Niedrigen" (Magnificat, Lk 1,52), waren und sind mir viel näher als irgendeine Autoritätsgläubigkeit. Und noch mehr Jesus selbst, der die Pharisäer mit ihrer Heuchelei konfrontiert, die Händler aus dem Tempel jagt[66] und auch angesichts seines bevorstehenden Todes vor der religiösen und weltlichen Autorität nicht einknickt.

Ich würde dies heute noch viel radikaler formulieren, als ich es – eher leise für mich – in meinen Fragen vor der Feierlichen Profess getan habe. Meine Frage heute lautet: Ist es nicht ein fatales Missverständnis, wenn wir einen auf Machtansprüchen und Hierarchien beruhenden Gehorsam spiritualisieren und damit „unangreifbar" machen? Braucht es nicht dringend ein Update des gängigen Gehorsamsverständnisses? Einen Gehorsam 2.0?

Keine Frage: In jeder Form von Zusammenleben und -arbeiten gibt und braucht es Vereinbarungen und Regeln, egal ob diese schriftlich fixiert, mündlich ausgehandelt oder als eher unreflektierte „Wir-machen-das-so"-Regeln einfach da sind. Und es braucht klare Rollen, damit ein System funktioniert, und auch Formen der Entscheidungsfindung, seien sie nun eher hierarchisch oder demokratisch. Und es wird sich nicht vermeiden lasse, dass ich mich dabei auch immer mal wieder in etwas fügen muss, das mir nicht gefällt. Ganz gleich, ob es eine Mehrheit ist oder ein Vorgesetzter, denen ich mich dann unterordne. All das gibt es in allen Lebenskontexten und ich muss mich in jeder Situation neu damit auseinandersetzen. Aber was hat das alles mit Spiritualität und spirituellem Gehorsam zu tun? Liegt nicht vielmehr in der Verknüpfung von Spiritualität mit Machtansprüchen die Wurzel jeder spiritualisierten Gewalt und jeden geistlichen Missbrauchs? Ist die Spiritualisierung eines Gehorsams, der fraglose Unterordnung und die Aufgabe des eigenen Willens fordert, nicht an sich schon ein Missbrauch? Es ist ein Akt der Gewalt.

Spiritueller Gehorsam bedeutet für mich etwas völlig anderes. Offenheit ist für mich der Schlüssel dazu, eine radikale Offenheit als Grundhaltung. Das Gehorsamskapitel in der Regel des heiligen Benedikt kennt nur ein Thema, die Reaktion auf das, was ich höre, soll „sofort" erfolgen: „Heute, wenn ihr meine Stimme hört, verhärtet eure Herzen nicht" (Hebr. 3,7). Ich verstehe dies nicht als Aufforderung, meinen Kopf und meine Verantwortung abzugeben, sondern als ein Hinhören und ein Mich-Öffnen für alles, was geschieht. Das ist alles andere als bequem und ein Anspruch, hinter dem ich mein Leben lang zurückbleiben werde. Ein immer neues Suchen und Finden. Eine unendliche Geschichte.

In seiner Art zu fragen und zu ringen ist Bertolt Brechts *Zweifler* für mich ein Prototyp des spirituell gehorsamen Menschen:

> „…Seid ihr wirklich im Fluss des Geschehens? Einver-
> standen mit
> Allem, was wird? Werdet ihr noch? Wer seid ihr? Zu wem
> Sprecht ihr? Wem nützt es, was ihr da sagt? Und neben-
> bei:
> Lässt es auch nüchtern? Ist es am Morgen zu lesen?
> Ist es auch angeknüpft an vorhandenes? Sind die Sätze,
> die
> Vor euch gesagt sind, benutzt, wenigstens widerlegt? Ist
> alles belegbar?
> Durch Erfahrung? Durch welche? Aber vor allem
> Immer wieder vor allem anderen: Wie handelt man
> Wenn man euch glaubt, was ihr sagt? Vor allem: Wie
> handelt man? …"[67]

Nach diesem Verständnis von Gehorsam müssen in einer klösterlichen Gemeinschaft Abt oder Priorin die größte Gehorsamsbereitschaft mitbringen, so wie der Apostel Paulus formuliert: „Allen bin ich alles geworden" (1 Kor 9,22). Offen gegenüber Menschen, Situationen, Fragen und Herausforderungen, offen im Hören, im Begegnen, nach innen und nach außen. Ein „Tanz des Gehorsams"[68], wie Silja Walter es nennt, der konsequent dem Beispiel Jesu folgt.

Und das bedeutet keineswegs immer „lieb und nett" zu sein und zu allem „Ja und Amen" zu sagen. Im Gegenteil: Ein ganz wichtiges Kriterium für diese Form des Gehorsams ist für mich die Art, wie ein Mensch „Nein" sagt. Wer spirituellen Gehorsam praktiziert, lässt alles an sich heran, verzichtet auf Vermeidungsstrategien und arbeitet daran, lebensfeindliche Abwehrmechanismen abzubauen. Eine Grenze wird nur da gezogen, wo sie wirklich erreicht ist, statt Themen, Diskussionen, Konflikte zu vermeiden oder zu unterdrücken: „Eure Rede aber sei ja, ja; nein, nein." (Mt. 5,37)

Seit einigen Jahren haben wir eigene Bienenvölker in unserem Klostergarten. Als wir damit anfingen, baten wir einen Experten um einen Vortrag, den er mit den Worten begann: „Keiner befiehlt, alle gehorchen." Das fasziniert mich als ein Motto für eine christliche Gemeinschaft: Alle hören, gehorchen, vertrauen auf den „Geist, der Leben schafft", wie es auch die bereits zitierte Stelle aus dem Evangelium nahelegt: „… denn nur einer ist euer Meister, ihr alle aber seid Brüder (und Schwestern). Auch sollt ihr niemanden auf Erden euren Vater nennen; denn nur einer ist euer Vater, der im Himmel. Auch sollt ihr euch nicht Lehrer nennen lassen; denn nur einer ist euer Lehrer, Christus." (Mt 23,8–10)

Man könnte all dies auch als „Gewaltfreien Gehorsam" bezeichnen. Es ist ein Gehorsam ohne Dominanz und Unterwerfung. Ohne Druckmittel. Ohne Macht. Vielmehr sind es der radikal gewaltlose Anspruch Jesu und seine Freiheit, die diesen Gehorsam motivieren. Am Ende von Dostojewskis Erzählung steht eine überraschende Wende, wie auch am Ende der Szene vom Opfer des Isaak. Der Großinquisitor bricht schließlich zusammen vor dieser so ganz anderen machtvollen Ohnmacht, auch wenn er sich – noch? – nicht öffnen kann:

„Der Greis möchte, dass er etwas sagt und sei es noch so furchtbar. Doch er nähert sich plötzlich dem Greis und küsst ihn sacht auf die blutlosen, welken Lippen. Das ist seine ganze Antwort. Der Greis fährt zusammen. Seine Mundwinkel zucken. Dann geht er zur Tür, öffnet sie und sagt zu ihm: ,Geh und komm niemals wieder. Niemals.' Und er lässt ihn hinaus auf die dunklen Straßen der Stadt. Der Gefangene geht."

EPILOG

Abraham

Sara, schon von Weitem sah ich dich vor dem Zelt stehen. Du wirst mit unserer Rückkehr gerechnet haben. Es sind erst sechs Tage her, doch diesmal kam es mir so lange vor wie noch nie. Der Weg war beschwerlich, weil ich Mühe hatte, den Herrn richtig zu verstehen. Seine Anweisungen waren stets so ergangen, dass wir sie immer auf die jeweilige Situation hin überprüft haben. Diesmal war es anders. Gott gab mir den Auftrag, ihm in Morija ein Brandopfer darzubringen. Du fragtest noch, ob wir kein Lamm mitnehmen wollten für das Opfer und ich sagte, Gott selbst wird sich das Lamm für das Brandopfer aussuchen (Gen 22,8). Kreuzten sich unsere Wege oft selbst in der weglosen Wüste, so schien es diesmal, als wollte Gott nicht, dass wir Zeit vergeudeten durch Gespräche oder gar Handel. Schon der Weg war eine Vorbereitung. Wir sind auf eine Pilgerreise gegangen und haben nur das Notwendigste mitgenommen.

Je näher wir dem Berg kamen, desto ungewöhnlicher empfand ich unseren Weg, mehr noch, bedrängend. Auch Isaak wunderte sich und fragte wiederholt nach dem Lamm. Dabei sprang er wie ein junger Bock von Stein zu Stein und trug noch das Opferholz auf der Schulter. Seine Freude am Leben war zu spüren und es war für ihn eine Ehre, erstmalig unserem Gott ein Opfer darzubringen. Er redete ohne Unterlass und erinnerte mich an meine Jugend. Gleichzeitig sah ich in ihm unsere Zukunft Gott entgegeneilen.

Wir sind unserer Gottesbegegnung entgegengestiegen. Äußerlich war es ein Aufstieg auf den Berg, doch innerlich war ich zutiefst verunsichert und voller Angst. Was war es, was Gott von mir wollte? Was würde er mir und unserem Sohn sagen? Oben angekommen, geschah etwas sehr Merkwürdiges. Der Weg zur Begegnung mit Gott, die Begegnung selbst und der Rückweg, all das verschmilzt in meiner Erinnerung zu einem einzigen Geschehen. Meine Augen sind nicht mehr scharf, aber mein Geist ist noch klar. Es war die ungewöhnlichste Gottesbegegnung, die mir je zuteilwurde; verwirrend und erhellend, eindeutig und zweideutig, zurückgewandt und vorausschauend, ernüchternd und überwältigend. Nachdem wir einen Altar erbaut und das Opferholz geschichtet hatten, fehlte das Lamm noch immer. Im Rückblick glaube ich, Gott hat durch Isaak zu mir gesprochen. Ja, er und ich haben uns ausgesprochen wie noch nie zuvor im Leben.

Die dreitägige Heimreise war hingegen so etwas wie eine Auferstehung von den Toten, und ich bringe dir unseren Sohn wohlbehalten zurück. Aus einem unmündigen Kind ist ein reifer Mann geworden. Du hättest ihn hören müssen, wie mutig er das Wort ergriff, und meine Geschichten hörten sich aus seinem Munde anders an, als ich sie erzähle. Er hat nicht unser Leben gelebt, ist nicht unsere Wege gegangen. Manches von dem, was er sagte, hat mir wehgetan. Doch er hatte das Recht, es so zu sagen, und er hat mir die Augen geöffnet für seine Sicht. Nicht nur er ist verwandelt worden in dieser Gottesbegegnung, ich bin es auch. Durch seine Augen habe ich auch meine, nein, unsere Zukunft gesehen. Isaak hat sich das Recht erkämpft, seinen eigenen Weg in seine Zukunft zu gehen. Was mir bleibt, das ist meine Vergangenheit, meine Geschichte mit Gott. Er wird seine Erfahrungen mit Gott machen. Er muss seinen Weg gehen und nicht nur meinen Weg fortsetzen. Diesmal war ich derjenige, der loslassen musste, damit er eine Zukunft hat.

Gab ich auf dem Weg nach Morija die Richtung vor, so schritt er auf dem Heimweg voran. Dies war nicht mehr der Sohn, der hinter seinem Vater herlief, sondern er war der Mann, der jetzt vorausgehen muss, denn die Zukunft gehört ihm. Es war eine Freude, ihn vorauseilen zu sehen.

Ich habe in meinem Leben versucht, die Anweisungen Gottes umzusetzen, wie sie mir richtig erschienen. Dennoch habe ich auch viele Fehler gemacht. Doch diesmal bin ich mir sicher, habe ich das Richtige getan. Gott hat mir etwas gesagt und ich habe es gedeutet. So habe ich unsere Geschichten mit Gott gerettet; unser Sohn hat seine Zukunft geschenkt bekommen; und ich bin so verwegen es zu sagen, durch die gemeinsame Entscheidung haben wir auch Gottes Zukunft mit den Menschen gerettet.

Sara

Glaubst du wirklich, ich will jetzt Geschichten hören? Ich habe gesehen und gehört… Bilder, die mich seit Tagen verfolgen. Ein Alptraum. Oder eine Vision? Es war so real. Sorge, Angst und auch Zorn. Meinst du, ich hätte nicht gespürt, dass du mir etwas verschwiegen hast? Ich kenne dich viel zu gut. „Wohin du gehst, dahin gehe auch ich." Immer.

Wenn ich wirklich gewusst hätte…. Ich konnte es nicht fassen. Ich hätte mich dir in den Weg stellen sollen.

Aber ich habe dir vertraut. Ich habe dir immer vertraut. Zu sehr? Nein. Irgendwie nicht, trotz allem. Ihr seid wieder da. Nur das zählt. Mein Gott! Ihr seid beide wieder da und ich kann euch in meine Arme schließen. Morija – Gott sieht. Und Gott hört. Auch mich. Komm. Komm zu mir.

Sara umarmt Abraham. Später alleine mit Isaak…
Mein Sohn, du hast Schreckliches und Abgründiges erlebt. Ich sehe es in deinen Augen. Hätte ich es verhindern können? War ich blind? Wollte vielleicht nicht wirklich sehen? Wie oft habe ich mich dies in den vergangenen drei Tagen gefragt… Verzeih!

Ich sehe auch neues Leben. Ein Mann steht vor mir, der gekämpft und gesiegt hat, trotz Wunden und der Begegnung mit dem Tod. Wir können die, die wir lieben, nicht davor bewahren. Wir können nur versuchen, mit hindurchzugehen…

Lebe nun dein Leben. Geh deinen eigenen Weg.

Isaak

Geliebte Mutter, ich betrete dein Zelt, um dir meine wohlbehaltene Rückkehr anzuzeigen. Diese Reise war die erste, die ich mit Vater unternommen habe, um unserem Gott zu opfern.

Vater meinte, dass Gott diesmal auf unterschiedliche Weisen zu ihm gesprochen habe. Wenn ich auch Gottes Stimme noch nicht vernommen habe, so habe ich viel geredet, mit Vater. Er war ein geduldiger Zuhörer, denn ich redete mir alles von der Seele. Seit Kindertagen habe ich euren Geschichten gelauscht und allem Glauben geschenkt. Jetzt aber konnte ich auch von all den Fragwürdigkeiten und Zweifeln reden, die mir gekommen sind. Euer taktisches Lavieren mit Gottes Weisungen und den Schicksalen anderer Menschen – nein, ich kann es nicht verstehen.

Ich weiß nicht, ob Vater dich in die Absichten dieser Reise eingeweiht hatte. Wie auch immer, ich komme zurück als ein anderer Mensch. Bin ich als dein Junge gegangen, stehe ich jetzt als ein unabhängiger Mann vor dir. Die Bindung an euch beide musste ich lösen, um frei zu werden, meine Erfahrungen zu machen, eigene Bindungen einzugehen. Daher sage ich dir, dass ich bald in die Stadt Nahors, zu Betuel, unserem Verwandten reisen werde (Gen 24,10 ff.). Dort hoffe ich eine Liebe zu finden, wie Vater sie in dir gefunden hat. Gott hat Vater verheißen, Stammvater eines großen Volkes zu werden und diese Verheißung ist in den vergangenen Tagen auf mich übergegangen. Daher bin ich mir sicher, Kinder zu bekommen. Vielleicht werden es zwei (Gen 25,21 ff.) oder zwölf (Gen 35,22) – wer kann es wissen außer Gott? Ich hoffe, dass ich ihnen ein guter und gerechter Vater sein werde und Gottes Verheißung weitergebe, mit weniger Kalkül und Berechnung, als ihr es getan habt. Hoffentlich werde ich meine Frau nie als meine Schwester ausgeben müssen (Gen 26,7 ff.). Ich werde bald aufbrechen und freue mich bereits darauf, meine Frau eines Tages in dieses Zelt zu führen und sie Dir vorzustellen. Jetzt habe ich eine Bitte: Koche mir das Linsengericht (Gen 25,27–34), das niemand so gut zubereiten kann wie du, und für das mancher alles geben würde.

ANMERKUNGEN

ISAAK: SPIRITUELLE RESILIENZ

1   Gen 22,8
2   Gen 12,2
3   Gen 12,7a
4   Gen 13,14b–17
5   Gen 15,4
6   Gen 15,8
7   Gen 15,18–21
8   Gen 14,19 f.
9   Gen 16,11 f.
10 Gen 21,6
11 Gen 18,24
12 Gen 18,28
13 Gen 18,29
14 Gen 18,30
15 Gen 18,31
16 Gen 18,32
17 Gen 17,1
18 Gen 17,4–14
19 Gen 17,7b
20 Gen 17,20 f.
21 Gen 17,15 f.
22 Psalm 22,2
23 Zit. in: Pius Agreiter OSB, Elisabeth von Dijon und ihre befreiende Botschaft; https://www.kloster-habsthal.de/images/predigten/PDF_2014/Vortraege/Elisabeth_von_Dijon_und_ihre_befreiende_Botschaft.pdf, S. 8
24 Ebd.
25 VARII CANTUS AD BENEDICTIONEM SS. SACRAMENTI, Bonn 1934, S. 6
26 Zit in: Bettina Bannasch, Almuth Hammer (Hrsg.), Verbot der Bilder – Gebot der Erinnerung: Mediale Repräsentationen der Schoah, Frankfurt a. M. 2004, S. 160

27 Baruch, Rabinowitz, Fanatismus. Heiliger Wahnsinn. Ist die Ge-
    schichte der Opferung Isaaks durch Abraham eine Warnung vor
    religiösem Fanatismus?, Jüdische Allgemeine 09.11.2006
28 „Chronologie des Missbrauchs-Skandals" von Max Sprick und
    Robin Hetzei, SZ 28.02.2020
29 „Fromme Floskeln helfen niemandem", Kommentar von Mat-
    thias Drobinski, SZ 21.02.2019
30 Ksta, 17.12.2020
31 WDR 2 Kabarett, Becker/Jünemann: Kein Kontakt bitte,
    11.12.2020
32 Im Interview mit Andreas Otto (KNA) am 22.12.2020.
33 https://www.t-online.de/region/koeln/news/id_89184586/ko-
    eln-kardinal-rainer-maria-woelki-zum-ruecktritt-aufgefordert.
    html; 26.12.2020
34 https://www.welt.de/politik/deutschland/article223229820/
    Kardinal-Woelki-Warum-tritt-Koelns-Erzbischof-nicht-ab.html
35 Phil 2,5–8 EÜ 2016.
36 Resilienz lässt sich lernen, Rezension von Manuela Lenzen zu:
    „Raffael Kalisch: Der resiliente Mensch. Wie wir Krisen erleben
    und bewältigen. Berlin 2017" in Psychologie heute 12/2017
37 Gerd Theißen, Die Religion der ersten Christen: Eine Theorie
    des Urchristentums, III. Teil §8 2. Opferdeutung des Todes Jesu,
    Gütersloh 2009
38 Jesaja 43,1c–4a

SARA: PROTEST FÜR DAS LEBEN

1   Gen 12,1–3
2   Gen 20,16
3   Rut 1,16
4   Gen 13,14b–16
5   Gen 15,2
6   Gen 15,5
7   Gen 15,13
8   Gen 9,5 f.
9   Ex 20,13
10 Gen 16,2

11 Gen 21,12 f.

12 1 Joh 3,20; EÜ 1980

13 Gen 17,4

14 Gen 17,5

15 Gen 17,15

16 1 Petr 3,6

17 Ebd.

18 Gen 18,9

19 Gen 18,10

20 Gen 18,12

21 Gen 18,13 f.

22 Vgl. Gen 18,15

23 Gen 21,1

24 Gen 19,27 f.

25 Hiob 8,3

26 Gen 19,6–8

27 Gen 19,10b u. 11

28 Vgl. Hebr 2,15

29 Lk 16,31

30 Gen 21,6

31 Gen 21,8

32 Mt 12,7

33 Gen 15,12

34 Vgl. Ri 11,30–40

35 Gen 3,20

36 Vgl. Gen 14,18

37 Jean Leclerq, Wissenschaft und Gottverlangen, Düsseldorf 1963, S. 86

38 Ebd.

39 Vgl. https://www.familienhandbuch.de/eltern-werden/familien-planung/kinderlosepaare.php, 5/2020

40 Stand 2019; Vorjahr: 14.257

41 Statistik DOK, Rundschreiben 111

42 vgl. Mt 13,24–30

43 Gen 12,11–13

44 Gen 29 u. 30

45 1 Sam 1,5b

46 1 Sam 1,8b

47 Gen 18,11 f.

48 Walter Schubart, Religion und Eros, München 1966, S. 7

49 Ebd., S. 184 f.

50 Søren Kierkegaard, Furcht und Zittern, Erlangen 1882, S. 1

51 Erich Neumann, Die große Mutter, Olten und Freiburg i. Br., 5. Auflage 1981, S. 20

52 Margot Schmidt, Mechtild von Magdeburg – „Ich tanze, wenn du mich führst", Freiburg 1988, S. 66

53 José Maria Escriva, Der Weg, Köln 1962, S. 47 u. 51 f.

54 Mechtilde de Bar, Die Tagesordnung der Benediktinerinnen von der ewigen Anbetung des allerheiligsten Sakramentes, Bonn 1888, S. 51

55 Gefährliche Seelenführer? Geistiger und geistlicher Missbrauch, Herder Thema 2020, S. 9

56 Wunibald Müller, Verbrechen und kein Ende. Notwendige Konsequenzen aus der Missbrauchskrise, Würzburg 2020, S. 51

57 Vgl. z. B. die Bücher von Sabine Bode.

58 Juliane Kerlen-Gramsch über David Grossmann in Jüdische Allgemeine, 12.11.2013

59 Gotteslob Nr. 324

60 Gotteslob Nr. 320

61 Karl Rahner, Frömmigkeit früher und heute, in: Ders., Zur Theologie des geistlichen Lebens, 1966 (Schriften zur Theologie VII), S. 11–31, hier: S. 22

62 Hayyim Robinson, Aus dem Englischen von Annette Böckler. Zitiert aus: W.Gunther. Plaut (Hg.), Die Tora in jüdischer Auslegung. Band I: Bereschit/Genesis, Gütersloh 1999, S. 222

63 M.D. Molinié OP, Zit in: Jean Lafrance, Der Schrei des Gebetes, 1983, S. 30

ABRAHAM: UNGEHORSAM

1 Gen 11,31

2 Gen 12,1–3

3 Rut 1,16

4 Tobit 5,6 (EUE 1980)

5 Ex 16,2 f.

6 Ex 1,22

7 Gen 12,7

8   Theresia von Avila
9   Ex 17,3
10 Röm 4,1–3
11 Ex 6,28–11,10
12 Gen 15,1
13 Gen 15,4 f.
14 Gen 15,13–15
15 Gen 17,5
16 Gen 17,7
17 Gen 17,10b.11a
18 Gen 17,15 f.
19 Gen 17,19
20 Gen 18,15b
21 Gen 17,19b
22 Gen 22,2
23 Weisheit 1,13.14a
24 Ex 20,1–5
25 1 Joh 4,16
26 Ex 20,3
27 Vgl. Joh 3,15–17
28 Gen 18,20 f.
29 Gen 20,6
30 Gen 20,7
31 Gen 21,12 f.
32 Ps 22,2
33 Ps 22,3
34 Gen 22,12
35 Joh 1,29
36 Jes 53,7
37 1 Petr 1,19
38 Jak 2,21
39 Joh 1,36
40 1 Petr 2,24
41 Gen 32,29 ff.
42 Gen 27,1–45
43 Jes 55,8+9
44 Jer 29,12 f.
45 Søren Kierkegaard, Furcht und Zittern, Erlangen 1882, S. 1
46 Ebd., S. 2

47 Vgl. z. B. Rotraut A. Perner (Hg.), Missbrauch: Kirche – Täter – Opfer, Wien 2010, S. 112

48 Soren Kierkegaard, Furcht und Zittern, Erlangen 1882, S. 3

49 Ebd., S. 4

50 Ebd.

51 Ebd. S. 115

52 Baruch, Rabinowitz, Fanatismus. Heiliger Wahnsinn. Ist die Geschichte der Opferung Isaaks durch Abraham eine Warnung vor religiösem Fanatismus?, Jüdische Allgemeine Nr. 45, 2006

53 Ebd.

54 Veröffentlicht am 21. Nov. 1950; Nr. 30

55 https://www.vaticannews.va/de/kirche/news/2020-02/deutschland-kardinal-woelki-frauenpriestertum-synodaler-weg.html, 17. Februar 2020

56 Zit. in: Ulrich Berner, Religionswissenschaft historisch, UTB 2020, S. 77

57 Apg 5,27–29

58 Mt 23,8–10

59 Wann dürfen Soldaten ungehorsam sein?, https://www.stern.de/politik/deutschland/bundeswehr-wann-duerfen-soldaten-ungehorsam-sein--3265014.html, 18.09.2007

60 Eberhard Schockenhoff, Wie gewiss ist das Gewissen? Eine ethische Orientierung, Freiburg i. Br. 2016, S. 13

61 Richard Schröder, Über das Gewissen, Publikationen Konrad-Adenauer-Stiftung, 01/2007, S. 7 f., https://www.kas.de/c/document_library/get_file?uuid=02b618ce-c8a1-220c-9b08-a464cd61039c&groupId=252038_27.5.2020

62 Vgl. 1 Kor 12,10

63 Viktor E. Frankl, ... trotzdem Ja zum Leben sagen - Ein Psychologe erlebt das Konzentrationslager, München 1982, S. 108

64 Gotteslob 290,3+4

65 http://www.dostojewski.eu/02_WERK/18791f_Der_Grossinquisitor.htm

66 Mt 21,12, Mk 11,15, Lk 19,45

67 „Der Zweifler", aus: Bertolt Brecht, Die Gedichte. Herausgegeben von Jan Knopf. © Suhrkamp Verlag Frankfurt am Main 2007. Alle Rechte bei und vorbehalten durch Suhrkamp Verlag Berlin.

68 Silja Walter, Tanz des Gehorsams oder die Strohmatte, Zürich 1970